中国老龄化的世纪之困

——老年保障体系的成本、债务及公共财政责任

宋世斌　著

经济管理出版社

ECONOMY & MANAGEMENT PUBLISHING HOUSE

图书在版编目（CIP）数据

中国老龄化的世纪之困：老年保障体系的成本、债务及公共财政责任 / 宋世斌著. — 北京：经济管理出版社，2010.10

ISBN 978-7-5096-0497-7

Ⅰ. ①中… Ⅱ. ①宋… Ⅲ. ①老年人—社会保障—研究—中国 Ⅳ. ①D669.6

中国版本图书馆 CIP 数据核字（2010）第 193985 号

出版发行：**经济管理出版社**

北京市海淀区北蜂窝 8 号中雅大厦 11 层

电话：（010）51915602　　邮编：100038

印刷：北京银祥印刷厂	经销：新华书店
组稿编辑：王光艳	责任编辑：孙　宇
技术编辑：杨国强	责任校对：陈　颖

720mm×1000mm/16　　　　　　15.5 印张　　287 千字

2010 年 10 月第 1 版　　　　　2010 年 10 月第 1 次印刷

定价：35.00 元

书号：ISBN 978-7-5096-0497-7

前　言

人口老龄化将是 21 世纪全球最突出的社会现象，是每一个国家已经面临或即将面临的问题，是各地区人口从高生育率和高死亡率向低生育率和低死亡率转变的结果。迅速膨胀的老年人口预示着一种史无前例的社会现象，随之而来也会有相应的社会问题亟待解决。中国是全球老年人口最多、老龄化速度最快的国家之一。截至 2008 年年底，中国大陆地区老年人口总数已经达到了 1.6 亿，占总人口的 12%，平均每年增长 596 万。从 2030 年直到世纪末，中国大陆地区老年人口的比例都将始终维持在 30% 以上。随着人口老龄化的加剧，中国的养老和老年医疗保障支出增长显著，政府和家庭都面临挑战。

老年保障，包括对老年人最基本的物质生活的保障，同时还包括生活上的扶助和精神上的慰藉。老年保障体系，则是指老年人在以上诸方面得以保障的一系列措施。当前，我国的经济发展已取得伟大的成就，国民收入水平和综合国力有了很大的提高。但是，贫富分化严重，社会建设滞后，特别是"未富先老"条件下的老年保障问题，在本世纪内将长期影响我国的经济及社会各方面，成为我国的世纪之困。

"老有所养、老有所医、老有所教、老有所学、老有所为、老有所乐"是我国老龄事业的发展目标。近年来，国家颁布一系列包括老年社会保障、老年福利与服务等多方面内容的法律法规和政策，不断健全和完善了我国老年保障体系。目前，中国老年社会保障体系包括社会养老保险、社会医疗保险、社会老年救助等。

本书以老龄化背景下的老年保障为研究对象，分析我国老龄化特征，分析未来我国人口发展规律，研究人口红利及对经济发展的影响，老年人口的生活需求、财富结构及老年贫困的情况。同时，重点研究老年人口的养老保障和医疗保障体系，分析体系的筹资和支出、债务及公共财政的责任，探讨建立可持续的老年保障体系的路径。

国内尚未有对全国老年保障体系的整体收支状况及债务进行量化评估的书籍出版，本书进行债务和隐性债务的精算分析具有首创性。从我国未来一段时期来考察老龄化及老年保障，是一次具有前瞻性的探讨。另外，本书将精算技术与社会保障相结合，进行大量建模测算，旨在从更加科学、直观的角度阐述我国老年保障体系面临的债务问题和筹资困境，探索构建可持续性发展的老年保障体系。

本书的研究成果是笔者和研究团队共同取得的，李星欣、冯丽智、钟超、黄茜茜、黄敏妹、薛晓君、曹黎雯、彭妹、吴运航、蒋雅娜参加了本书的部分研究和撰写工作。在本书的写作过程中，我们参考了国内外许多相关文献资料，部分内容无法一一标注出处，恳请相关作者谅解。

对我国老年保障体系的评估分析涉及很多统计数据，但现阶段数据质量还很难保证，加上时间仓促和水平有限，本书的研究还很不完善，错误和缺陷在所难免，恳请同行和读者批评指正！

目　录

导　论 …………………………………………………………………… 1

　　一、概述 ………………………………………………………… 1

　　二、选题的背景 ………………………………………………… 1

　　三、本书的主要内容 …………………………………………… 3

第一章　人口老龄化与老年社会保障体系研究综述 …………… 4

　第一节　人口老龄化的判定、全球人口老龄化的现状及前景 …… 4

　　一、人口老龄化的判定标准 …………………………………… 4

　　二、全球人口老龄化的特征 …………………………………… 7

　　三、全球各地区人口老龄化的状况 …………………………… 9

　　四、全球人口老龄化产生的原因 …………………………… 10

　　五、全球人口老龄化的挑战 ………………………………… 11

　第二节　我国老龄化状况及其老年社会保障体系建设 ………… 13

　　一、我国各地区人口老龄化情况 …………………………… 13

　　二、我国人口预期寿命及其人口年龄结构迁移 …………… 14

　　三、我国人口老龄化的特点 ………………………………… 15

　　四、我国人口老龄化的原因 ………………………………… 16

　　五、人口老龄化背景下我国的养老危机 …………………… 17

　　六、我国老年社会保障体系 ………………………………… 20

　　七、我国养老保险覆盖情况 ………………………………… 24

　第三节　人口老龄化背景下国外老年社会保障体系分析及借鉴 … 25

　　一、欧洲人口老龄化状况及其老年保障体系（以荷兰为例）……… 25

二、日本人口老龄化状况及其老年保障体系 ················· 28

三、美国人口老龄化状况及其老年保障体系 ················· 31

四、智利人口老龄化状况及其老年保障体系 ················· 34

第二章　人口模型及我国未来人口预测 ················· 36

第一节　全国人口测算 ················· 37

一、全国人口测算模型 ················· 37

二、人口模型精算假设 ················· 37

三、全国人口未来变化状况 ················· 40

第二节　农村人口及城镇人口 ················· 42

一、人口测算模型 ················· 42

二、精算模型假设 ················· 42

三、农村和城镇未来人口变化状况 ················· 44

第三节　城镇职工和居民人口 ················· 45

一、城镇职工和居民人口模型 ················· 45

二、模型假设 ················· 46

三、城镇职工和居民未来人口变化状况 ················· 48

第三章　人口老龄化对"老有所养"的挑战 ················· 50

第一节　人口红利与可持续性发展 ················· 50

一、人口红利概述 ················· 51

二、中国人口结构现状 ················· 52

三、人口老龄化与人口红利的消失 ················· 56

四、人力资本与经济增长 ················· 60

五、充分挖掘人口红利与促进经济可持续性发展 ················· 66

第二节　我国居民财富结构 ················· 68

一、中国居民财富结构状况 ················· 69

二、财富分配分析 ················· 71

三、老年群体贫富差异研究 ················· 75

四、人口因素对房地产价格的影响分析 ················· 79

第三节　老年需求分析 ··· 89

一、基本生活需求 ··· 89

二、医疗和护理服务需求 ··· 91

三、住房需求 ··· 94

四、精神文化生活需求 ··· 98

第四章　现行社会养老保障体系的债务分析 ···························· 100

第一节　基本养老保险体系的隐性债务和基金收支平衡 ·········· 100

一、隐性债务 ··· 101

二、基金运行状况评估及基金债务分析 ····························· 102

第二节　精算模型及精算假设 ··· 104

一、精算模型 ··· 104

二、精算假设 ··· 109

第三节　企业职工基本养老保险的隐性债务和基金收支分析 ······ 114

一、企业职工基本养老保险的发展现状和背景 ···················· 114

二、测算流程 ··· 119

三、企业职工基本养老保险的隐性债务 ····························· 119

四、企业职工基本养老保险基金的运行状况 ······················ 120

第四节　机关事业单位养老保险的隐性债务及基金债务 ············ 124

一、我国机关事业单位养老保险制度的历史沿革及存在的问题 ········ 124

二、测算流程 ··· 127

三、机关事业单位养老保险的隐性债务 ····························· 128

四、机关事业单位养老保险的基金债务 ····························· 129

第五节　城镇居民、农村养老保险的隐性债务及基金债务 ········· 130

一、城镇居民、农村养老保险的发展现状和背景 ················· 130

二、测算流程 ··· 133

三、城镇居民养老保险系统的债务 ·································· 134

四、农村社会养老保险系统的债务 ·································· 137

第六节　全国养老保险体系的债务 ····································· 140

一、隐性债务 ··· 140

二、基金债务 ·· 141

三、结论 ·· 141

第七节 老人高龄津贴制度 ································ 142

一、建立老人高龄津贴制度的必要性 ·············· 142

二、我国老人高龄津贴制度现状 ····················· 145

三、老人高龄津贴成本测算 ·························· 145

第八节 养老保障的公共财政负担 ····················· 148

一、公共财政负担大小 ································ 148

二、可行性分析 ·· 149

第五章 老年医疗保障成本、债务及财政责任分析 ············ 151

第一节 现行医疗保险体系的基金运行状况分析 ······ 152

一、国内外医疗保险体系困境 ······················ 152

二、医保基金收支测算过程 ·························· 153

三、医保基金的收支赤字 ···························· 155

第二节 老年医疗救助成本 ······························ 156

一、我国医疗救助现状 ································ 157

二、老年医疗救助设计方案及测算过程 ············ 158

三、老年医疗救助成本测算结果 ····················· 160

第三节 老年长期护理需求及成本 ····················· 163

一、我国不能自理老人的现状 ······················ 163

二、长期护理需求的预测 ···························· 167

三、国外公共长期护理保障计划的介绍 ············ 174

四、国外公共长期护理制度对我国的借鉴 ·········· 177

第四节 老年医疗保障的公共财政负担 ··············· 178

一、老年医保的公共财政负担 ······················ 179

二、可行性分析 ·· 180

第六章 构建可持续性的老年保障体系 ····················· 183

第一节 延长退休年龄改善养老保险基金收支状况的评估 ·········· 183

一、精算假设 ·· 184

二、延长退休年龄对企业职工养老保险基金的影响 ············ 184

第二节　机关事业单位养老保险体系改革及可持续性研究 ········ 187

一、全国机关事业单位退休体系的公平性与可持续性 ········· 187

二、国外公务员养老保险制度探析与借鉴 ···················· 191

三、机关事业单位养老体系改革方案 ························· 192

四、改革建议 ··· 196

第三节　征收社会保障税，建立统一的老年医疗保障体系 ········ 199

一、建立征收社会保障税的老年医疗保障制度的背景 ········· 199

二、社会保障税形式的老年医疗保障体系的建立 ············· 202

三、建立老年医保后的医保基金运行状况 ···················· 203

第四节　实现可持续性老年社会保障体系的公共财政责任 ········ 208

一、老年社会保障的公共财政负担 ··························· 208

二、老年社会保障的政府责任 ································· 210

研究结论 ··· 219

一、充分挖掘人口红利，促进经济可持续性发展 ············· 221

二、延长退休年龄 ··· 222

三、提高统筹层次，建立统一的养老医疗保障制度 ··········· 223

四、重视家庭护理，支持家庭养老 ··························· 223

五、落实政府责任，强调政府在整个体系中的作用 ··········· 224

附　录 ··· 226

参考文献 ··· 231

后　记 ··· 238

导　论

一、概述

所谓老年保障，是指对老年人最基本的物质生活的保障。同时，老年保障还包括生活上的扶助和精神上的慰藉，以及身心健康保障、安全感、受尊重等应有权益的保护；而且，经济、社会越发展，老年人的社会福利和精神生活保障也应越增强。所谓老年保障体系，则是指老年人在以上诸方面得以保障的一系列措施。[①]老年保障体系包含以下三个方面：社会保障、家庭保障和自我保障。

社会保障是国家依法强制建立的、具有经济福利性质的国民生活保障和社会稳定系统；在中国，社会保障应该是各种社会保险、社会救助、社会福利、军人保障、医疗保障、福利服务以及各种政府或企业补助、社会互助保障等社会措施的总称。[②]社会保障是以国家、集体和社会诸方面为主体的保障；家庭保障是指传统的家庭养老及其相关服务；自我保障则是指中年期为老年期的积蓄。本书主要从社会保障的角度来研究我国的"老有所养"问题。

人口老龄化将是 21 世纪全球最突出的社会现象，是每一个国家已经面临或即将面临的问题，是各地区人口从高生育率和高死亡率向低生育率和低死亡率转变的结果。迅速膨胀的老年人口预示着一种史无前例的社会现象，随之而来也会有相应的社会问题亟待解决。中国是全球老年人口最多、老龄化速度最快的国家之一。截至 2008 年年底，中国大陆地区老年人口总数已经达到了 1.6 亿，占总人口的 12%，平均每年增长 596 万。从 2030 年直到世纪末，中国大陆地区老年人口的比例都将始终维持在 30% 以上。随着人口老龄化的加剧，中国的养老和医疗保障费用增长显著，政府和家庭都将面临挑战。

二、选题的背景

党的十七大报告指出，必须在经济发展的基础上更加注重社会建设，着力

[①] 刘书鹤，杨继伟，张月君. 建立有中国特色的老年保障体系——论我国人口老龄化问题的基本对策. 人口研究，1999（1）.

[②] 郑功成.中国社会保障概论. 武汉：湖北人民出版社，1994.

保障和改善民生，努力使全体人民学有所教、劳有所得、病有所医、老有所养、住有所居，推动建设和谐社会。这是我们党从全面建设小康社会和构建社会主义和谐社会的高度，从解决人民最关心、最直接、最现实的利益问题出发，在社会建设方面提出的目标和作出的承诺。其中，老年保障就涉及多方面的内容，在我国即将进入重度老龄化的时期，建立和完善老年保障体系是我国社会建设的重大课题。

当前，我国的经济发展已取得伟大的成就，国民收入水平和综合国力有了很大的提高。但是，贫富分化严重，社会建设滞后，特别是"未富先老"对我国的老年保障产生了严重的挑战，老年保障还需要长期的关注。

"老有所养、老有所医、老有所教、老有所学、老有所为、老有所乐"是我国老龄事业的发展目标。近年来，国家颁布了一系列包括老年社会保障、老年福利与服务等多方面内容的法律法规和政策，不断健全和完善了我国老年保障体系。目前，中国老年社会保障体系包括社会养老保险、社会医疗保险、社会老年救助等。

由于我国社会保障建设滞后，养老体系不够完善，养老保障资源缺乏，公共财政支出比例过小，从而养老风险不断加大。并且，我国现行的养老保险覆盖面窄，60 岁以上的老年人口中领取养老金的比例很低，多数老年人口还在靠自我供养或家庭抚养。同时，我国的医疗保障体系仍有待完善，医保补偿水平偏低，个人负担重，特别是老年人收入低，"病有所医"问题仍然未能较好地解决。至于老年护理等方面，我国还没有形成统一的制度体系，基本上为家庭护理。

正如前面所述，老年保障体系包含了社会保障、家庭保障和自我保障三个层次，其中，后两个层次主要体现的是家庭和个人的责任，而社会保障则更多体现的是政府和社会的责任，这是本研究所关注的重点。老年保障涉及养老、医疗、救助、住房等多方面的内容，很多方面是政府的公共服务，而公共服务又要求有公共财政的支持。因此，本研究从多方面来分析老年保障，重点研究体系的收支问题及政府的财政责任。

老年保障体系的建立和完善是当前重要的民生问题，跟社会中的每个人息息相关。作为社会热点问题，本书试图全面地分析、探讨体系的长期可持续性，并分析政府公共财政的责任和可行性，为科学发展和可持续发展提供借鉴；另外，本书运用量化模型进行大量测算，旨在从科学、直观的角度阐述体系的债务风险和筹资困境，探索可行的解决方案和路径。

本书全面地测算了老年养老保障和医疗保障等方面的隐性债务和债务风险，所得的结果具有首创性。我国对于养老保险体系的债务分析研究较多，但主要是针对职工社会养老保险，而全国的"老有所养"体系的分析测算仍是空白；同样，对全民医疗保障体系的测算分析研究结果仍然极少。因此，本书的研究具有创新性和前瞻性。

本书的目的在于抛砖引玉，希望能引起政府及民间重视和关注老龄化与老年保障。由于水平和条件所限，本研究难免存在不够细致深入之处，期盼能引发读者的兴趣，同时，对书中存在的缺陷和问题，还望各位专家、读者不吝指教。

三、本书的主要内容

本书以老龄化背景下的老年保障为研究对象，分析了我国老龄化特征及未来我国人口发展规律，研究了人口红利及其对经济发展的影响，老年人口的生活需求、财富结构及老年贫困的情况。同时，本书重点在于研究老年的养老保障和医疗保障体系，分析体系的筹资和支出、债务及公共财政的责任，探讨建立可持续的老年保障体系的路径。

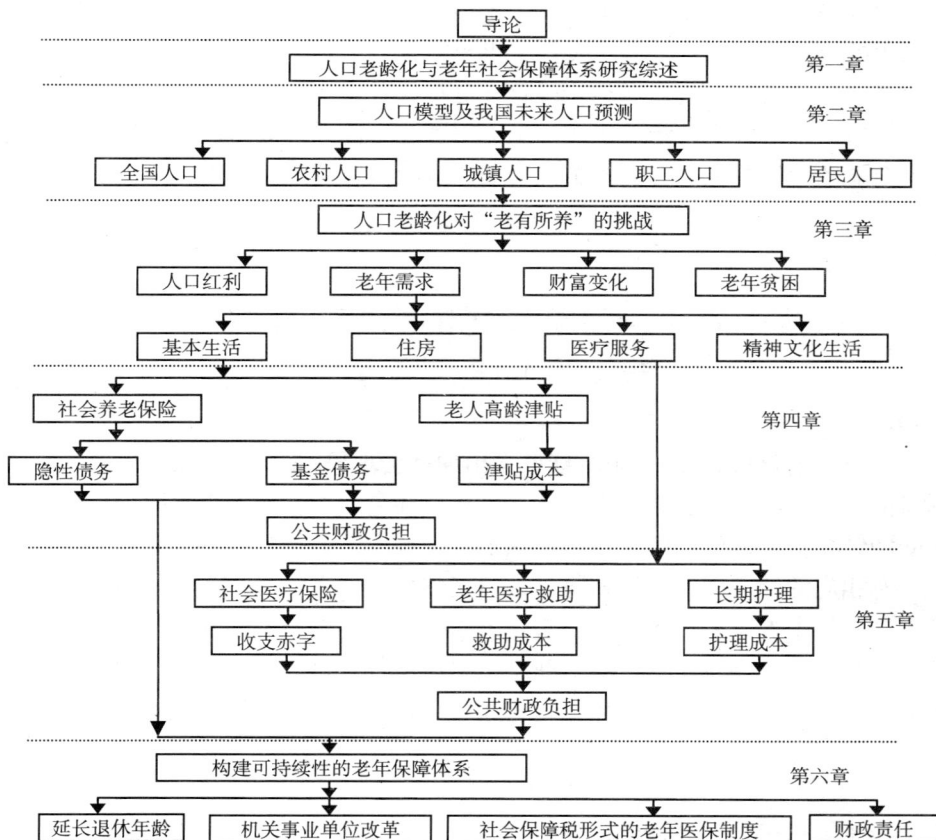

图 0-1　研究内容及路线框架

第一章 人口老龄化与老年社会保障体系研究综述

本章重点关注人口老龄化这一问题。首先，阐述了人口老龄化的概念及其判定标准；其次，介绍了全球人口老龄化的现状特征，并结合相关数据图表分析了全球各地区的人口老龄化状况；再次，关注了"未富先老"的中国人口老龄化状况及其背后的原因，进而讨论了该状况对中国社会保障体系的持续性运行提出的挑战和冲击；最后，关注了世界上人口老龄化最为严重的几个国家地区，通过观察它们的人口老龄化现状，分析导致人口老龄化的原因以及由人口老龄化带来的对社会政治、经济和生活等各个方面的挑战与机遇。各国政府应对人口老龄化所采取的有效措施，为中国减轻人口老龄化的冲击提供了借鉴性意见。

第一节 人口老龄化的判定、全球人口老龄化的现状及前景

人口老龄化将是 21 世纪全球最突出的社会现象，是每一个国家已经面临或即将面临的问题，是各地区人口从高生育率和高死亡率向低生育率和低死亡率转变的结果。迅速膨胀的老年人口预示着一种史无前例的社会现象，随之而来也会有相应的社会问题亟待解决。人口老龄化也称人口高龄化，是指一个地区的人口总体中老年人口比例不断增长，人口的平均寿命不断延长的趋势。一般也将人口老龄化理解为这样一个静态概念：一个地区人口的 65 岁以上老年人占比超过 7%，或 60 岁以上老年人占比超过 10%。

一、人口老龄化的判定标准

对于人口老龄化的衡量，主要有以下三个方面的标准可供参考：

（一）某个地区内老年人口占该地区总人口的比例，即老年系数

目前，国际社会比较公认的能够反映人口老龄化程度的指标是 60 岁以上人口占总人口的比值，或者 65 岁以上人口占总人口的比值。若一个地区人口中 60 岁及以上的人口占比超过 10%，或者 65 岁及以上的人口占比超过 7%，则该地区就被认为进入了"老龄化社会"。若一个地区人口中 65 岁及以上的人口占比超过 14%，则该地区就被认为进入了"老龄社会"。[①] 按照这个标准，当前世界上主要发达国家和一些发展中国家均已经进入老龄化社会。具体如表 1－1 所示。

表 1－1　2006 年世界各国和地区老龄化程度

国家或地区	60+占比	国家或地区	60+占比	国家或地区	60+占比
日本	27%	罗马尼亚	19%	印度尼西亚	8%
意大利	26%	加拿大	18%	土耳其	8%
德国	25%	澳大利亚	18%	印度	8%
瑞典	24%	波兰	17%	墨西哥	8%
希腊	23%	新西兰	17%	秘鲁	8%
奥地利	23%	俄罗斯	17%	缅甸	8%
比利时	23%	美国	17%	越南	8%
葡萄牙	23%	中国香港	16%	埃及	7%
瑞士	22%	马其顿	16%	不丹	7%
芬兰	22%	古巴	16%	南非	7%
西班牙	22%	韩国	14%	摩洛哥	7%
丹麦	21%	阿根廷	14%	伊朗	7%
法国	21%	新加坡	13%	苏丹	6%
英国	21%	智利	12%	蒙古	6%
乌克兰	21%	朝鲜	11%	柬埔寨	6%
挪威	20%	中国	11%	伊拉克	5%
荷兰	20%	中国澳门	11%	乌干达	4%

注：① "60＋占比"表示 60 岁及以上的人口占总人口比例。
② 资料来源：中华人民共和国文化部网站，http：//www.ccnt.gov.cn/sjzz/ltxgbj/gzlt/200906/t20090630_71505.html。

---

① 大泉启一郎. 日刊称中国面临低收入阶段进入老龄化难题. 中国网，2009 年 6 月 29 日.

（二）人口平均预期寿命

人口平均预期寿命是指假如当前的分年龄死亡率保持不变时新生儿预期能生存的平均年数。事实上，要全程跟踪同时出生的一批人的整个生命过程有很大的难度，在实际计算人口平均预期寿命时，往往可以用同一年各年龄人口的死亡率水平来代替同一代人在不同年龄的死亡率水平，然后计算出各年龄人口的平均生存人数，由此推算出这一年的人口平均预期寿命。人口平均预期寿命是衡量一个社会的经济发展水平及医疗卫生服务水平的指标。在一个社会里，随着人口平均预期寿命的增加，这个社会的人口年龄结构会逐渐老龄化。但是，到目前为止还没有一个合理的、确定的界限可以根据人口平均预期寿命判断一个社会是否已进入老龄化行列。

（三）年龄中位数

年龄中位数又称中位年龄，是将一个地区内的全体人口按年龄大小排列，位于中间点上的那个人的年龄即为该地区人口年龄中位数。年龄在这个人以上的人数和以下的人数相等。一个地区人口的年龄中位数的变化可以直观地判断该地区人口的年龄结构的变化情况。据美国中央情报局关于世界人口老龄化的资料显示：2008年世界人口年龄中位数估计值为28.4岁，也即世界上有一半的人口低于这一年龄，而另一半的人口高于这一年龄。人口最年轻的国家是乌干达，其中位数年龄为15.0岁。而人口最年老的国家是摩纳哥，日本位居世界第二。预计今后40年世界中位数年龄可能提高10岁，2050年将达到38岁。

表1-2　一些国家和地区2008年人口年龄中位数估计值

序号	国家或地区	年龄中位数	序号	国家或地区	年龄中位数
	世界	28.4	10	瑞典	41.5
1	摩纳哥	45.7	11	西班牙	41.1
2	日本	44.2	12	瑞士	41.0
3	德国	43.8	13	丹麦	40.5
4	意大利	43.3	14	加拿大	40.4
5	中国香港	42.3	15	荷兰	40.4
6	奥地利	42.2	16	英国	40.2
7	芬兰	42.1	17	乌克兰	39.5
8	希腊	41.8	18	法国	39.4
9	比利时	41.7	19	挪威	39.4

续表

序号	国家或地区	年龄中位数	序号	国家或地区	年龄中位数
20	新加坡	37.3	34	阿根廷	30.0
21	俄罗斯	36.7	35	哈萨克斯坦	29.6
22	波兰	36.5	36	以色列	29.1
23	澳大利亚	35.2	37	巴西	28.6
24	韩国	35.1	38	印度尼西亚	27.6
25	美国	35.0	39	越南	27.4
26	中国台湾	34.1	40	墨西哥	26.3
27	中国澳门	33.5	41	印度	25.3
28	冰岛	33.3	42	蒙古	25.3
29	爱尔兰	31.4	43	菲律宾	22.5
30	中国（不含港澳台）	39.0	44	海地	20.2
31	格陵兰（丹麦）	38.4	45	阿富汗	17.6
32	泰国	37.9	46	赞比亚	17.0
33	智利	37.3	47	乌干达	15.0

资料来源：Central intelligence agency，https：//www.cia.gov/library/publications/the-world-factbook/fields/2177.html。

二、全球人口老龄化的特征

由于人类平均预期寿命的不断延长，再加上"二战"后的婴儿潮，全球老龄人口比重增长的速度在 2010 年以后将明显加快。预计到 2015 年，全世界 65 岁以上老年人口的比重将超过 5 岁以下幼儿人口的比重。具体说来，全球人口老龄化发展呈现出以下特征：

全球人口老龄化现象是史无前例的。伴随着 15 岁及以下年轻人占比的绝对下降，60 岁及以上的老人占比相对增长。据官方统计，到 2050 年世界上 60 岁及以上的老年人的绝对数目将首次超过 14 岁及以下的年轻人数目。而实际上较发达国家在 1998 年就已经实现了这种逆转。2006 年是每 9 个人中就有 1 个 60 岁以上的老年人，根据联合国专题项目的研究估算，到 2050 年每 5 人中将会有 1 个老年人，到了 2150 年，每 3 人中就会有 1 个 60 岁以上的老年人。

全球人口老龄化影响是广泛的，这种短时期内无法逆转的趋势及其带来的各种消极效应不容小觑。人口老龄化会对全球经济增长、储蓄、消费与投资，社会生产力，以及代际转接造成很大冲击。此外，人口老龄化还会影响家庭结构与生活方式，对医疗保健提出更高的要求。人口老龄化对政治方面也存在一定影响，它会在宏观层面上对国际与国家政策走向产生长远影响，在微观层面上影响决策投票模式与代表性。

全球人口老龄化趋势在未来一百年是不可逆转的。全球老龄化的特点是：基数庞大，速度偏快。据 2002 年联合国《老龄问题国际行动战略》报告显示：21 世纪开始之际，世界上有 6 亿老龄人口，为 50 年前记录的 3 倍。预测到 21 世纪中叶全球将会有 20 亿老年人，老年人数目将是现在的 3 倍之多。全球老龄化不仅体现在老龄人口的绝对数量激增，还表现在老年人口增长速度惊人。从图 1－1 可以看到：就全球而言，老年人口每年以 2%的速度增长，预期 60 岁及以上的人口年增长率在 2025 年之后将达到 2.8%。地球人口已经进入老龄化时代，并且老龄化速度正在不断加快。

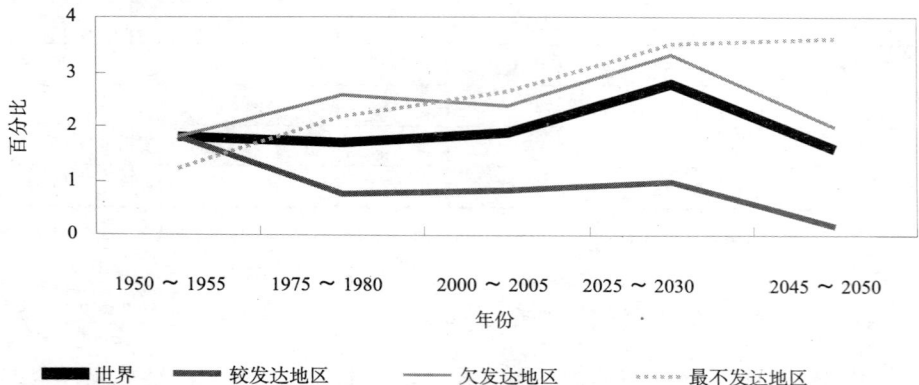

图 1－1　1950～2050 年世界各地区 60 岁及以上人口年均增长率

资料来源：World Population Prospects：The 2000 Revision (United Nations，2001c)。

全球老龄化存在显著的地区性差异。各个国家地区在老龄化程度、速度和模式上存在显著性差异。参照下表，我们可以看到在较为发达的地区，2000 年年龄在 60 岁以上的人口就占了将近 20%的人口比例。然而在欠发达地区，目前 60 岁以上的人口占比还没超过 8%。但是我们可以看到的是：欠发达地区和最不发达地区的人口老龄化速度比发达地区要快。最不发达地区老龄人口未来的高增速会拉高世界老龄人口的整体增速。较发达地区是经济发展到较高水平才进入人口老龄化阶段，而欠发达地区和最不发达地区的人口老龄化是发生在社会经济水平相对较低的时候，未富先老的情形下，如果不能及时作出调整以适应老龄化的到来，势必会造成严重的社会问题。

表1-3　世界各地区人口年龄状况汇总①

地区	年份	60+占比（%）	65+占比（%）	80+占比（%）	期望寿命	年龄中位数	总抚养率（%）
世界	2000~2005	10	6.90	1.10	66	26.5	58.40
	2025~2030	15	10.40	1.90	72.4	32	53.25
	2045~2050	21.10	15.60	4.10	76	36.2	57.70
较发达地区	2000~2005	19.40	14.30	3.10	75.6	37.4	48.30
	2025~2030	28.20	21.30	5.40	80	44.1	57.00
	2045~2050	33.50	26.80	9.60	82.1	46.4	73.40
欠发达地区	2000~2005	7.70	5.10	0.70	64.1	24.3	61.10
	2025~2030	12.60	8.40	1.30	70.9	30	52.50
	2045~2050	19.30	14.00	3.30	75	35	55.70
最不发达地区	2000~2005	4.90	3.10	0.40	51.4	18.2	86.00
	2025~2030	5.90	3.80	0.50	62.8	20.8	71.40
	2045~2050	9.50	6.30	1.00	69.7	26.5	54.90

注：① "60+占比" 表示 60 岁及以上的人口占总人口比例，其他类推。

② 以上地区划分参考 World Population Ageing 1950~2050 -Auuex：Classification of major areas and regions。

全球人口老龄化速度继续加快。人口老龄化速度是指一个地区的人口老龄化程度由一个层次提高到另一个层次所需要的时间。虽然目前发达地区的人口老龄化远远超过欠发达地区，但是由各自的发展速度预估，在今后几十年当中，欠发达地区的老龄化程度将会赶超发达地区。根据相关预测，发达国家法国进入老龄化（此处我们只考虑一个地区 65 岁及以上的老年人占比由 7% 上升至 14% 所需时间跨度这种情况）阶段需要 100 多年，美国进入老龄化阶段需要近 70 年，而发展中国家中国进入老龄化阶段则只需不到 30 年。

三、全球各地区人口老龄化的状况

（一）以欧美、日本为主的较发达地区人口老龄化状况

较发达地区是完成工业化城市化后最早进入人口老龄化阶段的。以欧洲为例，由于科学技术、医疗卫生条件的不断发展，人口营养供给充足，加上社会经济发展的需要，欧洲人口一直以来普遍都是负生育率低死亡率，这是欧洲人口老龄化的直接原因，另外欧洲 "福利型" 国家吸引国际移民也是造成人口老

---

① Population Division of the Department of Economic and Social Affairs of the United Nations.

龄化的一个重要原因。但是在美国，高度发达的经济发展水平以及无限丰富的发展机遇吸引着年轻的国际移民群体，这很可能对减轻美国人口老龄化有积极作用。较发达地区老龄人口中存在一个突出的特征：老龄女性人口多于老龄男性人口，而且[1]老年劳动力中，女性的劳动参与人口份额在不断增加。在欧洲的东部和北部，60 岁及以上的老年女性人口普遍多于相当年龄的老年男性。据统计，欧洲约有 10 个国家 60 岁及以上的老年男女比例低于 3∶5，80 岁及以上的老年男女比例低于 2∶5。

（二）以拉丁美洲和部分非洲国家为主的最不发达地区人口老龄化状况

最不发达地区的人口年龄结构最为年轻化，缘于各种生存条件的恶劣，受战乱等因素的长期影响，各种疾病和瘟疫无控制性地传播。加上社会经济水平、科学技术水平落后，医疗卫生条件落后，这种地区的人口新生儿死亡率高，老年人的寿命普遍偏低。虽然目前总抚养率（除适龄劳动力之外的其他人口与适龄劳动力的比值）偏高，但这个指标在逐渐下降。根据国际上关于人口老龄化的判定标准（65 岁及以上的人口占比超过 7%，或 60 岁及以上的人口占比超过 10%），最不发达地区人口到了 2045 年还没有进入老龄化社会。但是从以上列表也可以看到，即使是在最不发达地区，人口老龄化的趋势也是不会逆转的。老龄人占总人口的比值都在逐年加速上升，期望寿命和年龄中位数也呈非减速度攀升。

（三）以亚洲为主（日本除外）的欠发达地区人口老龄化状况

欠发达地区的人口老龄化状况处于较发达地区和最不发达地区之间的状态。总体来说，欠发达地区人口将于 2025 年左右进入老龄化行列。总抚养率逐渐下降并趋于平稳，人口老龄化速度也在加快。

四、全球人口老龄化产生的原因

导致全球人口老龄化的因素是多方面的，导致各个国家人口老龄化的作用机制和力度也各有差异。总的来说，主要有以下几方面的原因：

出生率下降和死亡率下降是导致老龄化形成的最直观原因。计划生育政策的普遍实施、各种节育手段的有效利用、高等教育的普及、晚婚、妇女参与劳动的社会趋势、更拥挤的居住空间、越来越昂贵的子女抚养成本、对世界人口

---

[1] Publication from International Labor Organization，1996.

超载的认识普及等，这些因素都会促使婴儿出生率的下降。2006 年日本平均每个妇女生育 1.4 个孩子，到了 2007 年则下降为 1.23 个。[①]在我国，从 1970 年开始的计划生育政策的成功实施，使得我国生育率迅速下降，从而 19 岁以下的人口及所占比例大幅下降，老年人口比重则相对上升。计划生育政策在很大程度上促进了中国老龄化的形成。与西欧国家相比，我国的生育率下降速度是急剧的，而西欧国家是平缓渐进的。死亡率下降也是导致老龄化形成的另一直观原因。医学科学的进步和生活水平的提高使得寿命延长不再只是神话。

伴随着现代经济的飞速发展，地区人口迁移也使得地区老龄化情况出现。通常年轻人口会由经济较落后的地区流向经济较发达、劳动力产业密集的地区，这就导致了在农村地区，特别是落后农村地区出现所谓"空巢家庭"，整个农村地区人口呈老龄化特征。

五、全球人口老龄化的挑战

伴随着人口的老龄化，人口年龄结构的老化演变对社会政治、经济和环境等各个方面都产生了重大的影响。

（一）人口老龄化对代际抚养产生压力

老年人口的抚养比越来越高，据笔者预测，城镇职工抚养率到 2030 年将超过 50%，到了 2090 年将超过 81%，这意味着每 10 位城镇在职职工平均要赡养 8.1 位城镇退休职工，而且随着年龄的往后推移，抚养比会越来越大，人口老龄化使得年轻人的供养负担越来越重。

人口老龄化对家庭代际抚养产生压力，同时影响老年和青年两代人的福利。现代家庭单位的微型化、越来越多的女性进入职场参加工作，这样对老年人的照料越显不足。在老龄化社会里，老年人越来越长寿，而且随着年龄的增大，老年人对近身护理的需求越来越高。父母抚养率（即 85 岁及以上的人口相对于 50～64 岁人口的比例）指标能够很好地表明在多大程度上实现传统的家庭养老。在世界范围内，[②]相对于 100 名 50～64 岁的中老年人，85 岁及以上的高龄老人平均略大于 4 个。到了 2025 年，这个指标将飙升至 12%，也就是说那些本身已经开始年老的人还要承担照料更老的父母一代亲属的可能性将比现在高约三倍。家庭代际抚养缺位与高龄老人的护理需求两者之间就形成了不可避免的矛盾。

---

① The world factbook. 美国中情局出版，https：//www.cia.gov/library/publications/the-world-factbook/geos/ja.html.

② United Nations Department of Economic and Social Affairs. Population Division：World Population Ageing 2007.

（二）人口老龄化对社会保障体系的可持续运行产生压力

人口老龄化对社会保障体系的可持续性运行产生压力，迫使社会保障体系进行改革。人口老龄化意味着更多的老年退休者生存年限延长，所以退休养老金和其他社会福利的发放也需要持续更长的时间。加上人口寿命的不断延长，随着年龄增大，老年人越来越容易患各种慢性疾病，老年医疗费用和老年健康护理需求也会不断膨胀。如果对这部分的支出并没有做相应的预测规划和准备稳定的资金来源，那么未来社会保障体系就可能会因为债务赤字而全面崩溃，到时将会引发一系列的社会问题。面对这些问题，社会保障体系需要审时度势，做出相应改革。

（三）人口老龄化将加重政府的财政负担

人口老龄化使政府需要承担巨额的保障体系债务及对老年人的养老、医疗的财政责任。目前，相当一部分发达资本主义国家政府对老龄人口的养老、医疗等实行财政补贴，人口老龄化给这些国家政府造成了巨大的财政压力。2003年，美国社会福利总开支的 34%（约相当于美国当年国内生产总值的 5.15%）用于对老年人口的直接现金补贴；日本社会总开支的 40%（约相当于日本当年国内生产总值的 6.06%）用于对老年人口的直接现金补贴；世界著名的福利国家瑞典更是将其国内生产总值的 9.38%用于对老年人口的直接现金补贴（Bryant，2004）。[①]

（四）人口老龄化可能导致经济增长下降

人口老龄化导致更多社会资源偏向老人福利及医疗开支。国家、企业需要支出大量养老金，从生产和消费两个层次削弱资本积累，进而使得社会经济发展速度放缓。此外，从事生产的劳动力不够，社会经济发展后劲不足。人口老龄化使得人口再生产呈现缩减趋势。相应地，经济活动人口出现短缺，劳动力人口老年化，在劳动力人口中老年劳动者的比重也将提高。"人口红利"、"第二次人口红利"的消失将使得劳动者在经济活动中的主导作用总体被削弱，社会经济发展后劲不足。

以发达国家为例，由于美国、日本和欧盟人口增长率的下降和人口负增长态势（日本、欧盟）的蔓延，2000～2050 年的人均国内生产总值的年增长率将

---

① 引自侯立平. 欧美养老保险改革及其启示. 四川：西南财经大学出版社，2008：16.

低于 1990~2000 年的年增长速度（见表 1-4）。①

表 1-4　美国、日本、欧盟的人均国内生产总值（GDP）增长率预测

人均国内生产总值	1990~2000年的平均增长率	2000~2050年的预期平均增长率	差异值	导致差异的因素		
				就业率	股票投资收益率	劳动生产率
美国	1.7	1.1	-0.6	-1.2	0.2	-0.1
日本	1.5	1.1	-0.4	-1.4	0	-0.1
欧盟	1.7	1.3	-0.4	-1.2	0.6	-0.1

资料来源：OECD. The Macro-Economic Implications of Aging in a Global Context〔R〕. Economic Department Working Paper，OECD. 1998：32。

人口老龄化以及其影响深远、广泛而又不易逆转的效应极大地引起了各国政策制定当局的热切关注，它给人类社会提出了严峻的挑战。

第二节　我国老龄化状况及其老年社会保障体系建设

我国是全球老年人口最多、老龄化速度最快的国家。截至 2008 年年底，我国老年人口总数已经达到了 1.6 亿，占总人口的 12%，平均每年增长 596 万人。根据本书预测，直到 21 世纪末我国老年人口的比例都将始终维持在 30% 左右。中国人口老龄化明显呈地区性差异，并且人口老龄化的推进将逐渐改变整个社会的人口结构，影响中国社会的方方面面，也对老年养老保障体系的建设提出了新的要求。

一、我国各地区人口老龄化情况

表 1-5　我国各地区老龄化程度和老年人口抚养比表

地区	65 岁+占比（%）	老年人口抚养比（%）	地区	65 岁+占比（%）	老年人口抚养比（%）
全　国	9.36	12.86	江　西	8.95	13.08
上　海	14.25	18.32	黑龙江	8.94	11.48
重　庆	11.68	16.84	海　南	8.86	12.70
江　苏	11.15	14.95	河　北	8.86	11.91
四　川	10.99	15.72	吉　林	8.81	11.28

① 引自侯立平. 欧美养老保险改革及其启示. 四川：西南财经大学出版社，2008：17.

地区	65 岁+占比 （%）	老年人口抚养比 （%）	地区	65 岁+占比 （%）	老年人口抚养比 （%）
天 津	10.85	13.95	贵 州	8.30	12.87
辽 宁	10.63	13.87	内蒙古	8.17	10.73
浙 江	10.63	14.23	甘 肃	7.82	10.94
安 徽	10.50	15.31	河 南	7.57	10.51
湖 南	10.33	14.17	云 南	7.45	10.64
北 京	10.20	12.72	广 东	7.36	10.01
福 建	10.08	13.94	山 西	7.30	9.98
湖 北	9.88	13.28	新 疆	6.81	9.49
山 东	9.74	13.02	西 藏	6.65	9.26
陕 西	9.64	13.20	青 海	6.52	9.19
广 西	9.19	13.33	宁 夏	6.24	8.88

注：本表是 2007 年全国人口变动情况抽样调查样本数据，抽样比为 0.900‰。

资料来源：根据《中国统计年鉴 2008》中表 3－10 各地区人口年龄构成和抚养比计算得出。

据表 1－5 显示，若一个地区人口中 65 岁及以上的人口占比超过 14%，则该地区就被称为进入了老龄阶段（大泉启一郎，2009）。按照这个标准，上海地区于 2007 年作为中国第一城市首先进入了老龄阶段。2007 年，中国 31 个省市中有 27 个省市的 65 岁及以上人口比例已达到 7% 以上，新疆、西藏、青海和宁夏四个省市的老龄化比例也接近 7%。全国 65 岁及以上的老年人口比例为 9.36%，与 2006 年相比，全国人口老龄化提高了 1.46 个百分点。上海市老龄化程度最为严重，重庆、江苏等紧随其后。中国人口老龄化严重程度已经逐渐显现。

二、我国人口预期寿命及其人口年龄结构迁移

从全世界人口发展情况看，人口最高预期寿命和人均预期寿命都在不断增长。德国马克斯·普朗克人口研究所的沃佩尔和英国剑桥大学的奥彭两位科学家在美国《科学》杂志中发表文章指出，过去 160 年各国女性最高预期寿命不仅以平均每年 3 个多月的速率增长，而且根据他们的研究，这种增长呈现出高度的线性关系。同期各国男性最高预期寿命上升幅度相对较小，但也呈线性上升。他们还指出如果过去一个多世纪以来的增长势头仍得以持续，那么未来 60 年内世界各国女性预期寿命有可能首先突破 100 岁大关。[1] 在美国，自 1990 年

---

[1] Secret of long life: be born in Japan or San Marino: This article was published on guardian.co.uk at 19.10 BST on Thursday 21 May 2009. A version appeared on p.25 of the Main section of the Guardian on Friday 22 May 2009.

到现在，男性预期寿命从 72 岁增加到 76 岁，而女性则从 79 岁上升为 81 岁。据荷兰中央统计局预测，[①] 未来 50 年荷兰人口平均寿命将比目前增加 3～5 岁，荷兰男性平均寿命将达到 83.2 岁，女性将达 85.5 岁。

由于我国卫生事业的快速发展，城乡居民健康状况进一步改善，中国人口预期寿命在不断增长。卫生部在 2003~2007 年我国卫生发展情况简报中指出，居民期望寿命已由 2000 年的 71.4 岁提高到 2005 年的 73.0 岁。国家统计局统计资料显示，中国 2000 年城镇人口平均预期寿命为 75.21 岁，农村为 69.55 岁，相差 5.66 岁。这一差距主要是因为我国城乡在生活水平、生活质量以及医疗卫生条件上还有一定的差距。随着中国城镇化的发展、农村人口生活质量的提高、医疗卫生保障体系的不断完善，未来城乡差距将进一步缩小。预计中国未来人口平均预期寿命将以平均每 10 年 1.5 岁的速度增长，而女性的预期寿命又会高出男性 3 岁左右。与全国情况相比，农村地区的人口平均预期寿命也呈增长趋势，而且随着中国城镇化的推进，农村人口寿命将不断接近全国水平。

考虑到社会抚养比为全国人口 0～15 岁加上 65 岁及以上的人口占剩下全国人口的比重，社会老年抚养比为全国 65 岁及以上的人口占全国人口的比重。社会抚养比未来将会达到 0.82 左右，这意味着在未来每 100 个适龄劳动力平均要抚养将近 82 个孩子或老人。社会老年抚养比也达到了 0.55 左右，也即未来每 100 个适龄劳动力平均要赡养将近 55 个老人。加上老年人口对医疗消耗巨大，光是老年医疗支出就会形成沉重的社会经济负担。

由于妇女的平均预期寿命较男性长，女性老年人口会比男性老年人口多。而农村地区老年人口中女性人口占比很高，因为在中国进城打工的农村人口中老年劳力也占有相当比例，其中尤以男性居多。

三、我国人口老龄化的特点

不同于世界上发达国家的人口老龄化进程，中国人口老龄化有着以下主要特点：

（1）老龄化基数大且发展速度快。截至 2007 年年底，中国 65 岁及以上的老年人口为 1.24 亿，占总人口的 9.36%。按照联合国的预测，中国 65 岁及以上老年人口于 2027 年将超过 2 亿人，2037 年将超过 3 亿人，2050 年将超过 4 亿人。21 世纪前 50 年，中国将会一直是全球老年人口最多的国家。[②] 同时，中国也是老龄化速度最快的国家之一。在发达国家中，65 岁或以上的老年人口

---

① 刘黎. 新华网布鲁塞尔报道. 2008 年 12 月.
② 宋世斌. 我国医疗保障体系的债务风险及可持续性评估. 北京：经济管理出版社，2009：24.

占比从 7% 上升到 14% 所用时间大多为 45 年以上的时间，而中国仅仅用了不到 30 年的时间就能达到。[①] 2006 年《中国人口老龄化发展趋势预测研究报告》指出：在未来 100 年的时间里，中国人口老龄化发展趋势可分为三个阶段：

第一阶段，从 2001～2020 年是快速老龄化阶段。在这一阶段，我国将平均每年新增 596 万老年人口，年均增长速度达 3.28%。

第二阶段，从 2021～2050 年是加速老龄化阶段。1960～1970 年中国"婴儿潮"人群于这个时期进入老年，中国老年人口数量开始加速增长，同时生育率的总体下降使得总人口逐渐趋于平稳或略有负增长。

第三阶段，从 2051～2100 年是稳定的重度老龄化阶段。2051 年，我国老年人口规模将达到峰值 4.37 亿，约为少儿人口数量的两倍。这与同时期全球 60 岁及以上的老年人的绝对数目首次等于 14 岁及以下的年轻人口形成明显对比。由此，我国进入了重度老龄化阶段。

（2）中国各地区、城乡人口老龄化发展不平衡。中国人口老龄化发展具有明显的由东向西的区域梯次特征，东部沿海经济发达地区老龄化明显快于西部经济欠发达地区。与国际上"发达地区的老龄化程度最严重，欠发达地区的人口老龄化程度次之"的事实有悖，在中国国内存在着特殊的情况：老龄化的问题最先突出表现出来的不是出生率较低的经济较发达的城市，而是贫困的、社会保障并不齐全的农村地区。据 2006 年老龄委报告，我国农村的老龄化水平高于城镇 1.24%，这种城乡倒置的状况将一直持续到 2040 年才会出现逆转。

（3）未富先老，跑步进入老龄化。发达国家是在基本实现工业化、城市化和现代化的条件下进入老龄社会的。而我国是在尚未实现现代化，经济尚不够发达的情况下"抢先"进入老龄化社会的，属于未富先老。我国人口老龄化发展仓促和极速的国情，在国际社会上是非常罕见的，无论是在当前还是从长远考虑，都给我国社会经济发展造成巨大压力，也对老年养老保障体系提出了严峻的挑战。

四、我国人口老龄化的原因

导致中国人口老龄化的因素有许多，其中有一些是每个出现老龄化的国家所共有的，也有一些是鉴于中国特殊的国情而独有的。主要包括以下两个方面：

（一）计划生育政策的成功实行

中国一直以来都是世界上第一人口大国，考虑到人口、资源环境与社会可

---

① Westand Kinsella (1998). The Economics of an Aging Society. 2004, 17.

持续发展的长远发展规划,中国人民积极响应政府于 20 世纪 70 年代提出的"晚婚晚育,少生优生"的计划生育政策。这直接导致婴儿出生率的下降,并为未来中国老龄化的发展趋势打下了基础。

(二)中国跨地区人口流动导致的部分地区人口老龄化严重

地区经济发展水平与该地区的人口老龄化状况密切相关。通常来说,经济较发达地区,生活水平相应比较高,人均预期寿命较长,老龄人口占总人口的比例通常高于经济较落后地区。此外,由于在我国农村生育水平高于城镇,欠发达省份地区的生育水平又会高于各省平均水平。这些决定了农村与欠发达地区的老年人口比例将低于城镇与发达地区。目前,上海、北京等发达城市老年人口占比较高,新疆、西藏、青海、宁夏等不发达地区的老年人口占比较低。同时,由于市场经济的作用,大量年轻劳动力人口迁移到城镇及发达地区。2005年的 1%人口抽样调查数据表明,全国人口中,流动人口为 14735 万人,占全国人口总量的 11.3%,其中跨省流动人口 4779 万人,而且流动人口的主体多由青壮年龄层的人口构成(翟振武,2008)。这种地区人口流动导致中国人口老龄化分布状况出现与国外相反的结果,即农村地区人口老龄化程度比城镇地区严重,相当一部分欠发达省区的人口老龄化高于全国平均水平。

五、人口老龄化背景下我国的养老危机

(一)养老保障压力

目前,中国养老体系不够完善,养老保障资源缺乏,公共财政支出比例过小,养老风险不断加大。与发达国家不同的是,中国在经济尚不发达的情况下较早地进入了老龄化社会。目前,[①]中国 80 岁以上高龄老人每年以 3.7%的速度增长,预计 2020 年将达到 2200 万人,2050 年将达到 8300 万人,届时中国将成为一个高龄社会。相应地,我国基本养老保险基金支出在逐年上升。2005年中国基本养老保险的支出经过五年的时间几乎翻了一番。中国目前仍需要大量建设资金,巨额的基本养老保险金对政府财政来说是一个不轻的负担。全国退(离)休及退职人员从 1989 年年末的 893.4 万人增加到 2007 年年末的 4544万人,18 年内增长了 5 倍之多,养老金支出从 1997 年的 1251.3 亿元迅速增长到 2007 年的 5964.9 亿元,10 年内增长了近 4.8 倍。在岗职工与退休职工的供养比也在连年攀升。据劳动和社会保障部预测,再过 10 年即到了 2020 年,领

---

① 中国正处于应对人口老龄化"关口". 老年时报,2009 年 3 月 17 日.

取养老金的退休人员将超过 1 亿人，届时抚养比将达到 250%，意味着平均一个退休老人仅靠 2.5 个在岗职工抚养，在岗职工的经济负担很是沉重。据劳动和社会保障部透露，退休人员每年以 6% 的速度递增，养老保险个人账户空账运行相应地以每年 1000 个亿的规模膨胀。

表 1-6　1989~2007 年中国退（离）休及退职人员与退（离）休金变化状况

年份	离退休人员（万）	抚养比	基本养老保险基金支出（亿）	年份	离退休人员（万）	抚养比	基本养老保险基金支出（亿）
1989	893.4	539.16%	118.8	1999	2947.5	318.47%	1924.9
1990	965.3	538.77%	149.3	2000	3016.5	329.58%	2115.5
1991	1086.6	520.32%	173.1	2001	3171.3	319.52%	2321.3
1992	1681.5	462.37%	321.9	2002	3349.2	308.46%	2842.9
1993	1839.4	435.37%	470.6	2003	3556.9	301.71%	3122.1
1994	2079.4	408.49%	661.1	2004	3775.0	298.60%	3502.1
1995	2241.2	389.87%	847.6	2005	4005.2	300.41%	4040.3
1996	2358.3	371.39%	1031.9	2006	4238.6	304.85%	4896.7
1997	2533.0	342.32%	1251.3	2007	4544.0	306.50%	5964.9
1998	2727.3	310.78%	1511.6				

资料来源：根据《中国统计年鉴 2008》中表 22~37 社会保险基金收支及累计结余和表 22~38 参加基本养老保险人数计算得出。抚养比是指退休人数占在职人员的比例。

（二）老年医疗保障压力

随着人口老龄化的加剧，中国的医疗保障费用增长显著，医疗保障制度一再面临挑战。随着老年人口的增加和寿命的延长，老年期延长，因疾病、伤残、衰老而失去生活能力的老年人显著增加，给国家、社会和家庭都带来了沉重负担。1993 年卫生部调查表明，老年人群中 60%~70% 有慢性病史，人均患有 2~3 种疾病。60 岁以上老年人慢性病患病率是全人口的 3.2 倍，伤残率是全人口的 3.6 倍。根据中国老龄科研中心 1992 年的调查，60 岁以上老年人在余寿中有 2/3 的时间处于带病生存。老年病以慢性病见多，其花费大、消耗卫生资源多。据北京市调查，占公费医疗对象 18.39% 的离退休人员，占用医疗费 45.2%，为在职人员的 3 倍。据 1993 年两周患病率指标的调查，老年人所消耗卫生资源是全人口的 1.9 倍。随着老年人增多，各项费用进一步上升，将给社会经济带来更大的负担。而我国的医疗卫生保障事业发展还比较滞后。

（三）农村地区社会养老保障压力

与城镇相比，农村地区的人口老龄化压力更为沉重。在中国，农村人口老龄化程度高于城市。据 2006 年老龄委报告，2000 年中国农村老年人口为 8557 万人，占全国老年人口的 66%，农村老年人口占比高出城市 1.24%。2007 年以来，新型农村合作医疗扩大覆盖面的工作进展迅速，到 2008 年，已经覆盖了 90% 以上的农村人口。2007 年全国新农合基金支出 346.6 亿元，全国有 4.5 亿人从新农合制度中受益。[①] 2007 年年末全国参加农村养老保险的人数为 5171 万人；全年共有 392 万农民领取养老金，比 2006 年增加了 37 万人，全年支付养老金 40 亿元，养老金人均支出为 1020 元/年；年末农村养老保险基金累计结存 412 亿元。[②] 但是，目前新农合制度保障水平有限，农村社会养老保险虽有所发展，但效果不甚明显，使得目前广大农民仍然依靠家庭保障。再加上农村经济状况不佳，农村的社保意识薄弱，我国农村社会保障体系的建立和完善困难重重。

（四）人口红利期的即将消失与养老需求膨胀的矛盾

目前能够参与劳动的 15~65 岁的"适龄劳动人口"仍在增加。这一人口比率较高的国家，往往其经济具有很强的增长潜力，这就是所谓的"人口红利"。从人口构成来看，我国的人口红利期大概开始于 20 世纪 60 年代至 70 年代，经过了大概 50 年的发展时间。随着老龄化进程的加快，"人口红利"将很快转变为"人口负债"，从而对我国经济发展、财富、税收、财政收入等方面产生消极的影响，进而老年群体的养老需求日益膨胀，我国将面临养老困局。

（五）老年住房问题

当前中国相当一部分中低收入的群体年老之后没有自己的房产，更不可能去考虑那些专业化的老年住宅。他们需要通过租房来度过晚年。然而他们中的一部分低收入者由于年轻时没有足够的资本积累，从而无力承担年老时的租房费用。随着中国人口老龄化程度的加深，越来越多的中低收入老年群体需要依靠政府才能解决住房费用问题。

（六）老年长期护理供需矛盾

长期护理对于照顾老年人生活、保证老年人健康、帮助老年人安度晚年意

---

① 国家民政部. 2007 年民政事业发展统计报告. 中央政府门户网站，2008 年 5 月 4 日.
② 王延中等. 中国农村社会保障的现状与未来发展. 社会保障研究，2009（1）.

义重大。随着年龄的增加，老年人的患病率增加，日常生活能力逐步丧失。虽然老年人的平均预期寿命延长了，但带病存活期较长，健康预期寿命的水平相对较低，老人除了有住院需要以外，还存在着长期护理需要。越是经济发达地区，护理需求越高。同时，随着我国人口结构的变化，空巢老人的数量将不断增加，从而家庭护理功能弱化，老年长期护理供需矛盾将会随着人口老龄化发展而进一步加深。

六、我国老年社会保障体系

"老有所养、老有所医、老有所教、老有所学、老有所为、老有所乐"是我国老龄事业的发展目标。近年来，国家颁布一系列包括老年社会保障、老年福利与服务等多方面内容的法律法规和政策，不断健全和完善了我国老年保障体系。目前，中国老年社会保障体系包括社会养老保险、社会医疗保险、社会老年救助等。

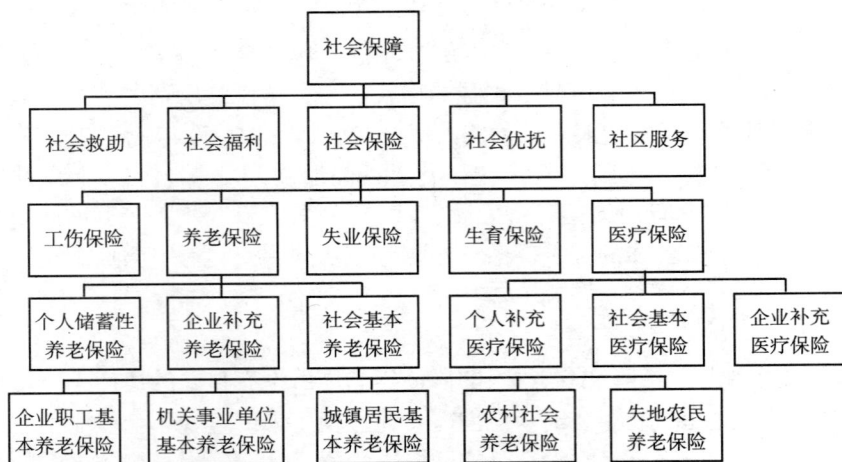

图1-2　我国社会保障体系纵览图

（一）社会养老保险

社会养老保险制度是国家根据人民的体质和劳动力资源情况，规定一个年龄界限，当劳动者达到这个年龄界限时作为年老丧失劳动能力者，解除劳动义务，由国家和社会提供物质帮助，保障其晚年基本生活的一种社会保障制度。我国养老保险体系分为三个层次：

1．基本养老保险

社会基本养老保险体系是按国家统一政策规定强制实施的为保障广大离退休人员基本生活需要的一种养老保险制度，主要由城镇企业职工基本养老保险制度、城镇居民基本养老保险制度、农村社会养老保险制度和国家机关事业单位基本养老保险制度和失地农民养老保险组成，分别对应城乡不同的群体。

（1）城镇企业职工基本养老保险制度。现行企业职工基本养老保险制度覆盖企业、企业化管理的事业单位和民办非企业单位，以及城镇个体劳动者和灵活就业人员。现行企业职工养老保险制度运行的主要依据是国务院颁布的《关于建立统一的企业职工基本养老保险制度的决定》（国发〔1997〕26号）和《国务院关于完善企业职工基本养老保险制度的决定》（国发〔2005〕38号），实行个人账户和社会统筹账户相结合的形式。

缴费方面，企业所缴的养老保险费用全部进入社会统筹基金，并相应地将个人账户规模从过去的本人缴纳工资的11%降为8%。实行社会统筹基金和个人账户基金的分别管理，逐步做实个人账户。计发方面，规定退休时基础养老金月标准以当地上年度在岗职工月平均工资和本人指数化月平均缴费工资的平均值为基数，缴费每满一年发给1%。城镇各类企业职工、个体工商户和灵活就业人员都要参加企业职工基本养老保险，缴费基数为当地上年度在岗职工平均工资，缴费比例为20%，其中8%计入个人账户，退休后按企业职工基本养老金计发办法计发基本养老金。

在十几年来的一系列变革措施下，我国老年养老保障体系已经初步建成，对促进我国的社会稳定和经济发展发挥了积极的作用。但改革和发展中出现的问题我们也不能忽视。主要表现在：养老保险关系的转移问题得不到解决；个人账户"空账运行"现象严重，给国家未来的养老金支付造成了难以消化的欠债；提前退休加重了养老保险基金的支付压力；老龄化加剧将导致不断升高的抚养比，高抚养比将加剧我国城镇企业养老保险制度统筹基金供求失衡的矛盾等。

（2）城镇居民基本养老保险。城镇居民养老保险是城镇职工养老保险的有力补充，其以城镇广大的非就业人群为参保对象，尤其是为城镇老年居民提供生活保障，从而把所有的城镇人口都纳入到了养老保障体系内。随着我国人口老龄化、城市化的发展，现行城镇居民基本养老保险制度逐渐显现出一些与社会经济发展不相适应的问题，主要表现在覆盖范围不够广泛，仍有为数不少的城镇老年居民因各种原因游离于基本养老保险制度之外，老有所养问题尚未得到全面妥善解决，这一问题已经引起全社会的共同关注。

（3）机关事业单位基本养老保险制度。机关事业单位退休养老制度的覆盖对象为政府公务员和事业单位工作人员,养老金待遇标准与退休前的工资挂钩。机关事业单位退休养老制度规定:全部机关退休人员的基础工资和工龄补贴按照本人原标准的全额计发。工作年满 20 年的机关退休人员,职务工资和级别工资按本人原标准的一定比例计发,其中 35 年及以上、30～35 年、20～30 年的计发比例分别为 88%、82% 和 75%;工作年限在 10～20 年的机关退休人员,职务工资和级别工资按 60% 计发;工作年限不满 10 年的机关退休人员,职务工资和级别工资按 40% 计发。工作年满 20 年的事业单位退休人员的退休金按本人职务工资和津贴之和的一定比例计发,其中 35 年及以上、30～35 年、20～30 年的计发比例分别为 90%、85% 和 80%;工作年限在 10～20 年的事业单位退休人员的退休生活费按本人原工资的 70% 计发;工作年限不满 10 年的事业单位退休人员的退休生活费按照本人原工资的 50% 计发(宋晓梧、邢伟和丁元,2007)。

我国机关事业单位基本养老保险制度也存在着不少问题。具体表现在:机关事业单位养老保险制度在本质上与城镇企业养老保险制度很难衔接,两者在经费筹集、待遇计发、管理等方面实行"双轨制",造成我国不同地区、不同行业、不同单位养老金的差异,引发社会保障不公平,并且不利于人力资源的自由流动;我国正在向市场经济转变,必然伴随着机关事业单位机构改革,但现行制度下没有缴费积累,阻碍了机构改革时的人员分流和改革的顺利推进。

(4)农村社会养老保险制度。20 世纪 90 年代后,农村社会养老保险制度以"个人缴费为主,集体补助为辅,政府给予政策支持"为原则,个人缴费和集体补助全部记在个人账户;但是这种养老保险模式是采取农民自愿交费,政府基本不投入的方式,所以对农民的吸引力不大。进入 21 世纪后,各地纷纷探索新型的农村保险模式,如"个人账户＋基础养老金"、"社会统筹与个人账户相结合"。2009 年 6 月 24 日,国务院总理温家宝主持召开国务院常务会议,研究部署开展新型农村社会养老保险试点,并于当年 9 月 4 日发布《国务院关于开展新型农村社会养老保险试点的指导意见》,明确提出"2009 年新型农村社会养老保险试点覆盖面为全国 10% 的县 (市、区、旗),以后逐步扩大试点,在全国普遍实施,2020 年之前基本实现对农村适龄居民的全覆盖",这无疑是全国人民的福音。

(5)失地农民社会保险制度。2006 年提出的失地农民社会保险制度针对城市规划区内的被征地农民。失地农民社会保障所需资金从当地政府批准的安置补助费和用于失地农户的土地补偿费中统一安排,两项费用尚不足以支付的,由当地政府从国有土地有偿使用收入中解决。长期来看,随着国家的建设发展需要,失地农民的数量规模会越来越大,失地农民的社会保障问题将日益突出,主要是保障水平低、保障随意性大。没有完善的、专门的、规范的法规约束,不同地区存在着不同的做法，这样不利于切实保障失地农民的利益，必定会造成失地农民社会矛盾问题。

2. 企业补充养老保险（企业年金）

企业补充养老保险也即自愿性的雇主补充养老保险，采用缴费确定型或给付确定型的基金积累制度，国家通过一定的税收优惠政策，鼓励和引导企业为其员工建立养老保障计划，通常由企业单独缴费或由企业和职工共同缴费。其运行模式可以分为信托型和保险契约型。该计划的目的在于为企业员工提供较高水平的养老金，并在一定程度上协调资本和劳动之间的利益关系。

3. 个人储蓄性养老保险

个人采用长期储蓄和参加商业养老保险等方式实现，国家给予一定的税收政策优惠进行支持和鼓励。目前，采用反向抵押的逆按揭方式"以房养老"的新型养老模式受到了广泛的关注。"以房养老"通常也被称为"住房反向抵押贷款"或者"倒按揭"。在老龄化现象日益突出、独生子女负担加重的中国社会，采用反向抵押的逆按揭方式"以房养老"，无疑是未来老年人减轻养老负担的一种很好的方式。然而这种模式的最大问题是我国传统观念的羁绊，需要在随着时间和社会的发展下人们观念的逐渐改变。

（二）社会医疗保险

社会医疗保险是国家和社会根据一定的法律法规，为向保障范围内的劳动者提供患病时基本医疗需求保障而建立的社会保险制度。我国的社会医疗保险由基本医疗保险、企业补充医疗保险和个人补充医疗保险三个层次构成。

1. 基本医疗保险

基本医疗保险是为补偿劳动者因疾病风险造成的经济损失而建立的一项社会保险制度。通过用人单位和个人缴费建立医疗保险基金，参保人员患病就诊发生医疗费用后，由医疗保险经办机构给予一定的经济补偿，以避免或减轻劳动者因患病、治疗等所带来的经济风险。关于基本医疗保险，笔者在《我国医疗保障体系的债务风险及可持续性研究》一书中已作了详细介绍，这里不再论述。

2. 企业补充医疗保险

企业补充医疗保险是企业在参加城镇基本医疗保险的基础上，国家给予政策鼓励、由企业自主举办或参加的一种补充性医疗保险形式。补充医疗保险基金，用于企业按规定参加当地基本医疗保险，对城镇职工基本医疗保险制度支付的待遇以外，由职工个人负担的医药费用的适当补助，减轻参保职工的医疗费负担。企业补充医疗保险费在工资总额 4%以内的部分，企业可直接从成本中列支，不再经同级财政部门审批。企业补充医疗保险办法应与当地基本医疗保险制度相衔接。企业补充医疗保险资金由企业或行业集中使用和管理，单独建账，单独管理，用于本企业个人负担较重的职工和退休人员的医疗费补助，不得划入基本医疗保险个人账户，也不得另行建立个人账户或变相用于职工其他方面的开支。

3. 个人补充医疗保险

个人补充医疗保险即由个人根据自己需求和可能原则自愿参加的商业医疗保险，是由保险公司经营的、营利性的医疗保障。商业医疗保险是医疗保障体系的组成部分，国家鼓励用人单位和个人参加商业医疗保险。消费者依一定数额缴纳保险金，遇到疾病或意外伤害时，可以从保险公司获得一定数额的医疗费用。

（三）社会老年救助

社会老年救助主要包括五保户制度、特殊困难户救济制度、医疗救助制度和最低生活保障制度等。特殊困难户救济制度是国家为保障社会弱势群体最基本的生存需求而实施的正式制度，如城镇居民最低生活保障制度等。老年群体最有可能发生"因病致贫、因病返贫"，社会老年医疗救助也是非常必要的。

七、我国养老保险覆盖情况

城镇职工基本养老保险制度与机关事业单位基本养老保险制度发展比较成熟，而农村社会养老保险制度发展滞后。城镇和农村养老保险参保人数呈现不同的走势。据中国劳动统计年鉴相关数据显示：城镇养老保险参保人数从2000年的1.47亿上升到2006年的1.88亿，增长了27.89%；与此同时，农村养老保险参保人数则从5460万下降至5370万。

表 1 - 7　2003～2007 年全国城镇职工参加基础养老保险覆盖率

年份 项目	2003	2004	2005	2006	2007
城镇就业人员人数（万人）	25639	26476	27331	28310	29350
在岗职工参保人数（万人）	11646.5	12250.3	13120.4	14130.9	15183.2
职工（含离退休职工）参保人数（万人）	15506.7	16352.9	17487.9	18766.3	20136.9
参保率（%）	45.42	46.27	48.01	49.91	51.73

资料来源：《中国统计年鉴 2008》。参保率=在岗职工参保人数/城镇就业人员人数。

据联合国开发计划署报告显示：2005 年中国全国养老保险参保率为 77%，东部发达地区如广东、辽宁、上海等综合参保率超过了 90%，西部个别欠发达地区综合参保率则低于 60%。

我国国民经济和社会发展第十一个五年规划纲要提出完善城镇职工基本养老保险制度。增加财政的社会保障投入，多渠道筹措社会保障基金，逐步做实个人账户。逐步提高基本养老保险社会统筹层次，增强统筹调剂的能力。并规定 [1] 城镇基本养老保险覆盖人数要在 2010 年第十一个五年规划结束时达到 2.23 亿，比 2005 年多 0.49 亿人，年均增长率需达到 5.1%。

第三节　人口老龄化背景下国外老年社会保障体系分析及借鉴

人口老龄化是世界各国普遍都要面对的社会问题。在人口老龄化背景下，各国纷纷改革国内的老年保障体系，缓解不可持续的制度困境。以下我们通过关注人口老龄化较为严重，同时经济发达的欧美国家、日本和经济不甚发达的南美国家智利在面临人口老龄化到来或即将到来时，如何制定和改革本国的相关政策制度以便从容地应对未来的挑战，并为中国如何改革保障制度、完善老年保障体系提供参考意见和改革思路。

一、欧洲人口老龄化状况及其老年保障体系（以荷兰为例）

自从进入 21 世纪以来，欧洲人口总体上实现负增长。联合国人口司出版的《World Population Ageing 1950~2050》一书中提到：2000 年欧洲 65 岁及以上人口占比仅为 14.7%，预测到了 2050 年该比例将会翻一倍达到 29.2%，80 岁及以上的人口占比将达到 10%。这意味着到了 2050 年在欧洲每 10 个人中就有 1 个 80 岁及以上的高龄老人，这会对欧洲社会保障体系形成极大的挑战。

伴随着工业化和城市化的完成，欧洲各国建立社会保障制度，之后各国先后进入人口老龄化阶段。据欧盟统计局 2005 年年底发表的预测数字显示，由于人口老龄化速度加快、出生率降低，估计在 2010~2025 年，欧盟成员国将自然消失适龄工作人口逾 1800 万。为积极应对人口老龄化的冲击，各国不断进行养

---

[1] 中华人民共和国国民经济和社会发展第十一个五年（2006~2010）规划纲要. 来自中央政府门户网站 http://www.gov.cn/，2006 年 3 月.

老体制改革，以保证人口与政治、经济和社会的和谐发展。下面以荷兰为代表，介绍欧洲人口老龄化情况、荷兰社会保障体系以及政府当局应对人口老龄化所采取的措施。

据相关资料显示，2003年荷兰65岁及以上人口占比为13.93%，人口老龄化水平低于欧洲平均水平。2008年12月，荷兰人口预测报告显示，据预测，[①]到2015年，荷兰人口老龄化将超过欧洲平均水准，到2050年老年抚养比将会上升至43%。据荷兰中央统计局预测，[②]未来50年荷兰人口平均寿命将比目前增加3~5岁，荷兰男性平均寿命将达到83.2岁，女性将达到85.5岁。寿命延长导致老年人口增加，荷兰65岁以上的人口占比将从2008年的15%上升至2040年的26%，也即适龄劳动人口与退休人员之比将从2008年的4:1下降到2040年的2:1。这意味着荷兰这个以"高福利"著称的国家将要承担更沉重的养老负担。另外，荷兰人口中具有移民背景的人口比例不断上升。1960年荷兰境内移民人数仅占荷兰总人口的3.9%，到2005年该比例上升至10.6%。一般来说，有移民流入都有助于减轻本国的人口老龄化现状。但在欧洲，2000年之后的五年内，技术和经济移民仅占欧洲移民的15%（孙健，2006），这也就意味着移民实际上并没有发挥减轻欧洲人口老龄化的作用，反而很可能因为"福利型国家"的光环吸引中老年人移民，进而加剧人口老龄化。

欧洲普遍实行福利型国家养老保障制度，借助于对财政经济政策的调节来保障老年人的生活安定，缓解社会矛盾。养老金主要由国家财政支付，公民个人不缴纳或缴纳低标准的养老保险费。保险对象涵盖全国适龄老人，保障项目广泛，保障水平较高。保险费用主要来自国家税收，实行"现收现付"办法。荷兰政府在养老福利方面的现行政策有《健康照料保险法案》、《长期护理保险法案》、《社会支持法案》、《老年人国家养老金法案》、《住宅法案》、《住宅津贴法案》、《特别医疗开支法案》等。

荷兰的老年护理是紧紧环绕着老年人的居住来进行的。由于绝大多数老年人家庭都是老年夫妇或独居，与子女同住所占的比例不高。针对这种情况，荷兰政府一方面对居家养老的老人的原有住房进行改造，改造后的住房更适合老年人居住，同时也加强了社区上门服务；另一方面，对集中社区居住的老人提供尽可能全面的服务。除此之外，还有一般的医院和精神病院也收留了一些老年病人。荷兰老年护理体系基本上覆盖了全社会的老年人口。针对人口老龄化过程中高龄老年人口占比不断攀升的现状，荷兰推行"家庭第一、社区第二、

---

① 中国社科院. 欧洲应对老龄化社会的挑战——荷兰、挪威和匈牙利人口老龄化与养老体制改革考察分析. 2006.

② 刘黎. 新华网布鲁塞尔报道. 2008年12月.

保险机构第三"的老年养老护理原则，积极发展老年护理产业。社会保险机构把重点放在生活不能自理并需要救助的老年人身上。

荷兰是世界上人口最稠密的国家之一，也是人口老龄化较为严重的国家。中央政府为保证老年人有足够的住房供应，为老年人、残疾人和低收入群体提供住房财务补贴。①《住宅法案》为社会住宅公司从资本主义市场吸引经济资源建立保障，这类经过政府认证的住宅公司有法定义务为特殊群体建造合适的住房。《住宅津贴法案》确保低收入人群有一个合理的比例用以支付房屋租金，并将津贴主要分配给老年人。

长期以来，荷兰国民的医疗服务完全由私人公司提供，政府负责监管医保的覆盖面和医疗服务的质量。自 20 世纪 90 年代开始，随着荷兰医疗科技的发展和人口的迅速老龄化，荷兰经历了医疗供应不足、成本迅速膨胀、医疗服务的质量下降等问题。② 根据有关数据估算，荷兰的医疗福利开支大增，老龄化将在 20 年时间里使荷兰的医疗开支占到 GNP 的 14%，这给财政预算带来了沉重的压力。另外，由于长期的社会福利政策、医疗保险的普遍覆盖，医疗费用基本由保险公司支付，荷兰国民不必要的医疗开支增多，政府压力增大。荷兰政府于 2006 年 1 月实施了新的社会保险福利体制，政府对医疗市场的干预减少，病人、医疗机构、保险公司等各种相关者承担了更大的责任。在全民医保覆盖方面，新医保政策实施针对所有荷兰人的强制性标准医保。对于不能支付完全保险费的人有特殊补贴支付，防止保险商逆向选择，以此来保障保险的全民参与。在医保项目覆盖方面，保险公司必须提供政府规定的基本医疗保险项目。基本保险项目包括了基本医疗、牙医、助产、救护车服务等许多方面。荷兰卫生部决定基本保险费，由保险公司决定附加保险费，并在此基础上竞争。

这种"广覆盖，高福利"的福利型的社会保险制度，无疑能够很好地发挥保障老年生活的作用，但是，发达国家昂贵的现收现付退休制度和医疗福利，将导致未来几十年内其成本迅速攀升。高福利高消费也造成了开支太大、国家财政不堪重负、社会保障体制运行难以为继的困境。据美国战略与国际研究中心（CSIS）预测，在全球七个最大的发达国家中，老年公共福利的平均成本将从 2000 年占 GDP 的 13%，升至 2040 年占 GDP 的 25%。即使他们大规模削减福利，多数国家也不能维持财政平衡。③ 据欧盟委员会预测，到 2060 年，欧盟

---

① 上海市社会福利国际交流中心. 赴荷兰鹿特丹市考察学习的情况报告, 2008. http://www.iecforsw. com/en/web/detail.aspx?id=44&ClassID=3&ParentID=15&Title=2008%C4%EA.

② 刘波. 荷兰医改深度调查：全民医保. 经济观察报, 2007 年 5 月 21 日. http://www.p5w.net/news/gjcj/ 200705/t966487.htm.

③ 欧盟报告. 养老金负担将使经济危机造成的赤字相形见绌. http://www.tqfutures.com/Financial/show.php? grp=2&id=139745.

整体上每年将不得不花费成员国 GDP 的 4.75%用来应对养老金问题。而且财政债务和赤字增长自身相当可观，老龄化人口预期给公共财政带来的影响预计将比财务危机产生的影响强上数倍。老龄化问题加剧了这一矛盾，适时的改革是势在必行的。

养老体制改革还是以荷兰为例。为减轻人口老龄化对国家养老体系的冲击，荷兰从 20 世纪 90 年代开始进行了一系列的养老体制改革。1997 年，荷兰对国家养老金给付部分占比设置了最高限额，以减缓人口老龄化对国家财政造成的负担。同时，也加快对职业养老金的改革，取消之前允许早退的计划，将其改为灵活的职业养老金计划，雇员可以在退休年龄与养老金收益之间权衡选择。

国际移民。鉴于欧洲有许多发展已成熟的发达国家，其多鼓励国际技术和经济移民、实施国际人口迁移政策。外来移民的进入在一定程度上减缓了欧洲人口老龄化的趋势，弥补了欧洲国家的劳动力紧缺问题。

实行鼓励生育政策。欧洲国家已经普遍出现妇女生育负增长。鼓励生育有助于缓解老龄化趋势，并防止欧洲人口由于生育率负增长而出现的总人口连年下滑的趋势。

延迟退休年龄。随着人口平均预期寿命的延长，延迟退休年龄成为解决社会劳动力不足和社会养老压力过大双重问题的有效出路。针对老龄化，欧盟实施积极的老年保障政策，引入弹性退休时间制度，为人们继续工作提供更多的激励，减少提前退休现象。例如，在欧洲芬兰，就有相关政策刺激鼓励老年人延迟退休。芬兰政府于 2005 年初改革养老金制度。根据新的养老金法，公务员的养老金按工作年限计算，工作年限越长，退休后领取的养老金数额就越高。另外，芬兰养老金起算时间从原先的 23 岁提前至 18 岁。改变以退休前个人工资水平决定养老金数额的制度，有效地鼓励有条件的老年国民继续工作。

欧美国家人口平均寿命长，使得延迟退休年龄成为减轻人口老龄化对社会经济冲击的一种常用手段。在中国，随着城镇人口预期寿命的延长，也可以适当延长城镇劳动力的工作年限，延长"人口红利"时间。中国计划生育的成功施行，有效地控制了中国人口的增长势头。但是中国的人口基数大，目前还不适合效仿欧洲国家采用通过提高生育率来减轻老龄化。

二、日本人口老龄化状况及其老年保障体系

日本是世界上老龄化相当严重的国家之一。1989 年，65 岁及以上的人口占比只有 11.6%，截至 2007 年该指标值已达到 21.2%，日本老龄化水平位居世界第一。据估计，2009 年日本 65 岁及以上的人口占比约为 22.2%。"二战"后，日本的人均预期寿命为 50 岁。到了 1993 年，日本女性人均预期寿命为 82.2 岁，

男性为 76.4 岁。2006 年日本新生儿预期寿命约为 81.25 岁，其中，男性新生儿预期寿命估计为 77.96 岁，女性新生儿预期寿命估计为 84.7 岁。日本人均寿命位居世界第一。①

日本人口老龄化导致日本劳动人口短缺。在现今的日本，每 4 个人中就有一个是 65 岁或以上的老人。到 2025 年，抚养率（非劳动人口占劳动人口比例）估计为 66.67%。② 据日本劳动省估计，到 2010 年，即使极大限度地雇用高龄者，仍缺少 186 万劳动力，而城市化的发展使日本人口集中在大城市，如东京地区聚集了全国 1/10 的人口，但大城市以外、农村及偏远地区则存在着劳动力短缺问题。劳动人口的老龄化和年轻劳动力的缺乏也对岗前训练、薪资与福利、妇女参与劳动情况产生影响。老年人比重上升也对财政支出产生很大的压力。日本的移民政策相对比较保守。③ 截至 2005 年，日本国内移民人口仅占日本总人口的 1.6%。故相对其他国家而言，移民对日本人口老龄化的作用非常有限。

日本人口短缺也会导致日本 GDP 增长停滞。由于人口老龄化程度过于严重，到 2030 年，日本国内存在 18% 的劳动力缺口，其消费者也会被迫减少 8%。日本总人口的负增长和老龄化综合作用，将会使 GDP 年均减少 0.7%，这样的情况会持续到 2025 年（Paul S. Hewitt，2002）。

日本人口老龄化程度排世界第一，其成熟的养老保障体系思想对于世界其他各国处理人口老龄化问题、建设本国社会保障体系很有借鉴意义。

日本的养老金保险制度是社会保障制度的核心，它主要包括三方面的内容：退休金、伤病养老金和家属抚恤金。在现行的养老金保险制度体系中，既有政府承办的公共养老金，也有企业主办的企业养老金，还有个人自行投保的个人养老金。④ 公共养老金根据加入者的职业分为厚生养老金、国民养老金和共济养老金。厚生养老金保险以日本政府为保险人。原则规定，凡长年雇用从业人员（5 人以上）的事务所和法人事务所均适用该项保险。由这类事务所雇用的 65 岁以下的职工可成为该保险的被保险人。国民养老金保险覆盖农民、自营者和其他公共年金未包括的人员，被保险者一般要缴纳保险费。1986 年 4 月，日本将国民养老金改为向全体国民支付的基础养老金（详细内容见表 1-8）。对在国家及企事业单位供职的人则另外再实施厚生养老金制度，从而形成了以全体国民为对象的基础养老金制度。共济养老金是以国家公务员、地方公务员、私立学校教职员和农林渔业团体职员等工资收入者为参加对象的共济组合养老

---

① The world factbook. 美国中情局出版. https://www.cia.gov/library/publications/the-world-factbook/geos/ja.html.

② 王晓峰. 东北亚地区国际合作对缓解我国东北地区劳动力就业压力的影响. 人口学刊，1997（1）.

③ Human Development Report 2009.

④ 可供借鉴的外国养老保险模式. 中国人口信息网：http://www.cpirc.org.cn/yjwx/yjwx_detail.asp?id=2510.

金。日本按照"国民皆保"的原则为农民建立多层次的养老保障，除了公共性的国民养老金外，他们还可以选择参加准公共性的农民养老金基金和缴费确定型养老金。

表 1-8　日本国民养老金内容（1999 年）[①]

覆盖范围	第一号被保险人	第二号被保险人	第三号被保险人
	农民、个人经营者和学生等	私营企业职工和公务员等	第二号被保险人的配偶
缴费方式	保险费实行定额缴纳，月缴13300 日元	保险费根据月收入的一定比例缴纳，劳资各付一半	被保险人本人不需负担，由配偶加入的保险机构负担
参保人数（万人）	2154	3775	1169

从 20 世纪 90 年代开始，日本进入了老年社会福利实践阶段，2000 年颁布的《社会福利法》使得"地方福利"理念开始在老龄者福利领域形成。[②] 福利目的开始从"防贫"转为生活质量的提高，福利方式从单纯的货币发放扩大到精神生活的照料，福利对象从贫困和无人照料的特定群体扩展到全体老龄人口和他们的家属，服务提供者从国家扩展到民间个人和事业团体，福利对象最终获得了选择和决定所享受服务的权利。

日本的老年人可以通过覆盖全民的职工医疗保险与国民医疗保险获得医疗保障。[③] 职工医疗保险覆盖产业工人、政府机关工作人员、私立学校教职工等在职职工及其家属，在基金管理上按照单位性质的不同分为三类：大企业、中小企业和公务员。国民医疗保险覆盖农业劳动者、个体从业人员和极小企业、退休人员、无业人员等投保者及其家属，其中退休职工是要转入国民医疗保险体系中去的。这种基金由参保人居住地的社区管理。为了应对人口老龄化，保障老年人的医疗需求，日本于 1982 年通过了《老人医疗保健法》，对老年人的医疗保险政策进行了一系列的调整，主要内容包括建立独立的老年医疗保险基金、增加中央政府投入、提高参保人的年龄、提高全体参保人的共付比例，增加基金的整体抗风险能力。

1997 年制定的护理保险制度，将老年人福利制度和老年人保健医疗制度合二为一，受支援的对象由特定人群扩展到所有老年人。保险覆盖项目包括：入驻到机构的护理保险设施服务，上门护理、日托护理和短期看护等居家服务。护理保险制度实行以后，营利法人和非营利法人也加入到老人福利行业的领域中，与行政部门一起成为福利事业的主体。在老年人精神支援等方面，民间非

---

① 全国老龄办. 国外农村社会养老保障制度变迁与模式比较. 2009 年 5 月.
② 张文彬. 日本老龄化应对措施及其对中国的启示. 东南亚纵横，2008（7）.
③ 关志强. 为老年人组织安全网——日本老年医疗保险的启示. 2010 年 3 月 10 日.http://www.dss.gov.cn/Article_Print.asp?ArticleID=202623.

营利团体和义务工作者做出了巨大贡献。

为使得老年生活更加舒适，日本政府对老年住房改扩建给予贷款支持。大力发展老年公寓，由地方政府或社会福利法人设置养老院，对其所需费用实行部分补助。

日本国民养老金制度中采用的"家庭式连带"的养老保险思想是值得我们借鉴的。在中国，尤其是在农村，社会养老保险覆盖采取家庭式连带、加强政府补贴减税力度，将有助于将更多的城乡人口纳入到社会保障体系的覆盖范围内。日本《老年人福利法》包括老年人设施福利对策、居家福利对策等方面的内容，成为老年人福利制度创建的基本依据。反观中国，我国在老年人福利保障方面虽然制定了大量法规，但老年人社会保障制度的基本法《老年人福利法》至今尚未成型。因此在老龄化问题日益严峻的今天，我们必须尽快完善与老年人社会保障相适应的保健、医疗、住宅、教育、劳动法律体系，为从容应对人口老龄化提供保障。

三、美国人口老龄化状况及其老年保障体系

美国是一个国际移民流入人口规模庞大的国家。对于一个国际人口流动规模庞大的国家来说，人口老龄化除了取决于婴儿出生率和死亡率之外，还取决于人口流动规模、人口流动方向和流动人口的年龄构成。一般地，人口大量流向国外，迁移人口中青、少年人口占比大的国家、地区容易出现地区人口老龄化。反之，大量接受外来移民，并且迁移人口中青、少年人口占比大的国家、地区则容易出现人口年轻化，或者可延迟人口老龄化的速度。在美国，由于经济发达、自由文化盛行等原因，每年都有大量人口流入美国，其中大多是以技术移民和工作的名义进入美国，故流入人口中青年占比较大，年老人口占比小。这些将有助于美国人口的年轻化。截至 2005 年，[①] 美国国内移民人口占总人口的比例为 13%，移民人口中有 56% 是技术移民。移民总体上有助于延缓美国人口老龄化的进程。有关数据显示：[②] 到 2050 年，美国 65 岁或以上年龄的人口预计占总人口的比例约为 20%，而如果没有移民，这个数字将会是 25%。显然，若考虑到老年人养老保障和医疗健康将对未来财政运行造成的压力，移民对减轻美国人口老龄化有着不可小觑的作用。但是移民自身也会变老并最终退休，大量移民流入并不是治愈美国人口老龄化的良方。

"婴儿潮"一代的年老是美国目前和不久的将来出现老龄人口激增的主要

---

① Human Development Report 2009.

② 约瑟夫·夏米. 美国移民政策可能促进人口增长. 耶鲁全球在线，2009.

原因，并导致美国社会保障体系赤字加剧甚至可能在未来某个时刻崩溃。东方网 2004 年 10 月 5 日提到：从 2008 年开始，大约 7800 万属于"婴儿潮一代"（1946～1964 年）出生的美国人开始到了 62 岁提前退休年限，其不再给国家上缴大量所得税并要开始领取政府发放的养老金。2011 年前后，大批劳动者到了 65 岁的法定退休年龄，美国政府面临的负担将急剧增加。[①] 2005 年起，美国政府必须开始偿还的债务负担和社会保障支出将高达 53 万亿美元，其负担主要集中在承担今后几代退休美国人在医疗、社会保障和政府养老金等领域内的巨额开销。根据 2004 年美国"老年、遗属及残疾保险信托基金"（也称 OASDI 信托基金）财务报告，目前其社会保障税的支出情况是 77% 用于养老金发放，剩下用于储蓄。根据其 10 年和 75 年的财政预测，如果不改革，预计到 2018 年税收将不足以支付养老金，2044 年 OASI 信托基金（老年、遗属保险信托基金）将耗尽，美国社会保障体系将破产。政府不可能在不增加税收或者减少社会福利的情况下负担起如此沉重的社会保障支出压力。如果没有积极的应对措施，任由这种情况发展下去将会严重威胁美国经济的健康发展。

2008 年，以美国次贷危机引发的全球金融危机让欧美众多养老金计划资产缩水，再加上"二战"后"婴儿潮"时期出生的人已开始步入退休年龄。这些因素让本已十分严峻的发达国家老龄化和养老金缺口问题显得更加迫在眉睫。据国际货币基金组织（IMF）预测，到 2050 年，发达国家老年人占总人口的比例将从目前的 22% 提至 33%，这将给各国政府带来巨大的养老压力，预计大部分发达国家的相关支出届时将占到 GDP 的 10% 甚至更多，美国也不能例外。

政府只有通过改革、增加税收或降低社会保障水平，或两者皆用的手段，才能减轻人口老龄化对当前社会保障体系的压力。《今日美国报》有关专家认为解决上述问题有三个方案：第一，将美国现有税收标准永久提高一倍，同时各州的税收标准也要永久提高 20%；第二，不提高税收标准，但需要将现有的社会保障医疗和政府养老金水平削减 50%；第三，同时将税收提高 50% 和降低福利支出 25%。

人口老龄化问题给美国社会带来了一系列的问题，首先就是老年人的养老医疗、护理、住房福利问题。在美国与老年人密切相关的社会福利政策主要有：

（1）社会保险。[②] 美国养老金制度经过长期发展，现行的退休金体系由三大支柱组成。政府强制执行的社会保障计划，也就是通常所说的养老、遗属及残障保险制度（OASDI），它面向全社会提供基本的退休生活保障，覆盖了全国

---

① 周天勇. 中美财税立法体制及支出结构比较. 财贸经济，2005（6）.

② 陈星. 美国养老金制度的改革与创新. 经济导刊，2005（10）.

96%的就业人口，是这个多层次体系中的基石。社会保障资金主要有三大来源，除了1984年开始对社会保障给付收入本身的课税，以及财政部的一般资金和社会保障资金的投资收益外，最主要的是约占社会保障资金总额85%的社会保障税。由政府或者雇主出资，带有福利的退休金计划构成了养老保障体系中的第二支柱，前者为公共部门养老金计划，是指联邦、州和地方政府为其雇员提供的各种养老金计划；后者为雇主养老金计划，则是指企业及一些非营利组织和机构为其雇员提供的养老金计划，通常也被称作私人养老金计划。第三支柱是个人退休账户，是一种由联邦政府通过提供税收优惠而发起、个人自愿参与的补充养老金计划。

（2）针对老年人和特殊人的医疗照顾计划。这是美国为65岁以上老年人提供的全国统一医疗保险计划。此项保险分两部分：第一部分主要用于支付住院费用；第二部分是第一部分的补充，包括医生诊疗费等。目前美国已使90%以上的老年人得到医疗保险：大多数老年人的基本医疗保健需要都由医疗照顾计划支付。医疗照顾计划是美国唯一不以收入为基础的医疗保险计划。任何人只要年满65岁或者终身残废，就有资格享受该计划。

（3）由联邦和州政府共同资助，各州具体负责实施的"医疗援助计划"。其主要帮助低收入者和穷人支付所有的医疗保健费用。通过这些计划，那些退休和即将退休的老年人，不用再有后顾之忧。

（4）以社区为主的老年人服务机构为老年人提供个案服务，咨询服务，就业服务，老年人法律援助，办好老年活动中心等经费也主要由政府资助。

（5）美国设立专门针对老人的住房建设项目。其中，第202条款项目是专门为老年人提供住房的最大、最古老的联邦项目。该项目协助非营利机构为62岁及以上低收入老年人建设和运营出租房。另外，美国有关部门还为老年人提供公共住房，老年租户可以得到部分房租减免，从而减轻老年人的住房支出负担。对收入不高但又有房子的老年人提供"反向抵押贷款"项目，帮助他们把其住房净资产兑现，作为其固定收入的一部分以安度晚年。值得一提的是美国商业化的养老住房产业。经过几十年的发展，美国养老住宅产业已成为比较成熟的行业，产业的主体是营利机构。政府通过建立专门的、不断完善的老年住宅评估和监督体系，促进老年住宅产业健康持续地发展。

美国养老保障体系极其复杂多样，而且，美国是一个高度奉行自由市场经济的国家，其鼓励和允许人们进行各种制度创新。因此，新型的养老计划层出不穷。中国在加大社会保障体系覆盖范围的同时，要鼓励商业养老保险、商业医疗保险参与到老龄化问题上来，提倡多方位、多层次保障。老年人是医疗资源的最大消费者，同时也是最有可能因病致贫、因病返贫的群体，有必要建立公共的老年医疗基金，统一为全国的适龄老人提供医疗保险。

四、智利人口老龄化状况及其老年保障体系

智利也是一个人口老龄化比较严重的发展中国家。智利 60 岁以上老龄人口在 1999 年达到 10%，[①] 2009 年达到 13%，预计到 2025 年老龄人比例将达到30%。目前，智利平均寿命 74.9 岁，其中男为 71.98 岁，女为 77.93 岁。据估计，2025 年智利 65 岁及以上的人口占比约为 12.5%，截至 2050 年该指标值将达到 17.9%。智利的人口老龄化仍在加速发展中。

从 1981 年开始，智利进行了养老和医疗保险制度的彻底改革。其中最大的特点就是改变智利养老保险制度的现收现付制度，建立完全积累的个人账户制度。养老金完全来源于个人账户中的储蓄及投资收益。保险费完全由个人负担，雇主不承担缴费义务。个人账户实行强制性的供款基准制，可以在供款基准值之上自愿增加缴费，建立"自愿储蓄账户"。智利的养老金领取条件是：男性年满 65 岁，女性年满 60 岁，缴费年限超过 20 年。每月的养老金按照个人账户的储存金额（储存金额=个人账户储存本金+投资所得利益）来计算。政府在养老保险制度中的主要角色由"执行者"变成"监督者"，而且政府对个人的养老金最低待遇和养老金最低投资收益率负有担保责任。智利在制度改革过程中产生的转轨成本完全由政府财政承担。通过新制度下的养老保险缴费、变现国有资产、发行"认购债券"等方式，保证了新旧制度的平稳过渡。新制度成功调动了职工参加养老保险的积极性。[②] 参加个人养老金计划的劳动力人数由 1981 年的 140 多万增加到 2002 年的 650 万，参保人数增加 2.5 倍之多，覆盖面也由 1980年的 50% 提高到了 2002 年的 57%。

由于养老金实行完全个人账户制，不存在代际再分配，有违社会保障共济性的初衷，不利于缩小贫富差距。由于分散经营的管理体制引起过度竞争，导致高额的管理费用也是智利养老制度存在的弊病之一。智利实行的养老金计划还没有将剩余的 40% 的人口纳入覆盖范围，这些人当中大部分是灵活就业和其他低收入者，参加完全的个人账户制的养老保险计划仅能保障他们得到最低养老金，并不能使他们得到更多的好处，从而导致这部分人的参保率很低。20 世纪后期，由于人口老龄化加快，政府财政补贴日趋加大，这一养老保险制度运行难度加大。

智利的医疗卫生管理体制、医疗保险制度较好地解决了本国国民的基本医

---

① 济南老龄办. 关于随省老龄办组团赴巴西、智利访问考察的情况汇报. 2010 年 1 月 15 日.
② 胡舒. 智利养老保险模式探析. 武汉科技大学学报，2008.

疗需求。20 世纪 90 年代以来，政府针对公平与效率问题，采取相应的医疗卫生政策与改革措施。在医疗卫生体制方面：既保证公立医院政府的投入，又适度发展私立医疗机构参与竞争；在医疗保障方面，既保证低收入人群的基本医疗，又积极发展多层次医疗保险，以满足不同层次的医疗需求。

设计高质量、可持续的卫生和保健服务体系，尤其是长期保健服务，是快速老龄化且尚处于经济不够发达阶段的社会面临的最大挑战之一。在老年护理方面，智利设立了步骤规范的长期护理机构，制定了功能强大的注册系统，以便在提供老年护理服务时提高效率和质量，而非正式护理方案也被提到公共日程上。

中国在养老保障制度转轨过程中也形成了规模巨大的转轨成本。但我国政府对于转轨成本并没有负起相应的责任，在实际操作中普遍采取透支个人账户的手段支付当前退休职工的养老金，造成"个人账户空账运行"问题。政府需要明确职责所在，及时采取如变现国有资产、外汇储备、财政预算等手段，发行"养老金认购债券"等，延迟和进一步消化制度转轨成本。

第二章 人口模型及我国未来人口预测

本章主要是为后面章节分析未来我国人口红利与经济的可持续发展、老年人的养老需求以及养老保障体系的债务风险和财政责任做准备。为了预测我国未来人口老龄化对养老保障的挑战，并具体测算在未来几十年的全国社会养老保险系统的隐性债务和基金债务以及老年护理需求的财政支出情况，我们须先建立相应的人口模型，预测出未来几十年内我国全国人口年龄性别分布及城镇地区和农村地区的人口年龄性别分布。

人口预测是整个精算分析过程的第一步。在精算原理中，对于人口的年老、生存和死亡的规律，主要通过构造生存模型进行研究。而生命表则是把寿命分布表格化，按年龄给出各个年龄的生存、死亡概率。在本章中我们对未来的人口寿命延长进行了分析，并建立了不同时期的寿命表，用于人口测算。本章采用《中国人口统计年鉴 2006》，即 2005 年全国 1% 人口抽样调查的数据，以及中国统计年鉴和劳动统计年鉴等数据作为测算的基础数据，并对总和生育率、城镇化率因子、婴儿出生性别比等因子作出合适的精算假设，对全国人口、农村人口、城镇人口等作出预测。具体人口测算框架如图 2－1 所示。

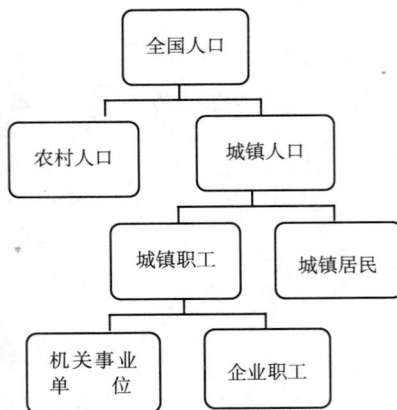

图 2－1 我国人口测算框架

第一节　全国人口测算

我们视全国人口为一个封闭系统，虽然每年都会有国籍转移的情况，但相对于全国人口而言，其影响非常小，故忽略不计。

一、全国人口测算模型

根据生存模型，测算过程主要分为以下几个步骤：

（1）新生人口测算：

$$t \text{ 年新出生的人口 } B_t = \sum_{x=15}^{49} L_{t,x}^f f_{t,x}$$

其中，$L_{t,x}^f$ 为 t 年 x 岁的女性人数，$f_{t,x}$ 为全国分年龄育龄妇女的生育率，隨总和生育率的变化而相应变化。然后，根据出生婴儿性别比，可以求得 t 年新出生男、女婴人数。

（2）生存人口测算：对于每年 1~d 岁的人口，我们根据生存概率进行人口动态预测。

$$L_{t+1,1} = P_0 L_{t,0}, \dots, \qquad L_{t+1,x} = P_{x-1} L_{t,x-1} \dots$$

其中，P_x 为 x 岁人口继续生存一年的存活概率（$0 \leq x \leq d$，d 为最大生存年龄），此公式中的人数 L 没有加上标 f、m 来区分女性和男性，下文中除有特别需要才使用上标进行区分。

（3）t 年时全国人口总数：

$$A(t) = B(t) + \sum_{x=1}^{d} L_{t,x} = \sum_{x=15}^{49} L_{t,x}^f f_{t,x} + \sum_{x=1}^{d} L_{t,x}$$

二、人口模型精算假设

（一）总体假设

由于从 2010 年开始城镇老年居民和农村养老保险制度开始全面实施，预计到 2020 年实现全面覆盖，故我们以 2010 年为测算点。而养老保险的参保对象一般从参加工作开始就缴纳保费，故我们测算的参保人起始年龄设定为参加工作的社会平均年龄，假设测算起始年龄为 20 岁；另外，考虑到未来人口寿命延长的必然发展趋势，假设人的最大生存年龄为 110 岁，由此可得测算养老保险系统隐性债务的最小测算年限为 90 年，故我们以 90 年作为一个测算周期，从 2010 年开始至 2100 年结束。

同时需要注意的是，在测算养老保险系统隐性债务时使用的是静态人口，即封闭系统下的人口，不包括测算点后新出生的人口和迁移人口（此处指国内人口迁移，即城镇化进程），只考虑测算基点的这一部分人口，对其未来发展变化作出预测。而测算整个体系基金运行状况，即基金债务时使用的是动态人口，在开放的人口系统下，须考虑新出生的人口以及城镇化进程中人口的迁移。

（二）模型因子假设

1. 总和生育率

改革开放以来，随着我国经济发展和计划生育政策的执行，从 1978～2008 年我国总和生育率从 6.0 急剧下降到了 1.8。相关专家指出，实际数据很有可能会比官方数据（1.8）还要低，且在部分沿海发达地区生育率水平更低，2007 年上海市总和生育率已低至 0.95。而总和生育率的"世纪更替"水平应为 2.0～2.3，[①] 因此为保持人口的可持续再生长，总和生育率水平将会缓慢上升，考虑到现行生育政策比较稳定，近期生育率水平不会有太大的变化。

综合各种情况作出假设如下：2005 年总和生育率水平为 1.8，逐步增长到 2035 年的 1.85，2050 年的 1.9，2090 年的 2.0，2090～2100 年保持 2.0 不变，整个过程都保持缓慢的增长。

2. 寿命延长

（1）分性别预期寿命差设定。2009 中国卫生统计年鉴数据显示：女性预期寿命平均比男性的要高出 3～4 岁，故我们假设未来全国男女人口预期寿命差距控制在 3.5～3.8 岁。

（2）人口寿命延长岁数设定。中国人口预期寿命在未来 100 年的时间将不断接近日本和欧美发达国家。在世界最长寿的国家日本，2006 年新生儿预期寿命约为 81.25 年，其中，男性新生儿预期寿命估计为 77.96 年，女性新生儿预期寿命估计为 84.7 年。据荷兰中央统计局预测，未来 50 年荷兰人口平均寿命将比目前增加 3～5 岁，荷兰男性平均寿命将达到 83.2 岁，女性将达到 85.5 岁。

---

① 钟晓青. 我国人口增长的总和生育率模型及人口预警. 生态学报，2009（8）.

综合参考世界各国目前的人口寿命情况和未来发展趋势，我们做出如下假设：中国全国人口寿命延长趋势为 2000～2040 年每 10 年延长 2.4 岁左右，2040 年以后每 10 年延长 1 岁。

（3）最大寿命值设定。随着人口寿命的不断延长，高龄人口占比不断提高。为了更好地刻画和分析问题，我们考虑逐年延长假设的最大寿命值。2030 年之前假设最大寿命值为 100 岁，2030～2060 年假设最大寿命值为 105 岁，2060 年之后假设最大寿命值为 110 岁。

（4）死亡表拟合过程。分年龄死亡率大体呈指数曲线分布（ $q_x = Ae^{Bx}$ ）。以 2005 年各年龄点死亡率为基年数据，拟合成指数曲线，往后各年死亡表是根据该年的人口预期寿命公式和死亡率图呈指数曲线分布的特征拟合而成，再根据拟合好的生命表计算各年各年龄点的生存人口。

预期寿命公式：

$$e_0 = \frac{\sum_{1}^{Max} x l_{x-1}(1-q_{x-1})}{l_0}$$

x 岁人口计算公式：

$$l_x = l_{x-1}(1-q_{x-1})$$

其中，e_0 表示 0 岁新生儿的期望寿命，q_x 表示 x 岁人口的死亡率，l_x 表示 x 岁时仍存活的人口数，Max 会随着计算年份的不同而变化，2005～2030 年取值为 100，2031～2060 年取值为 105，2061～2100 年取值为 110。

3. 妇女分年龄生育率

当前妇女生育高峰在 20～24 岁，但随着社会经济的发展和人均教育年限的延长，妇女普遍会推迟生育年龄，生育高峰的年龄段将会往后推移。因此，在测算过程中，2005~2020 年采用"2005 年抽样人口调查"的统计数据（见附表1），2020~2100 年则采用妇女生育高峰期逐渐后移的分年龄生育率表。

4. 出生婴儿男女性别比

自然来讲，出生性别比是由生物学规律决定的，国际上一般认为正常的出生性别比在 103～107，即男婴数目是女婴的 1.03～1.07 倍。2000 年第五次全国人口普查出生人口男女性别比为 117，2005 年 1%抽样调查数据为 118.58，农村地区男女比例失调程度甚至高于城镇地区，这与我国长期以来部分人重男轻女的落后思想有关。随着社会文化的发展，人们的观念会慢慢有所改善，性别比水平也会逐步下降。因此在测算中作出以下假设：2005～2030 年从 119 逐步递减到 115，2030～2050 年由 115 逐步递减到 110，2050～2090 年由 110 逐步递减到 107，之后保持不变。

三、全国人口未来变化状况

以动态人口为例，根据人口模型测算公式和精算假设条件，得出我国人口未来变化趋势如图 2－2 所示。

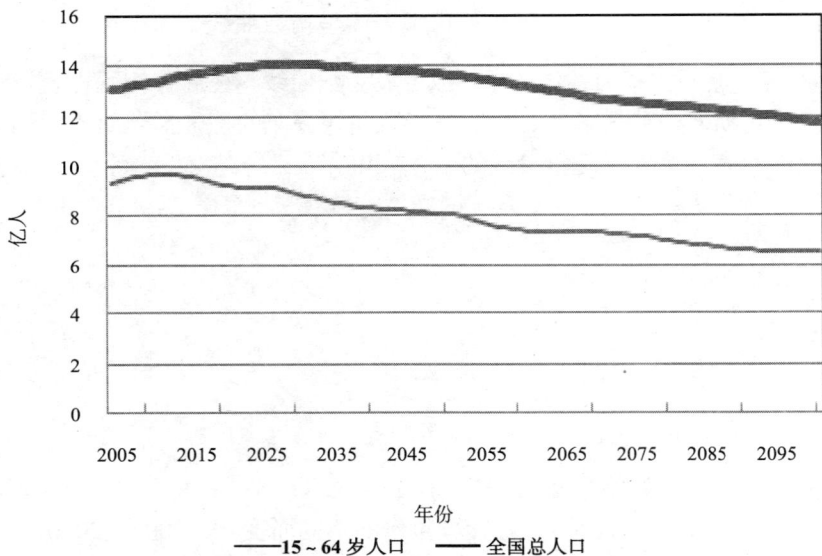

年份

——15～64 岁人口　　—— 全国总人口

图 2－2　全国动态人口变化趋势

图 2－2 为预测的 2005～2095 年全国总人口、劳动年龄人口（15～64 岁）的发展变化状况。按此预测，总人口将于 2010 年、2020 年分别达到 13.4 亿、13.9 亿，整体上保持先增加后下降的趋势，全国人口将在 2027 年左右达到最高峰 14.1 亿。

劳动人口在 2013 年左右达到高峰，之后一直逐渐下降，说明我国人口红利在未来将逐渐消失，这一现象也可从图 2－3 中的人口结构变化中得到验证。图 2－3 中，2005 年劳动人口占总人口的比例为 70% 左右，在整个测算周期中都保持下降趋势，在老年人比例快速攀升的同时人口红利却逐渐消失，由此可知在未来我国将面临由人口老龄化引发的来自经济和社会保障等方面的巨大压力。

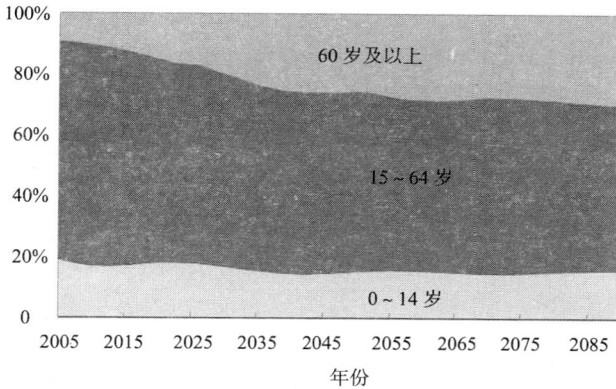

图 2-3　未来我国人口结构变化预测

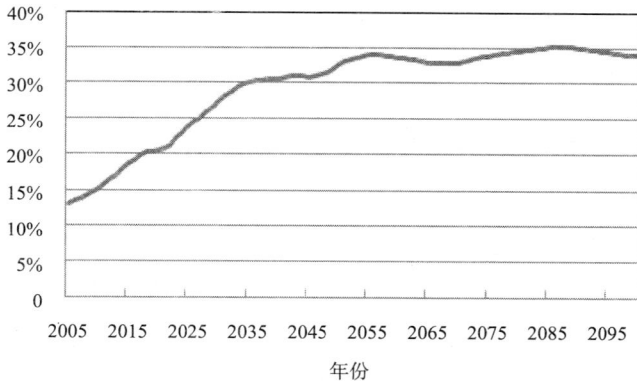

图 2-4　60 岁及以上人口比例变化预测

由图 2-3 和图 2-4 可看出,未来我国老年人口比例将不断增加,2005~2035 年将快速增长,2055 年左右达到高峰,高达 34%,之后一直保持高比例的平稳状态。

从 2000 年开始我国就已步入人口老龄化国家行列,老龄化速度快、老年人口数量多是我国人口老龄化的两大主要特征。《国家人口发展战略研究报告》(2008)预计到 21 世纪 40 年代后期就会形成老龄人口高峰平台,本书的预测结果与其基本相符。2050 年以后我国将进入高度老龄化阶段,巨大的养老需求对我国的公共财政能力提出了严峻的挑战。

第二节 农村人口及城镇人口

由于全国社会养老保险系统包含了城镇职工基本养老保险、机关事业单位养老保险和城镇老年居民养老保险以及新型农村社会养老保险，故有必要对各个养老制度内的人口进行测算。先测算出未来农村人口分布，再由全国人口减去农村人口即可得城镇人口分布。

一、人口测算模型

（1）农村新生人口测算：

t 年农村新出生的人口：$_1B_t = \sum_{x=15}^{49} {_1}L^f_{t,x} \times {_1}f_{t,x}$

其中，$_1L^f_{t,x}$ 为 t 年 x 岁的农村女性人数，$_1f^f_{t,x}$ 为农村分年龄育龄妇女的生育率，随总和生育率的变化而相应变化。同理，根据农村出生婴儿性别比，可求得 t 年农村人口新出生男、女婴人数。

（2）农村生存人口测算：对于农村每年 1~d 岁的人口，我们同样根据生存概率进行人口动态预测。

$_1L_{t+1,x} = {_1}P_{x-1} \times {_1}L_{t,x-1} -$全国总人口 $A_t \times$城镇化率因子 $V_t \times$分年龄性别迁移率 R_t

其中，A_t 为前文测算的 t 年全国总人口数，R^m_t、R^f_t 用来表示分年龄性别迁移比率，上式中为了表达简洁，故没有标识 f、m，由此即可测算出未来农村人口数。

（3）t 年时城镇人口测算：

$_2L_{t,x} = L_{t,x} - {_1}L_{t,x}$

由全国人口减去农村人口，就可得出相应的城镇人口分年龄性别的分布。

二、精算模型假设

1. 城镇化率因子 V_t

Northam 认为城镇化进程是呈"s"形曲线发展的，其过程可划分为缓慢、加速、再减慢三个阶段。[①]西方发达国家的城镇化率普遍在 80% 左右，2005 年我国城镇化率为 43%，但由于我国人口众多，人均经济实力、人均资源等都不及西方发达国家，我国最终的城镇化程度要稍低于西方发达国家。[②]根据这些情况我们假设：2005～2030 年，城镇化率以每年 1 个百分点增长逐渐递减到 0.5 个百分点；2030～2050 年，城镇化率从每年 0.5 个百分点增长逐渐递减到 0.3 个百分点，到 2090 年基本完成城镇化进程，城镇化率达到 76% 左右。

2. 妇女分年龄生育率

同全国的情况类似，当前农村地区妇女生育高峰也在 20～24 岁，随着农村社会经济的发展，妇女普遍会推迟生育年龄，生育高峰的年龄段将会往后推移，故本书测算过程中 2005～2020 年分年龄生育率表采用 2005 年 1% 抽样人口调查的统计数据，而 2020～2100 年则采用妇女生育高峰期逐渐后移的分年龄生育率表。

3. 农村出生婴儿男女性别比

2005 年 1% 抽样调查数据为 125，这是因为农村重男轻女的观念普遍要严重于城镇地区。在未来社会发展中，教育的作用和国民素质的提高会使这种情形日益改善。因此我们假设：2005～2030 年农村出生婴儿性别比从 125 逐渐递减到 120，2030～2050 年由 120 逐渐递减到 118，2050～2090 年由 118 逐渐递减到 110，之后保持不变。

4. 分年龄性别迁移率

改革开放以来，我国经济迅速发展，但城乡经济发展不平衡，农村经济发展不完善，致使大量农民工进城工作，这也是城镇化进程中的自然现象，因此从现在开始到未来十几年以内，迁往城镇的人口中年轻劳动人口要占绝大部分，且男性明显要多于女性。当社会经济发展日趋完善、城乡经济发展相对平衡后，迁移人口的年龄分布应更接近于自然人口的年龄分布，且男女比例也会更相近。故 2005～2020 年采用劳动人口占主要的迁移率（见附表 3），2020 年后则采用更接近自然人口年龄结构的迁移率（见附表 4）。

5. 寿命延长

（1）分性别预期寿命差设定。2009 中国卫生统计年鉴数据显示：女性预期寿命平均比男性的要高出 3～4 岁，故我们假设未来全国男女人口预期寿命差距控制在 3.5～3.8 岁。

（2）分地区预期寿命差设定。城乡人口寿命也存在显著差距。据国家统计

---

① Northam，RM. Urban Geography. 2nd edn. New York：John Wiley & Sons，1979.pp. 65～67.

② 邱晓华. 加快我国城镇化发展需采取五大措施. 领导决策信息，2003（38）.

局统计资料显示，中国 2000 年城镇人口平均预期寿命为 75.21 岁，农村为 69.55 岁，相差 5.66 岁。在未来，随着中国城镇化的推进和农村医疗卫生水平的逐步提高，城乡人口预期寿命距离将慢慢缩小。故我们假设城镇差距在 2010~2040 年保持在 4.5 岁，2040~2060 年保持在 2.5 岁，2060 年以后为 1 岁。

（3）人口寿命延长岁数设定。农村人口寿命延长趋势为 2000~2040 年每 10 年延长 2.3 岁左右，2040 年以后每 10 年延长 1.25 岁。男性预期寿命到了 21 世纪末将达到 82.8 岁，女性将达到 86.4 岁。

最大寿命和死亡表拟合过程与全国人口测算一样。

三、农村和城镇未来人口变化状况

根据以上假设及测算公式，我们可以预测 2006~2100 年的农村与城镇人口情况。

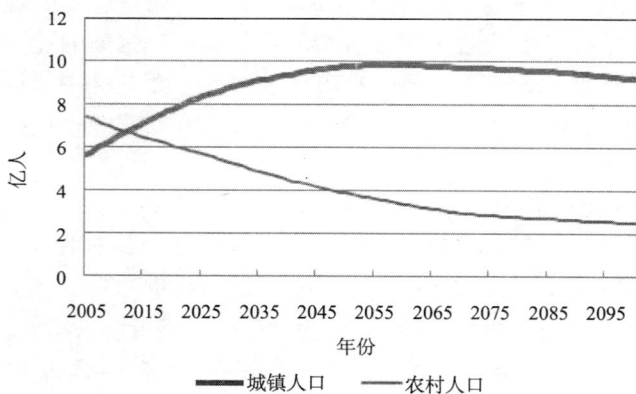

图 2-5　农村和城镇地区的动态人口变化

由图 2-5 可知，2005~2050 年份，农村人口下降速度较快，从最初的 7.5 亿左右降为 3.5 亿左右，这是因为这段时间正是我国努力建设全面小康社会的时期，经济发展速度比较快，城镇化步伐也大一些。很多农村地区或年轻劳动人口进城工作，或农村土地被征用，或整个农村逐渐发展为城镇，通过各种途径农村地区慢慢被城镇化，农村人口数自然也就快速下降，而城镇人口则由于农村人口的迁入而增加。到 2050 年后，我国经济已发展到一个相对高的水平，这时城镇化进程相对缓慢，城镇化率逐渐趋于零，农村人口数下降趋势变缓，城镇人口总数也处于比较平衡稳定的状态。

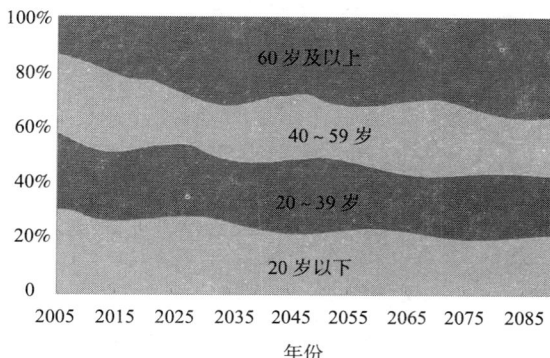

图 2-6 农村人口年龄结构

由前文可知我国已进入老龄化国家行列，未来将保持高度老龄化的平稳状态。需要注意的是，农村地区的老龄化状况更严重（见图 2-6），甚至严重于城镇的老龄化情况，对于收入偏低的农民来讲，养老将会是一个沉重的负担，因此更需要国家财政的大力投入和支持。

第三节　城镇职工和居民人口

根据实施的养老制度的不同，城镇人口分为三部分，包括企业职工人口、机关事业单位人口和城镇居民人口，其中企业职工人口和机关事业单位人口统称为城镇职工人口。由《中国人口统计年鉴 2006》以及中国劳动统计年鉴等可得测算基年城镇职工总人数，包括在职职工和退休职工，运用城镇人口生命表和职工比例①等因子就可测算出未来城镇职工人口分布，由城镇人口减去职工人口即得城镇居民人口。

一、城镇职工和居民人口模型

城镇职工人口测算是在城镇人口测算的基础上，利用职工比例测算在职职工人口；领取养老金的退休职工人口则根据生命表计算得出，同时还考虑了他们的养老金缴费年限是否已满 15 年（即根据制度是否有资格领取养老金），如图 2-7 所示。

---

① 职工比例是笔者在测算在职职工人口时所设定的一个比例，是指分性别、年龄结构的在职职工人口占城镇人口的比例。

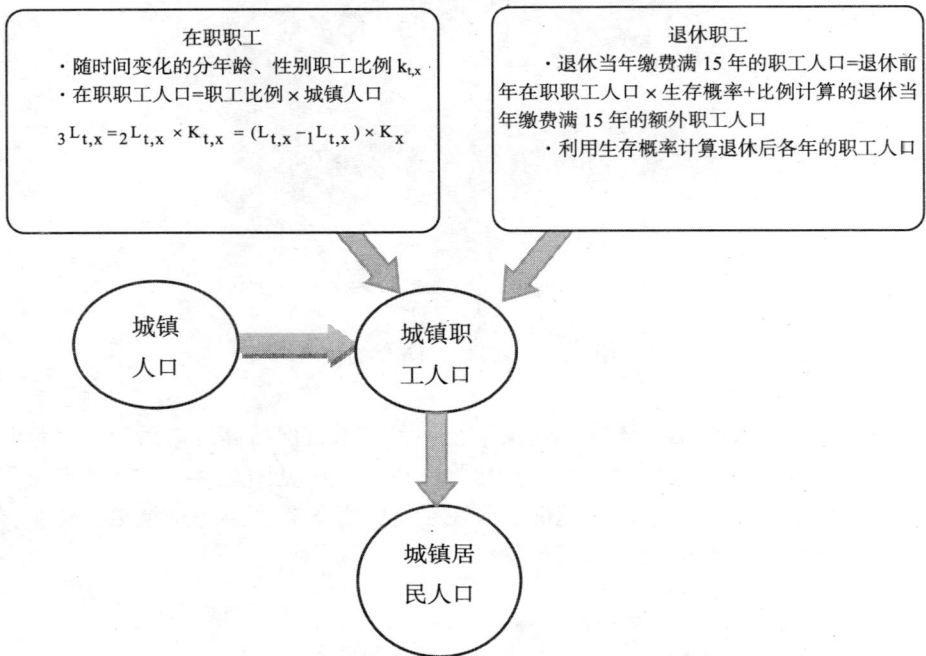

在职职工
·随时间变化的分年龄、性别职工比例 $k_{t,x}$
·在职职工人口＝职工比例 × 城镇人口
$${}_3L_{t,x} = {}_2L_{t,x} \times K_{t,x} = (L_{t,x} - {}_1L_{t,x}) \times K_x$$

退休职工
·退休当年缴费满 15 年的职工人口＝退休前
年在职职工人口 × 生存概率＋比例计算的退休当
年缴费满 15 年的额外职工人口
·利用生存概率计算退休后各年的职工人口

城镇人口

城镇职工人口

城镇居民人口

图 2-7　城镇职工和居民人口模型测算方法

二、模 型 假 设

据中国统计年鉴和劳动统计年鉴统计，2005 年在职职工人数[①]为 17086.4
万人（其中在岗职工 10850.3 万人，私营企业和个体户 6236.1 万人），退休职工
人数为 5059.1 万人。相关的精算假设如下：

（1）职工养老保险覆盖范围：《中国社会保障改革与发展战略》（郑功成，
2008）为未来职工养老保险的发展指明了方向，大概到 2010 年，职工养老保险
将把绝大多数的第二、三产业从业人员纳入职工基本养老保险制度覆盖范围。
为方便测算参保的城镇职工人口，本书假设 2010 年后基础养老保险已经实现城
镇职工的全覆盖，即测算出的城镇职工人口则为参保的城镇职工人口。

---

① 国发〔1997〕26 号及国发〔2005〕38 号文件规定"城镇各类企业职工、个体工商户和灵活就业人员都
要参加企业职工基本养老保险"，"当前及今后一个时期，要以非公有制企业、城镇个体工商户和灵活就业人员
参保工作为重点，扩大基本养老保险覆盖范围"。因此在职职工人数将采取在岗职工与私营企业和个体户人口
之和。

（2）参保与退休年龄：根据我国的就业现状和退休政策，将职工参加工作的平均年龄统一为 20 岁，男性退休年龄假定为 60 岁，女性为 55 岁。

（3）职工比例：职工比例的设定是为了测算未来各年分年龄、分性别的在职职工人口，我们将在统计年鉴数据计算得出的 2005 年职工比例的基础上，根据劳动就业的年龄、性别等特点确定以后各年的分年龄性别的职工比例。其中 2005 年职工比例计算思路如图 2-8 所示。

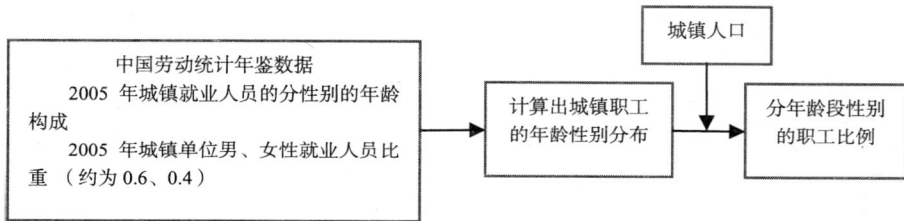

图 2-8 2005 年职工比例计算思路

随着我国劳动就业人员受教育年限的增加、人口寿命的延长以及养老保险制度的完善，我国城镇就业人口分布将出现以下几个特点：

第一，随着人们受教育年限的增加及起始工作年龄的逐步推迟，20~24 岁职工比例也将逐步下降。据中国统计年鉴资料显示，我国人均受教育年限由 1982 年的 5.2 提升到 2005 年的 7.83 年，进入劳动力市场的平均起始年龄从 16 岁逐步上升到 18 岁，这两组指标还在持续攀升之中。

第二，男性就业形势优于女性，职工比例明显高于女性。

第三，职工比例高峰阶段集中在 30~45 岁。一方面，该年龄段青壮年体力、精力、智力和创新能力逐渐达到全盛期，且积累了一定的工作经验，工作能力较强；另一方面，城镇流动的青壮年农民工补充了城镇劳动力，提高了职工比例。

第四，整体职工比例逐步提升。我国第三产业有长足的发展空间，其发展对就业有很强的吸纳能力；且随着未来老龄化的加深，就业压力逐渐减缓。

根据以上特点，设定逐步变化的职工比例如表 2-1 所示。

表 2-1 分年龄段性别职工比例

年龄	男性				女性			
	2005	2030	2050	2100	2005	2030	2050	2100
20~24	0.486908	0.50	0.45	0.45	0.401945	0.40	0.35	0.35
25~29	0.620309	0.65	0.65	0.65	0.443283	0.50	0.50	0.50
30~34	0.630682	0.68	0.70	0.70	0.44914	0.52	0.55	0.55
35~39	0.630715	0.68	0.70	0.70	0.458824	0.52	0.55	0.55
40~44	0.614961	0.65	0.68	0.68	0.445215	0.50	0.50	0.50
45~49	0.593338	0.65	0.65	0.65	0.373436	0.40	0.45	0.45
50~54	0.534625	0.55	0.60	0.60	0.256134	0.30	0.40	0.40
55~59	0.410267	0.50	0.55	0.55				

（4）退休当年缴费满 15 年的额外职工人口比例：根据养老金给付规定，个人缴费满 15 年以上才能享受基础养老金，因此在测算养老金支出时，必须注意退休者是否符合 15 年的条件，不能忽视 59 岁（女性 54 岁）之前已不在岗，但缴费已满 15 年的群体，即额外职工人口。这里假设 60 岁（女性 55 岁）退休的职工缴费都已满 15 年。

本书通过比例计算该额外的职工人口，利用最高处的职工比例（例如 35～39 岁年龄段的职工比例）减去退休前较低的职工比例，然后乘以某个系数即可得额外职工人口比例。随着养老保险制度的完善，将来缴费满 15 年的职工人口比重会越来越多，因而设定一个上升的系数：由 2005 年的 0.5 逐步增加至 2030 年的 0.8，再逐步增加到 2050 年以后的 0.85。

三、城镇职工和居民未来人口变化状况

虽然城镇地区的总和生育率偏低，但 2010~2050 年是我国城镇化进程快速发展的阶段，由于农村人口的迁入，城镇职工和居民人口呈增长趋势，之后趋于稳定。而 2070 年后人口总数却有所减少，此时城镇化进程速度变缓，主要是因为妇女生育率较低的原因。

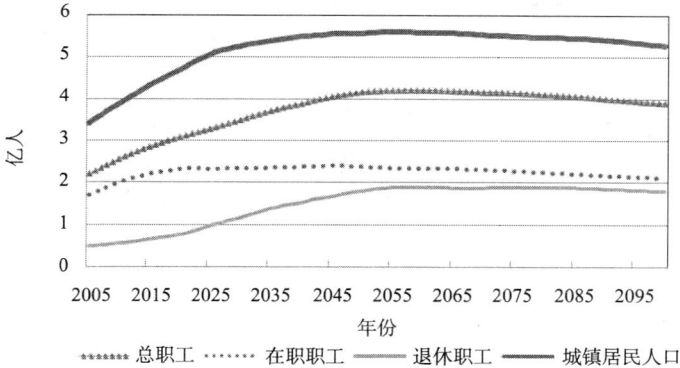

图 2-9　城镇职工和居民人口未来变化趋势

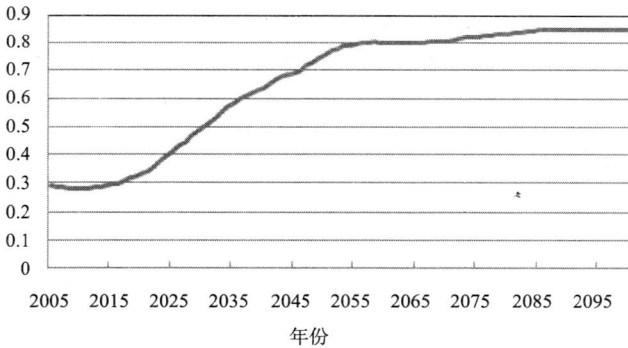

图 2-10　城镇职工人口抚养比

图 2-10 中的职工人口抚养比与统计中的老年人负担系数[1]不同,是指在职工基本养老保险制度内当年领取养老金的退休职工人数与在职职工人数之比,其直接影响未来养老金的收支状况。由图 2-9 可知,2010~2050 年抚养比将快速上升,这是因为此阶段正是我国人口快速老龄化的时期;2050 年后抚养比增长缓慢,长期保持高比例状态。快速增长的抚养比意味着城镇职工养老系统的支付压力越来越大,一定程度上反映了现行职工养老保险制度的不可持续性。

[1] 老年人口负担系数指某一人口中老年人口(65 岁或 65 岁以上)数与劳动年龄人口(15~64 岁)数之比。

第三章 人口老龄化对"老有所养"的挑战

"老有所养"是老年人合法权益保护的核心。1991 年，联合国第 46 届大会通过的《联合国老年人原则》把保证"老有所养"放在首位，并指出"老年人应能通过提供收入、家庭和社会资助以及自助，享有足够的食物、水、住房、衣着和保健"。然而，随着人口老龄化的快速增长，人口红利将逐渐消失，经济增长速度将逐渐放慢，以及未来个人财富可能出现的价值萎缩，老年养老需求和我国养老资金、养老医疗服务供给能力之间的矛盾日趋严峻。在不久的将来应该如何满足日益庞大的老年群体的基本生活和医疗护理等方面的需求，已成为今天必须关注的问题。本章致力于分析未来人口老龄化所带来的人口红利消失、房产价值泡沫、财富缩水及老年贫困等问题。

第一节 人口红利与可持续性发展

我国是世界第一人口大国，人口问题是影响国计民生的重大问题，关乎社会的全面协调可持续发展。当前，由于我国计划生育政策的推行，中国已经进入低生育阶段，使得我国用了不到 30 年的时间便实现了发达国家上百年才完成的人口增长模式的转变过程。人口增长模式的转变随之而来意味着人口年龄结构的变化，由此引发一系列与之相关联的经济社会现象。一方面，高少儿抚养比阶段迅速向高劳动年龄人口比阶段转变，为社会提供了充足的劳动力供给和较高的储蓄率，创造了有利于经济增长的"人口红利"时期；另一方面，老年抚养比的快速上升抵消了少儿抚养比的下降，使得总抚养负担只在短暂时期内处于低水平，而未来 20 年内"人口红利"效应将消失殆尽，并进入老龄化高峰时期。

中国经济高速发展的同时伴随着人口结构的变化，人口红利效应对我国经济增长的贡献不言而喻。然而，随着人口老龄化的悄然降临，适合经济增长的人口红利时期正在一步一步地离我们远去。2010 年年初东南沿海出现的"民工荒"现象已经给我们敲响了警钟,尽管许多学者认为此轮"民工荒"是暂时性的、区域性的,但不可否认,廉价劳动力无限供应的年代已经在逐渐远离中国。因此,我国的当务之急便是如何在有限的时间内充分利用和发挥"人口红利"效应,应对老龄化的到来。

一、人口红利概述

"人口红利"是近年来西方经济学家在研究人口年龄结构在动态演变过程中对经济增长影响的基础上提出来的新概念。所谓"人口红利",是指人口转型过程中出现的人口年龄结构优势导致的高劳动参与率,即总人口中劳动人口比重较大,所产生的对一国经济增长的积极效应,包括储蓄率上升、人均消费提高。在人口红利期,生育率迅速下降、少儿抚养比例下降、总人口中适龄劳动人口比重上升,此时老年人口比例尚未达到较高水平,由此形成了一个劳动力资源相对丰富的时期。劳动人口是社会财富的主要创造者,倘若能够对人口红利加以充分利用,社会经济往往能实现较大增长,创造经济奇迹。

2002 年世界银行出版的《世界发展报告》称:"这是一次历史性的机会。经济落后的国家可以利用这一人口转变带来的机遇加快发展,缩小与发达国家的差距。"联合国人口基金亦在《世界人口状况》中提出"人口机会窗口"的概念。东亚各国和地区已从下降的人口负担中获益,实现了连年的经济高速增长。

"二战"以后,东亚地区由于人口数量多、密度高,自然资源相对匮乏,其发展前景并不被看好。然而 40 年后,以日本和"亚洲四小龙"为核心的东亚地区却创造了经济增长的奇迹,完成了物质财富的积累,改善了人民的生活水平,实现了社会的进步,令世界刮目相看。相关研究表明,东亚奇迹的实现在很大程度上归功于人口的转变。东亚人口转变始于 20 世纪四五十年代。1970年以前,其人口年龄结构尚处于高少儿抚养比阶段,经济增长受到抑制,人均收入低。随着人口结构转变的深化,东亚地区逐步进入适龄劳动人口的高比例时代,经济实现快速增长。表 3-1 是东亚各国和地区经济高速增长时期的比较。

表 3-1 东亚各国和地区经济高速增长期比较

国家或地区	高速增长期	高速增长年数(年)	GDP 增长率(%)	高速增长后期	GDP 增长率(%)
日本	1955~1973	18	9.22	1973~2000 年	2.81
韩国	1962~1991	29	8.48	1991~2000 年	5.76
新加坡	1965~1984	19	9.86	1984~2000 年	7.18
中国台湾地区	1962~1987	25	9.48	1987~2000 年	6.59
中国香港地区	1968~1988	20	8.69	1988~2000 年	4.14

资料来源:转引自于学军. 中国人口老龄化与全面建设小康社会. 中国人口信息网,2006.

世界银行从 1991~1993 年组织有关专家对日本、韩国、新加坡、中国香港、中国台湾、印度尼西亚、马来西亚、泰国 8 个东亚国家和地区的经济发展进行了分析研究，在此基础上形成《东亚奇迹：经济增长和公共政策》报告。在这份报告中，世界银行认为东亚经济异乎寻常的高速增长主要得益于资金和人力资源的高速积累，加之市场化改革和有效的政策干预。"东亚奇迹"中 2/3 归功于投资水平提高和人力资本积累等要素的投入，1/3 归功于劳动生产率的改善。这就告诉我们，人口转变带来的"人口红利"为我们提供了一个"机会窗口"和战略机遇，倘若能够选择正确的发展战略，安排适当的政策措施，抓住机遇把潜在优势变为现实，就能推动经济继续向前发展。

二、中国人口结构现状

（一）中国人口转型与人口红利的产生

新中国成立初期，中国的人口转变过程业已开始。这一人口转变在初期表现为死亡率的大幅度下降。1949 年，我国人口出生率为 36‰，死亡率为 20‰，人口自然增长率达 16‰，见图 3-1。此后，除 1960 年这一特殊年份外，死亡率持续下降，但由于出生率仍处于较高水平，综合下降幅度小，导致人口的自然增长率仍有上升，并于 1963 年达到最高点 33.33‰。随后人口动态格局发生了逆转变化。我国人口自 20 世纪 70 年代以来，以提高人口质量、控制人口数量为目标的计划生育政策在我国全面推行。在短短的 30 年内，我国人口再生产类型实现了由"高出生、低死亡、高增长"到"低出生、低死亡、低增长"的转变。在人口结构转变的同时，人口年龄结构也相应发生变化。首先，低出生率使得少儿人口比重逐渐下降，劳动年龄人口比重上升，并且在相当一段时间内老年化程度尚不严重。如图 3-2 所示，我国少儿负担系数大幅下降，老年负担系数缓慢上升，总负担系数处于持续下降阶段。从 1953 年第一次人口普查到 2000 年第五次人口普查期间（见表 3-2），少年儿童占人口（0~14 岁）的比例从 36.28% 降低到 22.89%，劳动年龄人口（15~64 岁）的比重从 59.31% 提高到 70.15%，而老年人口（65 岁及以上）的比重从 4.41% 上升到 6.96%。人口结构的这种变化，大大减轻了人口抚养负担，提高了人口结构的生产性。在社会抚养少儿人口和老年人口的负担较轻的条件下，潜在的促进经济增长的源泉便产生了，即所谓的人口红利。在具备劳动年龄人口比重大这一潜在人口优势的条件下，劳动的参与率和就业率均保持在较高水平上，就意味着一个人口结构产生的充足劳动力资源得到了较好的利用。

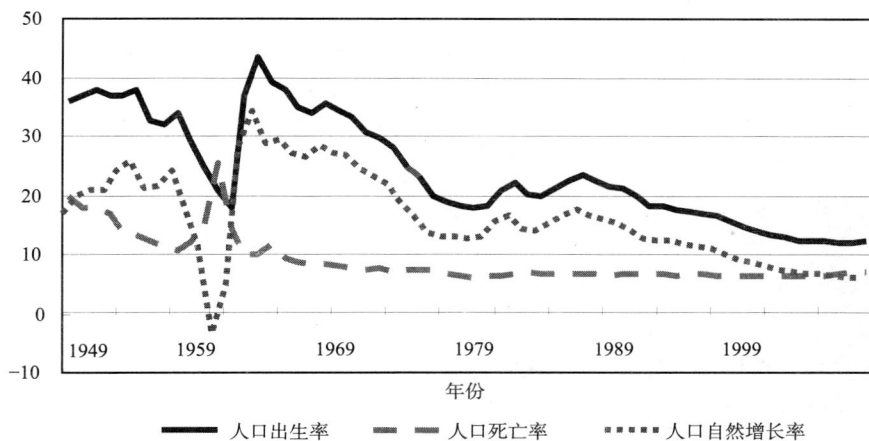

图3-1 历年人口出生率、死亡率及自然增长率（‰）

资料来源：根据历年《中国人口统计年鉴》数据整理所得。

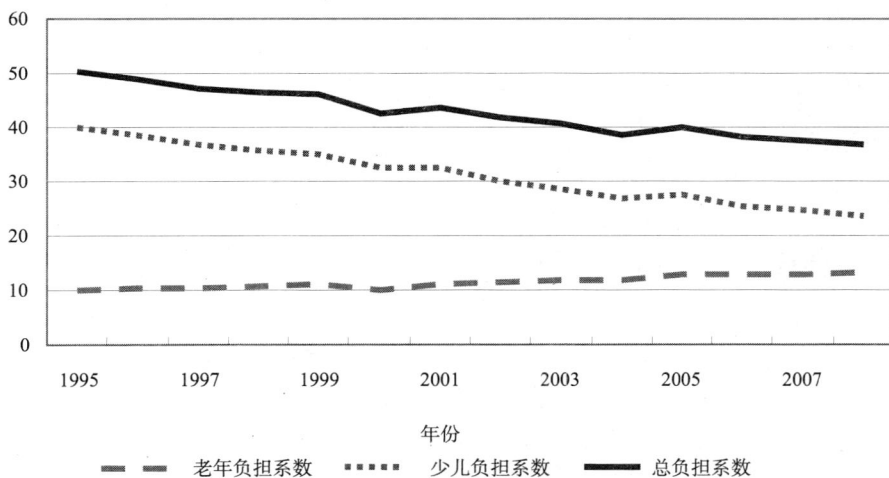

图3-2 历年老年负担系数、少儿负担系数及总负担系数（%）

资料来源：根据历年《中国人口统计年鉴》数据整理所得。

表3-2　五次人口普查人口年龄结构的变动　　　　单位：%

	1953 年	1964 年	1982 年	1990 年	2000 年
0～14 岁	36.28	40.63	33.59	27.69	22.89
15～64 岁	59.31	55.75	61.50	66.74	70.15
65 岁及以上	4.41	3.56	4.91	5.57	6.96

资料来源：《中国人口统计年鉴2004》，根据中国五次人口普查数据计算所得。

与此同时，经济活动人口逐年增加，使得劳动参与率（经济活动人口/劳动年龄人口）也达到很高的水平（见表3-3）。由于劳动力资源禀赋上的优势以及总体就业机会的增加，使得在这一时期的经济增长获得了充足的劳动供给。中国经济中生产要素具有较大的可替代性，因此，改革期间劳动密集型产业扩张迅速，大规模吸纳待业人口，从而把人口年龄结构优势转化为中国经济的比较优势，即人口红利的实现。

表3-3　分性别、年龄劳动参与率　　　　单位：%

	男性					女性				
	16～25	26～35	36～45	46～59	60+	16～25	26～35	36～45	46～54	55+
劳动参与率	73.8	96.7	95.8	80.4	19.1	68.1	79.7	78.8	51.0	11.7

资料来源：蔡昉，都阳，王美艳. 中国劳动力市场转型与发育. 商务印书馆，2005，第 56 页. 根据第五次人口普查 0.95‰抽样数据计算。

（二）"人口红利"效应与中国经济增长

目前，中国人口正值年龄结构较合理、适龄劳动人口比重较大，且农业劳动力大量剩余并有进一步转移潜力的阶段，大量廉价农业剩余劳动力向城市非农产业转移，可为经济增长提供大量机会成本为零的劳动力要素投入。这种人口转型带来的促进经济增长的效应就是中国经济增长的"人口红利"效应。

"人口红利"从三个方面推动中国经济增长：

（1）高劳动参与率。高劳动力比重意味着人口对经济增长的参与率高。利用 Cobb-Douglas 生产函数 $Y=AK^{\alpha}L^{\beta}$（其中 Y 是产出；A 代表劳动的有效性或者简化为技术进步；K 是资本；L 是劳动；α、β 分别代表资本和劳动的产出弹性），可以看出，在一定的生产范围内，总产出 Y 与劳动力 L 是正向变动关系，即劳动力要素投入越多，总产出就越多。对该函数的两边同时取自然对数，然后求关于时间的导数，得到 $Y'/Y=A'/A+\alpha K'/K+\beta L'/L$。其中，Y′、A′、K′、L′代表变量对时间的变化率，所以该式左边表示总产出增长率，是经济增长率的一个近似替代。右边的 A′/A 是索洛余值增长率，它代表技术进步和资源配置效率的提高等不能用资本和劳动投入量解释的增长因素；αK′/K 是资本产出弹性与资本增长率的乘积，代表资本对经济增长的贡献；βL′/L 是劳动产出弹性与劳动增长率的乘积，代表劳动力对经济增长的贡献。由该式不难看出，人口中适龄劳动人口比例高对经济增长具有正效应。据统计，截至 2009 年，中国总人口达 13.3亿，15~64 岁劳动力人口为 9.6 亿，占总人口的 72.18%。据专家预测，2015 年前，中国劳动力人口所占比重都在 70% 左右，这是世界上劳动人口的最高比例。

（2）高储蓄率。适龄劳动力比重大，同时也意味着人口赡养率低或劳动力人均负担率低，即每个劳动者需要赡养的老人和孩子数量较少。在其他条件不变时，这是实现社会（尤其是发展中国家）高储蓄率的一个重要条件。同样，从 Y′/Y=A′/A+αK′/K+βL′/L 中可看出资本积累（K）对经济增长的影响，而储蓄是资本积累或投资的重要来源。所以，高储蓄率对经济增长的贡献是显而易见的。在哈罗德—多马模型（g=s/v，其中，g 是经济增长率，s 是储蓄率，v 是资本—产出比，后者是由经济体的技术条件决定的外生变量）中，社会储蓄率对经济增长率具有决定性作用。即使在以"干中学"为特征的新经济增长理论模型中，资本对经济增长仍然具有不可替代的作用。A=f（K）表明，技术进步或知识和经验的积累 A 是通过资本积累 K 实现的。因此，资本积累以及与此相关的储蓄率对于经济增长的影响是不言而喻的。20 世纪 90 年代以来的中国居民储蓄率一直处于 25% 左右的高位。根据央行公布的金融统计数据，截至 2008年底，我国居民储蓄存款余额达到 21.79 万亿元。与此形成鲜明对比的是，1960~1970 年，囊括高收入国家的 OECD（经济合作与发展组织）的平均储蓄率只有 14.8%。

（3）较高的劳动力配置效率。配置效率是相对于技术效率而言的。技术效率是指技术进步带来的效率提高，而配置效率是指在技术水平不变的条件下，现存资源的重新配置带来的效率。配置效率在 Y′/Y=A′/A+αK′/K+βL′/L 中体现为使 A′/A 提高的一个因素。我国工农业生产率的巨大差异为生产要素的重新配置，从而使其效率提高，提供了广阔的空间。从劳动年龄人口构成看，中国"人口红利"的"大头"在农村，农村地区有丰富的劳动力资源，大量农村劳动力人群从土地中走出来，走向城市，走向发达地区。据 2000 年第五次人口普查数据显示，"农民工"占第二、三产业就业人口的比重高达 46.5%，其中第二产业占 56.7%，建筑行业占 80%。因此，中国收获"人口红利"的程度将取决于农村剩余劳动力由潜在的劳动力资源转化成现实劳动生产力的实现程度，取决于农村剩余劳动力的转移程度。改革开放后的 30 多年里，我国有 2 亿左右的青壮年劳动力从农业种植业和农村转移到非农产业和城市就业。即使在发生"民工荒"现象的 2004 年，我国进入非农产业和城镇的农民仍有 1.2 亿，占农村总劳动力的 20%以上。显然，大量过剩劳动力仍滞留在农村，无疑造成生产要素和资源的巨大浪费，一旦转移到生产率较高的工业部门，就能发挥劳动力要素重新配置的巨大效应，创造出新的生产力。

总之，人口和劳动力因素在中国经济增长中扮演了举足轻重的角色。研究表明，在中国过去 20 多年的经济增长中，物质资本的影响占 28%，劳动力数量的影响占 24%，劳动力质量的影响占 24%，人口流动或要素配置的影响占 21%，其他因素（如管理水平等）占 3%。研究"二战"后新兴工业化国家和地区经济增长的学者指出，这些国家（地区）的高经济增长主要归因于资本投入的增加、劳动参与率的提高和劳动力质量的改善，而非技术进步。

三、人口老龄化与人口红利的消失

在国际上，通常把总抚养比（0～14 岁人口数+65 岁及以上人口数）/（15～64 岁人口数）低于 0.50 称为人口机会窗口开启时期，也就是人口红利的形成时期。由图 3－2 可以看出，当前中国仍处于适合经济增长的人口红利时期。然而随着老龄化时代的匆匆来临，未来人口年龄结构又将会有怎样的转变？我国仍处于下降阶段的人口总抚养比是否会出现拐点转而上升？人口机遇还能持续多久？

关于中国的人口红利能有多久，《2006 年：中国社会形势分析与预测》（汝信、陆学艺、李培林）的结论是：人口有"红利"，机会之窗开放到 2020 年。中国社会科学院蔡昉教授认为，目前中国 65 岁及以上老年人口已达 7.6%。随着出生率的下降，中国的劳动年龄人口数量可能在 2016 年从增长变为稳定，然后逐渐下降，这意味着中国的"人口红利"将逐步减少。到 2013 年，中国的"人口红利"可能变成"人口负利"。中国社会科学院田雪原教授在他主编的《老龄化——从"人口赢利"到"人口亏损"》中预测：如果以人口抚养比小于 0.45 为"人口赢利"期，那么可经历 1995～2020 年长达 25 年左右的"赢利"阶段；如果我们以人口抚养比小于 0.5 为"人口赢利"期，那么可经历 1990～2030 年长达 40 年左右的"赢利"阶段。集各家所言，我国人口红利时期并不会长期持续下去，但对于人口红利期究竟何时消失，各家看法也不尽相同。这一切都将取决于人口转变的速度和程度。

基于此，本书利用《中国人口统计年鉴 2006》中的相关数据，以 2005 年为基年，对未来我国人口结构进行了相关测算（具体测算过程将在其他章节详细介绍）。以下，本书将根据测算结果对未来我国人口结构的发展做相应的分析。

（一）我国人口结构预测

我国是世界上老年人口最多、增长最快的国家之一，其老龄化不仅是中国自身的问题，而且关系到全球人口老龄化的进程。根据第五次全国人口普查数据，2000 年中国已基本进入了老龄化。表 3－4 是对 21 世纪我国老龄化程度的预测。由表 3-4 数据显示，我国老龄化处于持续上升趋势，60 岁及以上人口比重将由目前的 15.16% 持续上升，2055 年以后稳定在 33%～35% 的水平。65 岁及以上人口比重目前为 10.29%，2055 年以后将维持在 27%～29%。2055 年以前，老年人口处于持续快速上升阶段，此后维持在较稳定的水平，部分年限还将有所缓慢下降。

表 3－4　我国老龄化程度预测

年份	人数		占总人口的比重	
	60 岁及以上	65 岁及以上	60 岁及以上（%）	65 岁及以上（%）
2010	202508634	137421641	15.16	10.29
2015	252463947	167323419	18.46	12.23
2020	284293075	207816255	20.48	14.97
2025	335334571	237752322	23.81	16.88
2030	386834313	278799434	27.47	19.80
2035	422577184	327814330	30.11	23.36
2040	426344195	353180287	30.66	25.40
2045	426707358	357880742	30.84	25.87
2050	445966886	349315739	32.60	25.53
2055	457933882	367280323	33.90	27.19
2060	445114685	373744941	33.62	28.23
2065	428215722	366732641	32.94	28.21
2070	419780380	347595642	32.96	27.29
2075	425863716	347418838	33.85	27.61
2080	427229100	350503815	34.41	28.23
2085	432168726	357593319	35.12	29.06
2090	425015259	359419773	35.00	29.60
2095	411117252	351190009	34.40	29.38
2100	399874683	338363588	33.98	28.76

由图 3－3 同样可以看出，21 世纪我国 0～14 岁的少儿人口比例将基本维持稳定，而老年人口的比重却在 2040 年以前持续增长，并于 2040 年达到超过25%的水平。也就是说，2040 年以后全国每四个人中就有一位 65 岁以上的老人。而与此相对应的是 15～64 岁的适龄劳动人群比例逐步下降。2040 年以后三者的比例维持在较稳定状态。这也与《国家人口发展战略研究报告》中预测的 21 世纪 40 年代后期形成老龄人口高峰平台、65 岁以上老年人口达 3.2 亿人、比重达 22%基本相符。

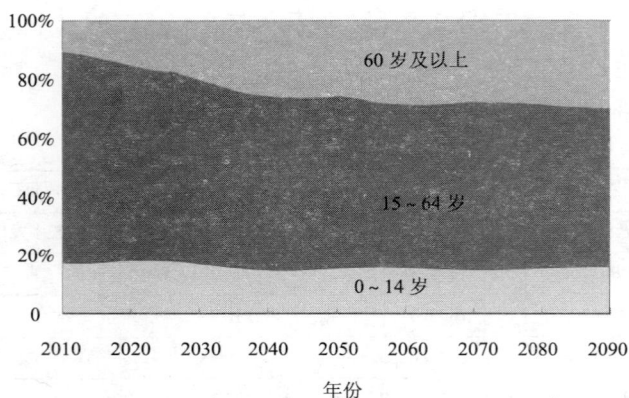

图 3－3　全国人口年龄分布预测

（二）人口红利期的消失

图 3－4 是对 21 世纪我国少儿负担系数、老年负担系数及总体负担系数的预测。根据预测数据，目前我国少儿负担系数约为 25%，未来 90 年属于稳中有升状态，但不会超过 30%的水平。老年负担系数在 2040 年之前急剧攀升，将由目前的 12.7%左右上升至 54%左右，养老负担日益沉重。总抚养系数为少儿负担系数与老年负担系数的加总，因此总抚养系数也在持续增长，总负担最重的时期将接近 84%。

国际上常用的衡量人口机会窗口开启时期的标准是总负担系数：倘若总负担系数低于 0.50，我们便称此时的人口结构属于适合经济增长的人口红利结构。根据这一标准，未来 10 年左右我国尚处于人口红利时期，人口负担相对较轻；但 2020 年以后，由于人口结构的转变，劳动力总量开始减少，养老负担日益沉重，人口红利将逐渐枯竭。这也就意味着，我国改革开放以来所创造的经济持续高速增长的时代将要离我们远去了。人口年龄结构向老龄化的转变使得人口结构对经济增长的影响由人口红利转向"人口负债"。

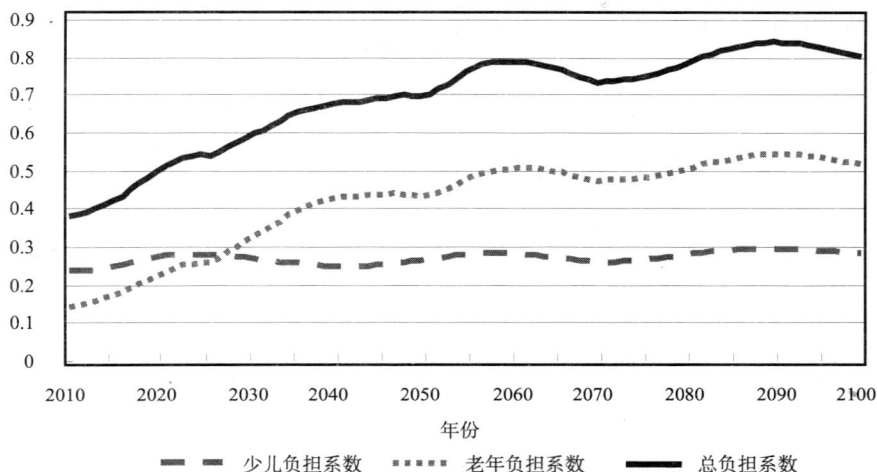

图 3-4 未来 90 年我国少儿负担系数、老年负担系数及总体负担系数预测

（三）未富先老与经济发展

与一些先期进入老龄化的发达国家相比，我国老龄化超前于工业化和现代化，经济发展水平相对落后，与其他国家的差距极大。根据国际经验，发达国家是在基本实现现代化的条件下进入老龄社会的，老龄化与工业化、城市化、现代化同步发展，属于"先富后老"或"富老同步"。而中国则是在尚未实现现代化、经济基础上不发达的情况下提前进入老龄社会的，老龄化速度远超过经济发展水平，属于"未富先老"。与其他发达国家相比，我国人口老龄化具有基数大、速度快、底子薄、负担重的特点，未富先老，被称为"跑步进入老龄化"。

2000 年我国的人均 GDP 按当年价算仅为 860 美元左右，换算成 1990 年的美元为 750 美元。而一些发达国家在 1990 年左右进入老龄化社会时，人均 GDP 均已超过 2500 美元。如法国、德国、美国和瑞典在 1990 年时人均 GDP 分别为 2849 美元、3134 美元、4096 美元和 2516 美元。[①] 我国仍属于中等偏低收入的国家行列，应对人口老龄化的经济实力还比较薄弱。

人口老龄化对经济增长的负面影响是非常显著的。老年人口的实际收入一般较低，收入偏低不仅造成消费水平和储蓄水平的下降，还会加重社会负担。

---

① 郑京平. 银色浪潮考验养老大堤. 中国社会保障，2002（9）.

调查表明，政府支付老年人口的抚养费用是青少年人口的 3 倍。其中，对青少年的大部分支出是投资形式的人力资本，而对老年人口支付的抚养费用纯属消费性支出。这也就意味着，人口老龄化带来的巨额抚养费用增长将有可能降低未来国民收入的增长率。对于一个老龄化国家而言，倘若经济增长乏力，同时又没有足够的财富积累做储备，其发展前景堪忧。

当前，我国仍处于适合经济发展的人口红利期，但这一特殊的经济增长源泉并不会持续存在。那么如何把握时机，充分挖掘人口红利的潜在价值，为老龄化社会积累更多的财富储蓄便是我们当前急需解决的问题。

四、人力资本与经济增长

传统的人口红利理论认为，人口年龄结构的转变导致抚养比的降低，劳动年龄人口的数量增大，给社会带来了充足的劳动力资源，从而形成经济发展的强劲动力。然而随着人口老龄化的到来，劳动年龄人口在数量上和比例上都将减少，由此带来的低劳动成本和充分就业优势也逐渐减弱。根据前文预测，2020年以后我国人口总抚养比将超过 0.5，人口红利将逐步消失。可见，单纯依靠劳动力数量上的优势不足以长期维持社会经济的发展。

基于劳动力数量优势的人口红利的消失将会成为我国未来经济发展的"瓶颈"，劳动力数量的减少是否真的意味着中国将彻底告别人口红利时代呢？在人口红利枯竭之后是否能找到更有力的替代引擎？基于此，目前学术界已开始"第二次人口红利"的相关探讨。所谓第二次人口红利，主要是指在老龄化的初级阶段，由于劳动人口素质提高所带来的经济增长阶段。在该时期，劳动力数量减少，但由于劳动人口受教育水平的提高和社会保障程度的完善，劳动力质量优势所创造的经济效益弥补了劳动力数量减少的负效应，从而为经济的增长提供新的动力。夏威夷大学人口红利专家安德鲁·梅森（Andrew Mason）与加州大学伯克利分校人口与经济学教授罗纳德·李（Ronald Lee）于 2006 年发表的《两次人口红利》一文，对第二次人口红利问题做了清晰的阐述。他们提出，第二次人口红利发生在第一次人口红利之后，二者有可能重合。第二次人口红利具有两个特点：不像第一次人口红利那样有清晰的起始点，如果政策到位，它可能是无限期的；对于有效政策的依赖性更强，如果政策合适有效，它的红利规模常常远大于第一次人口红利。根据梅森的调研结果，在每一个经济体中，第二次人口红利的贡献率都大于第一次人口红利。国内学者蔡昉也认为，在老龄化初级阶段，政府通过完善养老保障制度、提升教育水平等有效的政策，可以使中国获得持续的第二次人口红利。

每个劳动个体都具有一定的教育技术水平，反映每个人参与劳动生产的能力。所有劳动就业人口的整体受教育技术水平，则反映整个社会的劳动生产能力。因此，人口红利应由人口红利数量和人口红利质量两方面共同组成。而劳动力数量上的减少已是大势所趋，倘若能够通过劳动力质量上的提高来弥补数量上的制约，从而使劳动生产率得到保持并提高，那么这未尝不是经济增长的新动力。受教育程度提高带来的人口红利质量优势可以补偿逐渐减弱的人口红利数量优势，继续促进未来的经济社会发展，但数量优势向质量优势的顺利转变取决于国家和社会是否能很好地在培训、教育、医疗等方面进行人力资本投资。这也就意味着，加强培训和教育投入、提高人力资本存量是进一步扩大现有人口红利的重要措施。

下文将介绍在人口年龄结构发生转变与就业人员人均受教育年限提高的背景下人力资本变化对中国经济增长的影响。

（一）人力资本对经济增长贡献的实证分析

从经济增长理论的发展过程可知，人力资本和物质资本均是现代经济增长的重要影响因素，它们共同作用促进经济的发展。钟超[①]（2010）利用 1978～2004 年我国 GDP 总量、物质资本存量、人力资本存量以及劳动力数量等数据，以 Cobb-Douglas 生产函数为基础，建立了单位劳动力新经济增长模型，经检验和估计，模型可表达为如下形式：

$$\ln \frac{Y(t)}{L(t)} = 0.55 \ln \frac{K(t)}{L(t)} + 0.44 \ln \frac{H(t)}{L(t)} + 0.02t + 2.36$$

$$\qquad\qquad (4.407) \qquad\qquad (2.895) \quad\ (3.062)$$

$$R^2 = 0.9988, DW = 1.995, AR(1) = 1.25, AR(2) = -0.74$$

其中，Y（t）为历年的当年价格 GDP 数据，K（t）为物质资本存量，H（t）为人力资本存量，L（t）为就业人员数据。

由估计结果可知，由于人力资本已经隐含劳动力数量和劳动力质量的双重影响，使得纯粹上的劳动力数量贡献要远远小于人力资本的贡献。因此，人口年龄结构转变带来的人口红利用人力资本来衡量更加合适与准确。根据其估计结果，1978～2004 年我国人力资本变化对 GDP 增长率的贡献率如图 3－5 和表3－5 所示。

---

① 钟超. 人力资本、人口红利与经济增长. 中山大学硕士学位论文，2010.

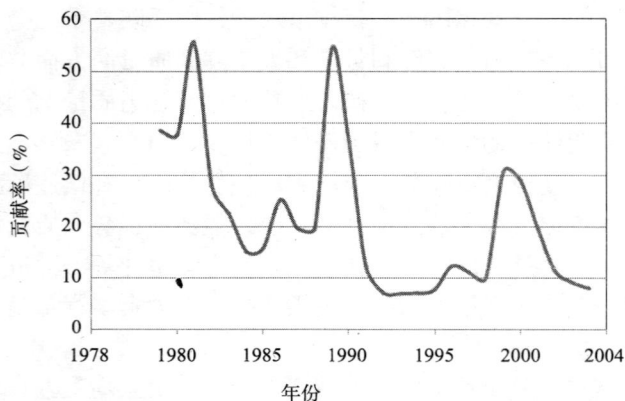

图 3-5 1978~2004 年人力资本对 GDP 增长率的贡献率

表 3-5 1978~2004 年人力资本对 GDP 增长率的贡献率   单位：%

时期	1978~1985	1986~1990	1991~1995	1996~2000	2001~2004	1978~2004
GDP 年均增长率	9.89	7.9	12.02	8.28	8.7	9.43
人力资本年均增长率	5.92	4.7	2.21	2.9	2.33	3.93
年均贡献率	26.34	26.11	8.09	15.41	11.78	18.34

可见，人力资本的增长对 GDP 增长的贡献很大。在 1978~1985 年，1986~1990 年两个阶段贡献率达到 26.34% 和 26.11%。虽然在 1991~1995 年贡献率下降至 8.09%，但在接下来的 1996~2000 年、2001~2004 年两个时期，贡献率又上升至 15.41%、11.78%。总的来说，1978~2004 年以来，人力资本增长对 GDP 增长率的年均贡献率达到 18.34%。

进一步观察图 3-5 和表 3-5 还可以发现，1978~2004 年人力资本对 GDP 增长率的贡献大致上可以分为三个阶段：

（1）1978~1990 年阶段：人口年龄结构的转变带来大量的劳动年龄人口，给改革开放初期带来了充足的劳动力。这可以由劳动力数量年均增长率明显看出（见表 3-6）。劳动力数量的快速增长使得人力资本增长率也快速提升，促进了经济的发展。因此，这个阶段的人口红利主要是通过人力资本的数量优势来获得的。

（2）1991~1995 年阶段：由于经济体制改革的发展，20 世纪 90 年代国有体制改革带来了大量的城镇下岗工人，导致劳动力数量增长率显著下降并逐渐稳定在 1% 左右（见表 3-6），从而导致人力资本这种数量上的增长刺激作用显著下降。加之就业人员人均受教育年限仍增长缓慢，通常在 8~9 年（见图 3-

6），从而人力资本对 GDP 增长率的贡献率明显比第一阶段低了许多。因此，从这个阶段开始，人力资本的数量优势已经开始减小。

（3)1996～2004 年阶段:受国企改革带来的城镇职工分流下岗余波的影响，劳动力数量增长率依旧较低，仅仅维持在略高于 1%的水平（见表 3－6），但由于 20 世纪 90 年代末期的高校扩招和各种就业培训的兴起，就业人员人均受教育年限提高速度明显加快（见图 3－6），使得人力资本增长再次加快，对 GDP 增长的贡献再次提高。因此，这个阶段的人口红利主要是通过人力资本的质量优势来获得的。

表 3－6　1978～2004 年劳动力数量增长率变化　　　　　　单位：%

时期	1978～1985	1986～1990	1991～1995	1996～2000	2001～2004
劳动力数量年均增长率	3.15	5.51	1.00	1.15	1.06

资料来源：由表 3－5 中就业人员 L（t）年均增长率计算得出。

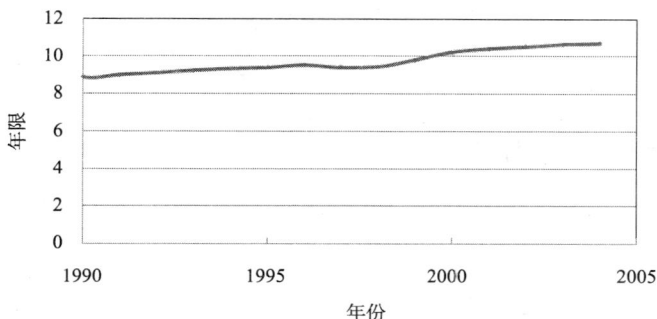

图 3－6　1990～2005 年就业人员人均受教育年限变化

（二）2010～2050 年人力资本贡献预测

从图 3－6 和表 3－6 可以看出，虽然由于就业人员人均受教育年限的提高使得人力资本对 GDP 增长率的贡献率再次升高，但由于 2000 年我国步入老龄化社会这种贡献已经不如从前那么大。根据本书人口测算的结果，由于人口年龄结构的进一步转变，在 2015 年左右劳动年龄人口开始下降，而由于劳动参与率的逐年下降，实际的就业人口必将更加提前开始减少，从而进一步减少人力资本的数量优势。那么必须从质量优势入手，使得人力资本有效地发挥延缓人口红利枯竭消失的作用。

由劳动力数量和人力资本定义有：

t 年就业人员数量=t 年 15～64 岁人口数×t 年劳动参与率

t 年人力资本存量=t 年就业人员数量×t 年就业人员人均受教育年限

　　　　　　　 =t 年 15～64 岁人口数×t 年劳动参与率×t 年就业人员人均受教育年限

因此，基于人口年龄结构测算的未来数据，加上合理的劳动参与率和就业人员人均受教育年限的变动假设，可以得到未来人口年龄结构转变下就业人员数量和人力资本的变化情况，从而预测 2010～2050 年人力资本对经济增长的贡献。

表 3－7 是在较差、一般和较好情形下 2010～2050 年就业人员与人力资本存量的预测数据。从表 3－7 可以看出，在较差、一般和较好情形下，就业人员数量分别在 2012、2013 和 2014 年开始下降。但就业人员数量开始下降并不意味着人口红利的消失。从表 3－7 就可以看出，由于就业人员人均受教育年限的提高，人力资本并未在此时开始下降，在三种情形下人力资本均在 2027 年达到最大值，此后开始缓慢下降。

表 3－7　2010～2050 年就业人员与人力资本存量

年份	较差情形		一般情形		较好情形	
	就业人员[L(t)，万人]	人力资本[H(t)，万人年]	就业人员[L(t)，万人]	人力资本[H(t)，万人年]	就业人员[L(t)，万人]	人力资本[H(t)，万人年]
2010	78613.26	892822	79055.9	897849.2	79560.51	903580.1
2011	78646.11	906115.5	79201.32	912512.3	79834.25	919804.6
2012	78545.94	917865.5	79213.36	925664.7	79974.21	934555.8
2013	78414.79	929215.3	79194.51	938454.9	80083.38	948988.1
2014	77988.01	936970.2	78876.96	947650.3	79890.37	959825.7
2015	77549.7	944444.5	78547.19	956592.6	79684.34	970441.4
2016	77078.39	951367.6	78183.36	965006.1	79443.03	980554
2017	76317.94	954519.4	77525.13	969617.8	78901.31	986830
2018	75533.4	957116	76840.8	973682.8	78331.25	992568.9
2019	74686.03	958648.6	76090.84	976680.3	77692.32	997236.4
2020	73816.01	959608.1	75315.9	979106.7	77025.77	1001335
2021	73300.43	963900.7	74901.2	984950.8	76726.08	1008948
2022	72644.51	966171.9	74342.01	988748.7	76277.16	1014486

续表

年份	较差情形		一般情形		较好情形	
	就业人员〔L(t),万人〕	人力资本〔H(t),万人年〕	就业人员〔L(t),万人〕	人力资本〔H(t),万人年〕	就业人员〔L(t),万人〕	人力资本〔H(t),万人年〕
2023	72161.49	970572.1	73958.71	994744.6	76007.54	1022301
2024	71983.53	978976	73887.75	1004873	76058.55	1034396
2025	71733.1	986330.1	73742.43	1013958	76033.07	1045455
2026	71738.28	997162.1	73860.21	1026657	76279.22	1060281
2027	71122.64	999273.1	73338.56	1030407	75864.71	1065899
2028	70048.79	994692.9	72342.47	1027263	74957.26	1064393
2029	69303.01	994498.2	71682.99	1028651	74396.17	1067585
2030	68495.44	993183.9	70957.83	1028889	73764.96	1069592
2031	67726.14	985415.3	70270.48	1022435	73171.02	1064638
2032	67131.93	980126.2	69763.28	1018544	72763.03	1062340
2033	66173.59	969443	68875.86	1009031	71956.44	1054162
2034	65364.47	960857.7	68141.55	1001681	71307.42	1048219
2035	64402.11	949931.1	67245.26	991867.5	70486.44	1039675
2036	63575.1	940911.4	66488	984022.4	69808.71	1033169
2037	62789.87	932429.6	65772.45	976720.8	69172.58	1027213
2038	62037.02	924351.6	65088.9	969824.5	68568.03	1021664
2039	61322.91	916777.6	64444.2	963440.8	68002.47	1016637
2040	60706.73	910601	63900.84	958512.5	67542.11	1013132
2041	60125.17	904883.8	63392.54	954057.7	67117.33	1010116
2042	59650.21	900718.2	62995.5	951232	66809.13	1008818
2043	59128.34	895794.4	62547.88	947600.3	66446.14	1006659
2044	58596.32	890664	62088.35	943742.9	66069.27	1004253
2045	58126.75	886433	61693.93	940832.5	65760.52	1002848
2046	57660.42	882204.4	61301.98	937920.3	65453.35	1001436
2047	57103.36	876536.6	60812.43	933470.8	65040.77	998375.8
2048	56739.74	873792	60527.92	932130	64846.45	998635.3
2049	56428.88	871826.2	60299.18	931622.3	64711.31	999789.7
2050	56125.26	869941.5	60077.74	931205	64583.57	1001045

利用 $\ln\dfrac{Y(t)}{L(t)}=0.55\ln\dfrac{K(t)}{L(t)}+0.44\ln\dfrac{H(t)}{L(t)}+0.02t+2.36$ ，预测计算出 2010 ~

2050 年，由于人口年龄结构的进一步转变及就业人员人均受教育年限的提高带来的人力资本变化对 GDP 增长率的贡献如图 3 - 7 所示。

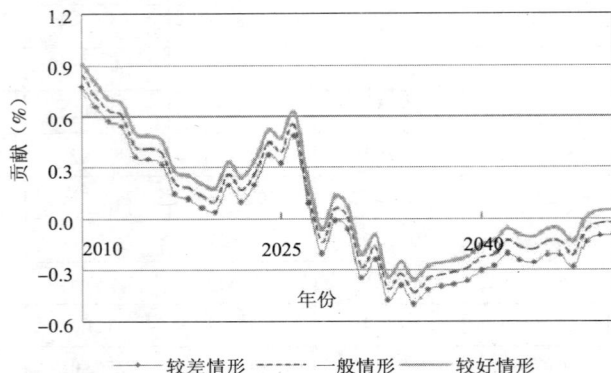

图 3 - 7　2010 ~ 2050 年人力资本对 GDP 增长率的贡献

从图 3 - 7 可以直观地得出以下结论：

（1）通过提高数量庞大的就业人员平均受教育年限，在人口抚养比上升、就业人口减少的情况下，人力资本在 2010 ~ 2026 年对 GDP 增长率影响虽然有所减弱，但仍保持有正向的贡献，年均贡献达 0.4%。之后，由于人口年龄结构进一步向老龄化转变，劳动年龄人口数量加速下降，老龄化高峰到来，人力资本对 GDP 增长率变为负向的贡献。可见，人力资本整体质量的提高可以有效弥补劳动力数量减少的负面影响，延缓人口红利至 2026 年左右。

（2）较高的劳动参与率可以提高人力资本对 GDP 的贡献大小，但无法消除由于人口年龄结构进一步向老龄化转变所导致的人口红利的枯竭与消失。

五、充分挖掘人口红利与促进经济可持续性发展

全世界的很多国家和地区都曾经在一定的发展阶段上或多或少地得益于人口红利，但是，人口红利并不是永久性的经济增长源泉。随着人口结构转变的完成，这种特殊的增长源泉终究要消失。充分挖掘人口转变的潜在贡献，不仅是中国获得经济崛起的重要手段，也是迎接老龄化社会到来的当务之急。在未来 10 年左右的时间，是中国利用和开发人口红利的最后机会，也是挖掘替代经济增长源泉的战略机遇期。如果我们在这个关键的阶段错失良机，经济增长就

有可能失去可持续性。

（一）提高劳动参与率

通过提高劳动参与率来开发尚存的人口红利。长期经济增长模型一般假定劳动年龄人口都处于充分就业状态，将失业问题归为短期的商业循环和经济波动问题。如果失业问题长期化，总抚养比就不能真实地反映人口的经济负担，通过研究总抚养比对经济增长的影响从而得出人口红利对经济增长的影响力度的这种逻辑说服力就大打折扣。20世纪90年代后期以来，国有企业改革、严峻的就业形势导致数千万城镇职工下岗，其中一些人或处于失业状态，或退出了劳动力市场。城镇就业人口和经济活动人口的增长速度赶不上劳动年龄人口的增长，导致失业率的提高和劳动参与率的下降。这种状况意味着未能把尚存的人口红利加以充分利用。由于农村剩余劳动力的存在，中国仍然会在相当长的时间内保持劳动力的充分供给，但这要以城市化速度的加快为前提，否则可能会过早地受到劳动力短缺的制约。这就要求推动相关领域的一系列政策调整和制度建设，包括消除农村劳动力向城镇转移的制度性障碍等。

（二）延长退休年龄

从人口学的角度来看，随着人们预期寿命增加，提高退休年龄是理所当然的事。我国目前人口平均寿命已经超过70岁，但退休年龄仍然是按照解放初期制定的标准来执行的。中国未来延长退休年龄的政策趋势是不可逆转的，只是考虑到目前的社会就业压力，才迟迟没有做出修改。

由于人口老龄化加剧，我国在2015年左右劳动人口规模开始下降，"人口红利"开始逐步消失，就业压力将得到一定程度的缓解。在这种情况下，为充分挖掘人口红利的潜在经济增长动力，我们可以考虑在未来适当的时候延长退休年龄。2005年，我国人口平均预期寿命已达72.95岁，相比1982年的67.77岁提高了5.18岁，这也就意味着退休生涯占个人生涯的比重提高了；另外，随着人均受教育年限的延长，劳动者实际劳动起始年龄也在延后。两者的挤压效应使得个人的工作年限在个人生命周期中所占比重大大下降。因此，延长退休年龄既符合个人生命周期理论，也是对不断增长的高素质劳动者个人价值实现的需要，同时还为未来经济的增长提供了源泉与动力。

（三）提高人力资本积累水平

如果说人口红利更多地体现在劳动力数量上的优势，并且作为增长源泉终究要消失的话，人力资本存量的提高意味着形成一个更具有报酬递增性质、更加可持续的经济增长源泉。人力资本的积累和改善包括全民教育素质和健康素质的提高。教育是人力资本培养最主要的形式，有效率的教育体制也是人力资本积累与劳动力市场有效连接的渠道。通过重新配置教育资源，扩展教育领域和受教育时间，建立终身学习型社会，可以把有限的资源加以更有效率的使用。从健康角度，寻找并抓住最有利于提高全民健康素质的关键领域，如青少年健康素质、劳动者健康和工伤保险等，也可以提高人力资本形成效率。此外，加快发育劳动力市场，通过形成一个机制完善的劳动力市场，给予人力资本以正确的回报，鼓励和加快人力资本的形成和积累，并且形成准确的劳动力价格，对于向市场经济体制转轨并且寻求人口红利替代增长源泉的中国经济来说，是经济增长保持可持续性的必要制度条件。

（四）促进劳动力流动，提高劳动力配置效率

我国依然存在限制城乡劳动力流动的诸多制度性障碍，只有逐步扫除这些制度性障碍、促进劳动力流动，才能进一步提高劳动力配置效率，进而最大化我国的"人口红利"效应。在引导部分相应城市劳动力向农村流动时，政府应该建立健全相关的政策法规加以规范和引导。由于劳动力市场在城市和农村存在分割现象，所以当城市劳动力到农村、乡镇企业就业时，会受到当地市场的排挤，所以政府的相应政策必须配套，这样才会使城市劳动力在农村得到公平的工作空间。推行制度改革，消除劳动力流动过程中的制度壁垒。政府还应建立相应的鼓励措施，大力提倡和鼓励城市劳动力向农村的流动，给予这部分劳动力适当的鼓励条件，使他们为农村经济发展和城乡收入缩小作出贡献。只有这样双向的劳动力流动，才能更加有效地提高劳动力配置效率，更加充分地利用广大的农村劳动力来发掘广大农村的人口红利，更好地为经济发展服务。

第二节　我国居民财富结构

财富是对收入的长期积累。从全国范围来看，当前我国面临着财富结构过于集中化、财富分布不均等现实问题：居民财富过于集中在少数几项资产上，不利于投资和风险规避；大部分财富集中在少数人手上，社会贫富分化现象严重，且城乡财富分配不均等。个人财富的积累深受收入分配的影响，在当前的收入分配格局下，我国居民财富分布的差距还有继续扩大的趋势。

而对于居民个人而言，自身拥有财富的多寡直接决定其当前和未来的消费

与养老能力，居民财富分布的差异势必造成老年生活质量的巨大差别。老年群体是一个特殊的群体，他们在经济来源上处于弱势地位，在生活上往往面临较高的生活风险和较低的生活质量。老年人的养老保障深受其自身拥有的财富水平的影响，收入和财富分布的过分不均等化将不利于和谐老龄社会的构建。本书将在分析研究我国居民财富结构的基础上，探索老年人口的财富拥有状况以及老年群体的收入来源，分析财富对养老的影响，为探讨未来我国的养老需求提供必要的依据。

一、中国居民财富结构状况

随着我国改革开放事业的顺利推进和社会主义经济建设的迅速发展，我国城乡居民收入水平不断提升，个人财富不断积累。由于居民收入分配格局的变化，收入差距的扩大越来越受到社会各界的关注。2006 年《世界发展报告》显示，我国居民收入的基尼系数已由改革开放前的 0.16 上升到目前的 0.47，并已经超过了 0.4 的国际警戒线。而财富是收入长期积累的结果，居民财富结构与收入分配之间紧密相连。居民个人或是家庭是依据其财富水平而非收入水平决定其最优消费和投资数量的，对居民财富状况的研究从某种程度上比对收入的研究更有现实意义。尤其是 20 世纪 90 年代以来，居民个人财富经历了一场高速积累和显著分化，当前我国居民财产分布状况日渐成为人们关注的新焦点。

一般而言，收入是指人们（个人或家庭）在一定时期内（通常为一年）的全部进账；而财富是指人们在某一时点所拥有的有形资产的货币净值。换言之，收入是一个单位时间内的流量概念，而财富则是一个时点上的存量概念，两者之间密切相关，财富是收入长期积累的结果，同时又影响下期的收入状况。相对于收入，财富具有更强的私密性和隐蔽性，当前对居民财富的调查数据尚不多，因此对我国财富分布的研究还很少。本书将以中国社会科学院经济研究所收入分配课题组 2002 年的家庭调查数据为基础，对我国城乡居民财富结构状况做一个研究分析。

根据中国社会科学院经济研究所收入分配课题组 2002 年家庭调查数据，居民的财产可划分为土地、金融资产、房产、生产性固定资产、耐用消费品、其他资产和非住房债务七大类，各项财产的加总额等于财产的总值。需要注意的是，与农村居民相比，城镇居民没有土地资产。城乡居民财富的具体分配结构如表 3 - 8 所示。

表 3 - 8 2002 年人均财产水平及构成

财产及其构成项目	农 村		城 镇		全 国	
	平均值（元）	比例（%）	平均值（元）	比例（%）	平均值（元）	比例（%）
财产总额（净值）	12937.81	100	46133.5	100	25897.03	100
其中：						
土地价值	3974.32	30.72	—	—	2420.767	9.35
金融资产	1592.615	12.31	11957.79	25.92	5642.684	21.79
房产净值	5565.006	43.01	29703.13	64.39	14989.26	57.88
生产性固定资产	1181.616	9.13	815.487	1.77	1037.309	4.01
耐用消费品价值	793.2804	6.13	3338.165	7.24	1784.31	6.89
其他资产的估计现值	—		619.6779	1.34	241.6361	0.93
非住房负债	– 169.0233	– 1.31	– 300.7456	– 0.65	– 218.9326	– 0.84

由表 3 - 8 可以看出，对于农村居民而言，土地、房产和金融资产在个人财富中占有很高的比重，三项之和约为 86.04%。近年来，随着社会主义新农村的建设发展，我国农村居民人均财产水平有了显著提升。金融资产和房产价值占农村居民财产总额的比重不断攀升，这也反映了中国农村市场改革所取得的成效。表 3 - 9 显示，农村居民人均财产总额自 1988 ~ 2002 年由 2869.5 元上升至 12937.8 元，年均增长率约为 11.36%，可见，个人财富积累速度异常迅速。另外一个值得关注的资产项目是土地。土地价值经历了一个先升后降的过程。1988 年农村居民人均土地价值为 1698.3 元，1995 年上升至 4944.6 元，到了 2002 年又下降为 3974.3 元。土地作为最稀缺的生产性资源，其价值不升反降，笔者分析，这与长期以来农产品价格持续走低的原因密不可分。再者，近年来大量土地资源收入被部分国有企业小团体不合理地占用，大大降低了资源的利用效率，这也是土地资源价值下降的重要原因。

表 3 - 9 农村居民人均财产水平的变化   单位：元

年份	1988	1995	2002
财产总额	2869.5	10560.6	12937.8
土地价值	1698.3	4944.6	3974.3

城镇居民的人均财产规模大大高于农村居民，据表 3 - 8，前者约为后者的

3.6 倍，城乡居民财富分布差距显著。在城镇居民财产结构中，金融资产和房产价值占有相当高的比重，尤其是房产价值，高达 64.39%，金融资产占有 25.92% 的比例，两者之和超过 90%。而生产性固定资产、耐用消费品和其他资产所占份额微乎其微，分别只有 1.77%、7.24% 和 1.34%。相比农村居民，城镇居民的财富更为集中地分布在少数几项资产上，这与城镇居高不下的房产价值息息相关。在城镇，房屋无疑成了居民财富的主要象征。

而全国人均财产总额为 25897.03 元，其中，金融资产和房产价值占有相对较高比重，分别为 21.79% 和 57.88%，两者之和为 79.67%。由于城镇人口没有土地，经全国人口平均后，土地价值从农村的人均 3974.32 元下降为全国的人均 2420.767 元，在人均财富总额中所占的比例也下降为 9.35%。其他各项资产的比例变化相对没那么大。

城镇和农村居民资产结构过度集中化，尤其是在自有房屋和金融资产（主要是银行存款）上，这反映出我国居民投资能力和投资水平受到约束这一事实。由于财富资产组合过于单一，因而规避风险能力也就较弱。

二、财富分配分析

我国居民财富不仅是在城乡之间分布不均，个人之间也有着非常显著的差异。2003 年据中国经济景气监测中心透露，我国 50 个富豪的财产等于 5000 万农民的年收入，300 万百万富翁的财产等于 9 亿农民两年的纯收入。2004 年《新财富》杂志公布的 400 大富豪拥有财富 3031 亿元，相当于当年甘肃省 GDP 的 1.8 倍，西藏自治区的 13.8 倍。中国富人拥有的总资产已超过 8 万亿元。另有资料显示，中国最富有的 1/5 家庭占有全国总收入的 50.13%，而美国是 44.3%。2004 年 5 月 15 日《中国经济时报》报道：当前中国社会贫困人口为 1.5 亿~2.1 亿人。其中城镇居民最低生活保障人数 0.21 亿人，城市"农民工"贫困人口 0.4 亿人，农村（温饱线下和低收入）贫困人口 0.9 亿~1.5 亿人。这是按照中国贫困指标统计的，若参照国际标准，贫困人口可能还会更多。

表 3-10 是将农村人口、城镇人口和全国人口按财富持有额的高低进行十等分后所得到的各组持财富总额（净值）的比重。在农村，人均财产总额最高的 20% 的人口约持有 46.11% 的财产，最低的 20% 的人口仅持有 5.69% 的财产，前者约为后者的 8.10 倍；在城镇，人均财产总额最高的 20% 的人口约持有 51.07% 的财产，最低的 20% 的人口仅持有 2.75% 的财产，前者约为后者的 18.55 倍；就全国而言，人均财产总额最高的 20% 的人口约持有 59.30% 的财产，最低的 20% 的人口仅持有 2.80% 的财产，前者约为后者的 21.18 倍。

城镇居民的财富分配不均等状况更甚于农村。事实上，城镇居民财产分布最不均的资产项目是房产，部分居民的房产净值甚至是负数，这也就意味着其房产总值还偿还不了尚未偿还的住房债务。在计划经济条件下，城市住房是按职位分配的，房屋分配高度不均等。而 20 世纪 90 年代以来的住房制度改革又由于没有遵循市场经济的基本准则，使得住房分配的不均等状况日益恶化。

表 3－10　2002 年人口按十等分组各组持财产总额（净值）的比重　　单位：%

组别（从低到高）	农村	城镇	全国
1	2.01	0.203	0.68
2	3.68	2.55	2.12
3	4.86	3.98	2.95
4	5.97	5.25	3.81
5	7.09	6.54	4.84
6	8.37	8.01	6.23
7	9.89	9.92	8.32
8	12.03	12.55	11.76
9	15.60	17.22	17.89
10	30.51	33.85	41.41

国际上，通常用基尼系数指标来作为收入分配公平程度的衡量指标，并用集中率和贡献率来作为收入差距扩大的主次因素分析指标。

基尼系数是指在全部居民收入中，用于进行不平均分配的那部分收入占总收入的百分比。按照联合国有关组织规定：基尼系数低于 0.2 表示收入绝对平均；0.2～0.3 表示比较平均；0.3～0.4 表示相对合理；0.4～0.5 表示收入差距较大；0.5 以上表示收入差距悬殊。从国际经验来看，财产分布的基尼系数大于收入分配的基尼系数是一种常态。一般而言，发达国家的收入分配基尼系数在0.3～0.4，而财产分布的基尼系数则在 0.5～0.9。造成这种现象的原因在于财产的价值是收入长期积累的结果。

基尼系数反映的是总体收入差距的程度，集中率反映的是构成总体收入来源的各项在本项内各组收入差距的程度，某项集中率越高，则该项收入在各组间的差距就越大，反之则越小。倘若某项的集中率高于总体基尼系数，则表明其对总体财产分布起的是扩大不均等程度的作用，反之则起到缩小不均等程度的作用。贡献率是指某段时期内居民收入在某基期收入的总增长额度中，各项的增长额占总体增长额比重的大小。集中率和贡献率均反映的是居民某项财产是否是总体财产分布差距扩大的主要因素。

表 3－11 反映了 2002 年农村居民、城镇居民和全国居民人均财产分布的不均等程度。

表 3-11 2002 年人均财产分布的不均等状况

	农村	城镇	全国
基尼系数	0.399	0.4751	0.550
其中:			
土地价值	0.452	—	0.6686
金融资产	0.681	0.5961	0.7404
房产净值	0.538	0.5442	0.6736
生产性固定资产	0.665	0.5018	0.8373
耐用消费品价值	0.659	0.9839	0.6431
其他资产的估计现值	—	0.9148	0.93
非住房负债	0.950	0.9777	0.84
集中率	0.399	0.4751	0.550
其中:			
土地价值	0.260	—	-0.0452
金融资产	0.456	0.4439	0.6291
房产净值	0.492	0.4989	0.6302
生产性固定资产	0.394	0.4838	0.2963
耐用消费品价值	0.377	0.3230	0.4800
其他资产的估计现值	—	0.3831	0.6885
非住房负债	-0.246	-0.2596	-0.1749
贡献率（%）	100	100	100
其中:			
土地价值	20.02	—	-0.77
金融资产	15.18	24.22	24.92
房产净值	49.15	67.62	66.32
生产性固定资产	9.02	1.80	2.16
耐用消费品价值	5.79	4.92	6.01
其他资产的估计现值	—	1.08	1.16
非住房负债	0.81	0.36	0.27

由表 3-11 可以看出，农村居民的财产总额基尼系数为 0.399。在不考虑非住房债务的情况下，土地价值的分布最均等，其基尼系数为 0.452；金融资产的分布最不均等，其基尼系数为 0.681。在各项资产中，金融资产和房产价值的集中率分别为 0.456 和 0.492，高于总财产的基尼系数，表明该两项财产对总财产的分布起的是扩大其不均等程度的作用。土地的集中率仅为 0.260，明显起到了缩小财产分布不均的作用。而生产性固定资产和耐用消费品的集中率与总财产基尼系数相差不大，表明两者对总财富分布不均等程度没有起到明显的扩大或缩小的效应。由于土地分布具有较低的不均等程度，其对总财富不均等程度的解释力度或贡献率仅有 20.02%，远低于其占总财产的比重（高达 30.72%）（见表 3-8）。而房产净值和金融资产的贡献率分别为 49.15% 和 15.18%，均高于其占总资产的比重（分别为 43.01% 和 12.31%）。

而城镇居民财产总额的基尼系数为 0.4751，高于农村居民。在城镇的各项财产指标中，房产和生产性耐用消费品的集中率分别为 0.4989 和 0.4838，高于总财产基尼系数 0.4751，表明该两项对城镇居民财产分布起到了扩大其不均等程度的作用。尤其值得关注的是房产净值一项，其对总财产不均等程度的贡献率高达 67.62%。金融资产、耐用消费品和其他资产的集中率分别为 0.4439、0.3230 和 0.3831，均低于总财产基尼系数，表明此三项均起到了缩小不均等的作用。

就全国总体而言，财产总额基尼系数为 0.550，高于城乡分别计算得到的基尼系数值。其中，金融资产、房产和其他资产三项起到了明显的扩大全国财产分布不均程度的效应。

按照国际标准，无论是农村、城镇还是全国，居民总财产的基尼系数都不算高。但考虑到发达国家个人财富的积累经历了数百年的时间，而我国仅有 20 余年，我国个人财富积累的速度和势头还是非常迅猛的。加之收入分配的基尼系数甚至超过了发达国家，而个人财富的积累深受收入分配的影响，这表明我国居民财富分布的差距还有继续扩大的趋势。

2008 年，中国人民大学的陈彦斌利用奥尔多投资研究中心的家庭资产调查数据系统计算了我国 2007 年城市和农村的财富分布。表 3-12 是其计算所得的2007 年我国城乡家庭财富分布状况。对比表 3-10，我们发现无论是农村还是城镇，均值财富总额最低的 10% 的家庭所持财富均由正值变为负值。在农村，持有均值财富总额最低的 20% 的家庭财富占总财富的 - 0.4%，而最高的 20% 的家庭财富占总财富的 72.4%；在 2002 年的调查中，人均财产总额最低的 20% 的人口仅持有 5.69% 的财产，最高的 20% 的人口约持有 46.11% 的财产。在城镇，持有均值财富总额最低的 20% 的家庭财富占总财富的 - 0.63%，而最高的 20% 的家庭财富占总财富的 55.87%；在 2002 年的调查中，人均财产总额最低的 20% 的人口仅持有 2.75% 的财产，最高的 20% 的人口约持有 51.07% 的财产。无论是在农村还是在城镇，财富分布的不均等状况都变得更为严重。

表 3-12　2007 年我国城乡家庭财富分布　　　　　　　单位：元

组别（从低到高）	农村		城镇	
	均值财富	占总财富比例（%）	均值财富	占总财富比例（%）
第 1 组	- 9009	- 1.1	- 45640	- 1.5
第 2 组	6232	0.7	26711	0.87
第 3 组	13424	1.6	65711	2.1
第 4 组	21617	2.6	106455	3.5
第 5 组	30735	3.6	161536	5.3
第 6 组	37148	4.4	239681	7.8

续表

组别（从低到高）	农村		城镇	
	均值财富	占总财富比例（%）	均值财富	占总财富比例（%）
第7组	50854	6	338452	11.1
第8组	78903	9.4	452577	14.8
第9组	122395	14.5	631848	20.6
第10组	487841	57.9	1099804	35.9
总共	84248	100	305990	100

资料来源：陈彦斌. 中国城乡财富分布的比较分析［J］. 金融研究，2008.

三、老年群体贫富差异研究

人的一生，简而言之，就是在青、中年时代创造财富、积累财富，到晚年时期消耗其积累的这笔财富。人们在不同生命周期阶段的收入和消费状况相去甚远，青壮年时期是身体状况、劳动技能、财富积累处于上升的阶段，到了中年时期达到顶峰，其劳动报酬和各项收入的积累会大大超出人们在该时期的各项消费需求，从而实现大量的财富积累额。当人们进入老年阶段以后，劳动技能和身体状况都处于下降状态，创造收入的能力也每况愈下甚至消失，这段时期内获得的收入远远不能满足消费的需要，因此就需要用青、中年时期的财富积累来弥补消费的需求。在这种情况下，财富积累的多寡便体现了老年生活质量的好坏，财富积累的内容和方式与老年养老能力呈现密切的关联关系。

（一）老年群体财富分布和收入分配状况

我国过去长期实行以农立国，在漫长的农业社会里，对于财产实行的是家庭共有制，老年人作为家庭尊长，掌管着家庭财产的管理和使用权，他们晚年的一切费用主要源自自己的劳动积累和子女供养。但随着老龄化的加剧和家庭供养关系的日益弱化，老年群体的养老来源越来越依靠自身积累的财富状况，他们的财富水平直接影响着其消费和养老能力。在这样的背景下，老年人口成了一个特殊的群体，他们在经济来源上处于弱势地位，因此往往面临较高的生活风险和较低的生活质量。

表3-13是2007年按照年龄特征分组的财富分布状况。表3-13显示，无论是在城镇还是在农村，60岁以上年龄组的财富总额均显著低于20~59岁年龄组。在城镇，中位数财富和均值财富最高的年龄组都是30~39岁组，其均值财富总额达到345192元，而60岁以上年龄组仅为222771元；农村的财富规模相对于城镇要低得多：中位数财富和均值财富最高的年龄组都是20~29岁年龄组，其均值财富总额为153668元，而60岁以上年龄组仅有50510元。城镇财

富主要集中在 30~59 岁的中年群体中，农村则更集中化，主要在 20~29 岁的青年群体中，这也说明了财富的积累效应在城镇比在农村更明显。而城乡财富分布的共同点在于 60 岁以上的老年群体均是财富持有的弱势群体。在农村，老年人口的财富水平甚至低于小于 20 岁的青少年年龄组。笔者分析，其原因在于农村人口受教育年限普遍较低，相对于城镇人口他们更早地参加工作，获得相应收入来源，较早地开始积累财富。但由于农村人口收入水平有限，财富积累能力不足，在 20~29 岁年龄组达到财富积累的高峰后很快就开始下降。相较于城镇，农村老年群体的财富持有状况更为严峻，其养老状况更为堪忧。

表 3-13　　　　按照年龄特征分组的财富分布状况　　　　　　单位：元

年龄	城镇		农村	
	中位数财富	均值财富	中位数财富	均值财富
小于 20	74800	118816	26500	78615
20~29	139000	276402	48085	153668
30~39	252500	345192	35050	61284
40~49	206000	296760	34900	68325
50~59	195000	322454	35000	55030
60 以上	175400	222771	30550	50510
总共	200000	305642	34860	73050

资料来源：陈彦斌. 中国城乡财富分布的比较分析［J］. 金融研究，2008.

表 3-14、表 3-15、表 3-16 是基于中国老龄科研中心 2000 年"中国城乡老年人口一次性抽样调查"的数据、采用五等分法对中国老年人口收入分配情况的划分。

从表 3-14 可以看到，2000 年农村老年人口中，收入最高的 20% 的老年人所占份额为 59.3%，收入第二的 20% 的老年人所占份额为 20.0%，中间组所占份额只有 12.0%，而中低组和低收入组所占的比例都非常低，仅有 6.6% 和 2.1%。最高收入组和最低收入组收入份额之比达到 28.2。

城镇老年人口中收入最高的 20% 的老年人的收入占总收入的将近一半。收入第二的 20% 的老年人所占份额为 25.2%，中间收入的 20% 的老年人所占份额不到两成，而中低组和低收入组的老年人所占份额则非常低，两者之和仅为 5.4%。最高收入组和最低收入组收入份额之比达到 39.7。

由于巨大的城乡差异，全国老年人口的收入差异更为显著，高收入组所占的收入份额达到了 68.5%，最高收入组和最低收入组的份额之比高达 52.7，贫富分化现象极为严重。

表3-14 2000年中国老年人口收入分配情况

	农村		城镇		全国	
	平均收入（元）	占总收入的比例（%）	平均收入（元）	占总收入的比例（%）	平均收入（元）	占总收入的比例（%）
低收入组	243.2	2.1	500.2	1.2	251.4	1.3
中低收入组	603.2	6.6	3719.2	9.1	773.1	4.1
中间收入组	995.4	12.0	6735.4	16.7	1622.0	8.2
中高收入组	1689.9	20.0	10242.0	25.2	4439.4	17.8
高收入组	5193.4	59.3	21560.1	47.8	14175.9	68.5

资料来源：伍小兰. 中国老年人口收入差异研究 [J]. 人口学刊, 2008.

（二）老年群体收入来源差异

老年人的收入指的是老年人获得的所有来源的实际现金收入，不包括自有住房的折算租金和实物福利。城镇老年人收入来源可分为工资、经营性收入（工作收入、生意收入）；财产性收入；私人转移性收入（由亲属或朋友等提供的收入）；离、退休金（或社会养老金）；救助补贴（政府救助、集体救助、企业补贴和其他补贴）以及其他收入六大块。农村老年人收入项目亦可分为经营性收入（农副业收入、生意收入）；财产性收入；私人转移性收入（由亲属或朋友等提供的收入）；离、退休金（或社会养老金）；救助补贴（政府救助、集体救助、企业补贴和其他补贴）以及其他收入六大块。

由表 3-15 可以看出，在农村，老年人最主要的收入支撑是经营性收入，平均占总收入的 48.0%。并且收入越低组其经营性收入占总收入的比重越高，最低收入组甚至达到了 72.1%的水平。这也就意味着，农村低收入阶层老人的主要收入来源是务农所得，其保障水平非常低。农村老人中，私人转移性收入所占的比例居第二位，平均达 30.1%，这也说明了在农村子女供养的养老方式仍占据非常重要的地位。离、退休金在农村老人的收入结构中约占 10.0%，但区分各收入组，不难发现高收入组老年人的离、退休金占其总收入的比例达到了 16.6%，而其他组的这一比例则微乎其微，可见依靠离、退休金并非农村老年人口的主要养老方式。而财产性收入、求助补贴和其他收入在我国农村老人收入结构中所占的比例均非常低，平均分别只有 2.7%、2.7%和 6.4%。总的来说，当前我国农村老年人口的主要收入来源仍是依靠务农劳动所得的经营性收入或是被动依靠子女亲属供养的私人转移性收入，这也就说明了农村老年群体养老能力的不足，养老保障方式仍需改善。

表3-15　2000年中国农村老年人收入结构　　　　　　单位：%

	工资、经营性收入	财产性收入	私人转移性收入	离、退休金	救助补贴	其他收入	合计
低收入组	72.1	0.3	21.5	0.1	1.6	4.5	100
中低收入组	67.6	0.4	28.8	0.1	1.9	1.3	100
中间收入组	66.7	1.2	26.6	0.3	1.8	3.4	100
中高收入组	58.4	0.8	34.4	0.5	3.2	2.7	100
高收入组	37.7	4.0	30.1	16.6	2.9	8.9	100
全部	48.0	2.7	30.1	10.0	2.7	6.4	100

资料来源：伍小兰. 中国老年人口收入差异研究［J］. 人口学刊，2008.

　　而在城镇（见表 3-16），老年人的收入结构有如下几个特点：首先，除低收入组外，城镇老年人最主要的收入来源均为离、退休金，平均占总收入结构的 70.9%，其中中高收入组离、退休金占其总收入的比例均高达 84.7%。而低收入组老人享有的退休金非常少，其比例仅为 7.1%，这也就预示着离、退休金的高低是造成城镇老年人收入差异的主要原因。其次，城镇低收入组老年人群的主要收入来源是私人转移性收入和救助补贴，其比例分别为 52.3% 和 25.3%，而最高收入组则除了主要依靠离、退休金外，工资、经营性收入也占据了相当的份额（15.1%），城镇不同收入阶层的老年群体在收入来源上具有很大的差异性。对比表 3-15，城市低收入组老年人获得的救助补贴要远远高于农村低收入组老年人。再次，与农村老年人口相比，除了最低收入组外，私人转移性收入在城镇各收入组中所占的份额均不高，依靠子女亲属的家庭式养老模式在城镇已日益弱化。最后，在城镇，财产性收入所占的比重稍高于农村，但仍不高，平均占总收入结构的 6.1%，求助补贴和其他收入仅占 2.3% 和 3.3%。

表3-16　2000年中国城镇老年人收入结构　　　　　　单位：%

	工资、经营性收入	财产性收入	私人转移性收入	离、退休金	救助补贴	其他收入	合计
低收入组	2.6	7.7	52.3	7.1	25.3	5.0	100
中低收入组	4.8	3.1	17.6	67.7	4.7	2.1	100
中间收入组	4.0	3.1	5.9	84.5	1.3	1.2	100
中高收入组	3.4	3.5	6.2	84.7	1.3	0.8	100
高收入组	15.1	8.7	6.7	62.2	2.1	5.2	100
全部	9.4	6.1	8.0	70.9	2.3	3.3	100

资料来源：伍小兰. 中国老年人口收入差异研究［J］. 人口学刊，2008.

（三）老龄化与房产价值的财富效应

　　所谓财富效应，是指如果人们手中所持有的货币或其他资产的实际价值增加，那么这将导致财富的增加，人们将更加富裕，就会增加消费支出，因而将进一步增加消费品的生产和增加就业，促进经济的增长。反之，如果人们所持资产的实际价值下跌，其财富将减少，从而影响人们的消费支出能力，进而抑制总体经济的增长。在现实生活中，房地产、储蓄、债券与股票等实物资产或金融资产价格的变动都可以引起个人财富价值的变动。

有关数据显示，无论是发达国家还是发展中国家，房产一直在家庭财富中占有较高比例。欧洲有一半以上居民拥有自己的住房，且住房占居民家庭全部财产的 40%~60%。2006 年，美国家庭总资产中房地产所占比例为 36%，加拿大和日本分别为 50% 和 62%。而根据韩国国家统计局发布的报告显示，2006 年韩国家庭总资产中，房地产所占比重更是高达 76.8%。随着房地产资产价值在居民家庭总资产中所占的比重日益提高，其在社会财富的新一轮分配中起着越来越重要的作用。表 3-8 数据显示，在我国，房产净值在城镇人均财富总额中占据 64.39% 的决定性地位，在农村该比例亦达到了 43.01%。当前，城镇——尤其在北京、上海、深圳、广州等大城市——房价居高不下，房地产资产价格的持续上涨对拉大城乡之间以及居民个人财富分配之间的差距起到了决定性的作用，是造成我国贫富悬殊进一步扩大的重要原因之一。

居民财富结构的过于集中化无疑为其老年养老留下了不容忽视的隐患：未来居民的养老能力与其所拥有的财富大小密切相关，这也就意味着居民晚年的生活质量深受他们所持有的资产未来的价值走向所影响。换言之，倘若未来房产资产价值大幅下跌，那么老年群体所持财富价值将大幅缩水，从而影响其晚年生活水平。

目前，随着城镇化、工业化进程的快速发展，住房需求较大，房价上涨的压力仍然很大。然而，我国已步入老龄化社会，预计 20 年以后我国将进入老龄化的高峰期，届时消费结构与消费需求将发生翻天覆地的变化。相对于青、中年群体，老年群体拥有自有住房的比例要高得多，因此社会对住房的需求将大大缩减，当前居高不下的房价必将会在老龄化的浪潮下悄然成为过去时。同时也意味着，占据居民财富结构最大份额的房产价值在未来将产生负的财富效应，并对人们晚年生活产生负面影响。

四、人口因素对房地产价格的影响分析[①]

近年来，我国房地产市场持续快速发展，房产价格居高不下。影响房地产

---

① 本节部分内容来源于：蒋雅娜. 人口因素对房地产市场的影响分析及应用. 中山大学硕士学位论文，2010.

行业的因素多种多样，国家宏观调控政策、经济增长速度、人口结构、城市化进程、开发成本等因素的变化都会使房地产市场产生波动。其中，人口因素便是影响住宅房地产市场发展的一个重要因素。当前我国仍处于人口抚养比较轻的人口红利时期，购房需求较大的青中年人口比例较高，加之城市化进程的演进、城市人口增加，使得居民对住宅的需求持续上涨。而城市化与房地产投资是并驾齐驱的，故房地产投资也不可避免地继续加大。

然而，我国在 2000 年 65 岁以上（含 65 岁）的老人占全国人口的比例达到了 7%，标志着我国已正式进入老龄化社会。2005 年年末我国总人口为 130756 万人，其中 65 岁以上（含 65 岁）的老龄人口首次超过 1 亿，达到 10045 万人，占总人口的 7.69%。2008 年 65 岁以上的老人所占全国人口比例更是快速增长到了 8.3%。与此同时，我国平均城市化水平在 2008 年已达到 45.68% 的水平，并仍以每年大于 1% 的速度增长。根据国际经验，城市化水平在达到 70% 左右以后其增长的步伐会大大减缓。这也就意味着，在未来促进房地产市场发展的人口结构和城市化因素都将改变。房产作为居民财富的最主要组成部分，其价值走势与居民生活密切相关，特别是关乎居民的老年生活水平及养老能力。本节致力于研究在当前人口结构老化以及我国城市化背景下未来房地产市场的发展走向，预测当前居高不下的房价拐点问题。

（一）我国房地产市场概况

改革开放以来，我国经济一直持续快速发展，而房地产行业作为我国国民经济的重要支柱，也在稳步发展中。

房地产业是指以土地和建筑物为经营对象，从事房地产开发、经营、管理与服务的行业或产业，是具有先导性、基础性、带动性和风险性的产业，在国民经济核算体系中属第三产业。1998 年我国实行住房分配改革以后，我国房地产真正进入了市场化阶段。从表 3-17 我们可以看出，房地产的开发投资以平均每年 30% 以上的速率增长，远远大于我国 GDP 的增长速度。而中国房地产市场最火暴的 2007 年，全国商品房的平均销售价格的增长幅度更是快过了我国 GDP 的增长。

表 3-17　中国历年房地产市场基本情况统计（1991~2007 年）

年度	商品房平均销售价格（元/平方米）	房地产开发投资（亿元）	房价涨幅（%）	投资增幅（%）	GDP 增长率（%）
1991	786.19	336.2	9.2	—	—
1992	994.66	731.2	26.5	117.5	14.2
1993	1291.46	1937.5	29.8	165.0	14.0
1994	1408.64	2554.1	9.1	31.8	13.1

续表

年度	商品房平均销售价格（元/平方米）	房地产开发投资（亿元）	房价涨幅（%）	投资增幅（%）	GDP增长率（%）
1995	1590.86	3149.0	12.9	23.3	10.9
1996	1806.40	3216.4	13.5	2.1	10.0
1997	1997.16	3178.4	10.6	-1.2	9.3
1998	2062.57	3614.2	3.3	13.7	7.8
1999	2052.60	4103.2	-0.5	13.5	7.6
2000	2111.61	4984.1	2.9	21.5	8.4
2001	2169.72	6344.1	2.8	27.3	8.3
2002	2250.18	7790.9	3.7	22.8	9.1
2003	2359.50	10153.8	4.9	30.3	10.0
2004	2713.91	13158.3	15.0	29.6	10.1
2005	3167.66	15909.2	16.7	20.9	10.4
2006	3366.79	19422.9	6.3	22.1	11.1
2007	3885.39	25279.7	15.4	30.2	11.4

资料来源：《中国统计年鉴》（2007）。

但是近几年来，全国房价的涨势不仅未见回落反而更加普遍和迅猛，一些重点城市，如北京、上海、广州等，其价格上涨速度已经明显超过当地经济的增速。除中心城市外，中小城市甚至县城、乡镇的房价也纷纷飙升。2009年1月至10月全国商品房销售面积66369万平方米，同比增长48.4%。

房价上涨已经引起各界的关注。2008年政府的宏观调控终于有了效果，房价开始短期的下调，随后的2009年的商品房销售面积是2007年的136%。2009年，国内房地产市场的情况已经远远超过了火暴的2007年。北京大学刘民权教授的研究表明，2007年北京、上海、深圳、广州等城市房价收入比超过13倍以上，而国家标准为3~6倍。中国37个城市的房价租金比率在230~290倍，远高于国际上100~120倍。但是2009年的销售火暴，使得房价又开始节节攀升。刚刚进入2010年，北京城镇居民人均年收入为26720元，但是北京六环内已难觅万元房。美联物业市场研究部数据分析，北京楼市租售比达1:546，部分区域甚至达1:700，投资比例为61%。深圳虽然以平均薪酬4263元排名全国第一，但是深圳美联物业市场研究部统计数据显示：深圳楼市租售比大概维持在1:400~1:480。家庭收入在9万元，购买一套总价为150万元左右的外环普通商品房，其房价收入比约为16:1。

由于我国房地产市场化的时间尚短，尚未经历一个完整的房地产市场周期，房地产市场还未成熟。因此许多人对房地产市场的运行规律还不太了解，投机者对房地产的投资是一种非理性的投资，一旦房价看跌，投机者急忙抛售手中房产，在这种势头下，又加快了房价的下跌。但是，一旦看涨，投机者蜂拥而至，将房价哄抬得过高，从而造成了我国房价波动较大的现象。西方许多关于房地产方面的理论和研究均基于研究者所在国的现实情况，他们所研究的一般是成熟市场的规律，而我国的国情却不一样，自从改革开放以来，房地产业经历了从住房分配到商品房和住房分配并存再到住房分配逐步取消的一个过程。我国的房地产市场正如我国经济一样正处于转型的阶段，逐步在走向成熟。国外的房地产市场成熟时间已久，形成了以二手房为主导的格局，例如在美国二手房的年销售额占到了整个房地产年销售额的80%，而我国的房地产市场仍然是一个以新房为主导的格局的市场，新房的价格直接影响了整个房地产市场的价格。

（二）人口结构对房地产行业的影响

由美国经济学家李奥（F.de leeuw）的研究，我们可以知道住宅需求收入弹性为 0.6~0.9，可见住宅是一种缺乏弹性的必需品。根据房屋的建筑用途不同，房地产又可以分为住宅房地产、商业房地产、工业房地产和其他房地产。本书主要研究的是住宅房地产。人们在购置了住房以后，一般在短期内不会再有购房的需求了。同时住房是一种耐久性长且成本较高的商品，住宅需求的增加主要由新增住房需求和改善性住房需求决定。

区域人口年龄结构变化导致需求主体变化。不同年龄结构的购房者对房屋的支付能力，对房屋面积、房型的需求及购房动机有很大的差异。这些都要求在开发住宅前对目标购买者做出明确的定位。购房者具有显著的年龄结构特点，人口结构也是影响房地产需求的重要因素。下面我们分析各个年龄层次对住宅市场产生的影响。

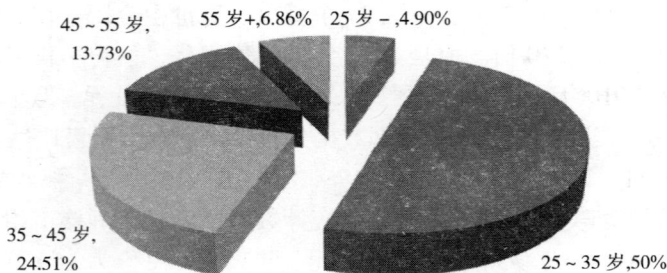

图 3-8　2007 年我国购房者年龄分布图

资料来源：中房指数研究院。

1. 婚龄人口

由图 3-8 我们可以看到，在所有年龄层次中，25~35 岁的年轻人是第一大购房群体；约占购房总数的 50%。这个年龄层次的年轻人购房需求主要为婚姻购房，大多属于首次置业，其购房的目的主要是满足居住的需求，其需求弹性较小，具备购房能力的人群不易受收入、价格等因素的影响。从人口数据上我们可以看到，当前 25～35 岁群体的数量仍在增加，故住宅需求也在增加。

2. 中年人口

35～45 岁的中年人口是第二大购房群体，相对于 25～35 岁的婚龄人口，这部分的中年人口有较稳定的生活来源，并且手中也掌握着一定的闲置资金。该年龄层次群体购房主要基于两个方面的原因：一是住宅条件改善的需求。这类人群在购置住房时更注重质量、舒适性、房型和装潢等。二是投资的需求，近几年来银行存款利率较低、股市和债券市场不稳定，许多手上有闲钱的中年人把目光锁定在了房地产行业，把购房作为投资方向。这个年龄层次人口的购房需求容易受到收入水平、住宅价格和对住房预期价格等因素的影响，具有一定的投机性，因此其对房地产市场更多起着推波助澜的作用，如果房价看涨，那么购房需求较大；反之则需求较小。

3. 老龄人口

老龄人口一般都有住房，对购买住房的需求不大，并且因为养老医疗等需求，也不会对住房进行太大的投资，不过也有少量老年人换购更加适合养老的住房。同时由于代代相传的生活观念，老人将把房屋传给已有住房的子女，这样会导致住房相对过剩。中国实行计划生育以来，人口金字塔由 1-2-4 变成 4-2-1 结构，房屋过剩现象日趋显著，故老龄人口的增多将会导致住房需求的减少，进而使得住宅房地产价格下降，需求主体缩小。在家庭人口结构由"金字塔"形向"倒金字塔"形转变的过程中，住房需求结构也在不断调整中。在"金字塔"形的家庭人口结构下，家庭人口规模呈指数级增长，不断分解为一个个"核心家庭"，所需房屋的数量和面积不断增长，这就是传统的"分家"模式。在"倒金字塔"形的家庭人口结构下，人口数量自上而下逐层减少。例如现在城市中的部分"三口之家"住进了上百平方米的商品房中，若干年后随着儿子的娶媳或者女儿的出嫁，如此大面积的房屋对于两位老人来说必然会产生部分"闲置"，而房屋的结构和设施却未必符合老年人的需求。因此在老年型社会就会产生大量的对诸如老年公寓之类的房屋的需求。高储蓄将逐步用于社会抚育成本，社会劳动生产率也会因为宏观劳动力的减少而减速增长，房地产的需求也将显著减少。

（三）人口因素对房地产价格影响的实证分析

1. 数据选取和处理

由前面的分析我们可以知道，人口结构、城市化水平都会对住宅市场造成影响。为了定量地描述其中的影响，我们选取 1991~2007 年中年人口所占总人口百分比、城市化率和全国商品房平均销售价格作为变量，探寻这三者之间的关系。表 3-18 为 1991~2007 年全国商品房平均销售价格和人口情况数据。

表 3-18 1991~2007 年全国商品房平均销售价格和人口情况

年份	Y	X_1	X_2	年份	Y	X_1	X_2
1991	786.19	26.37	66.30	2000	2111.61	36.22	70.10
1992	994.66	27.63	66.32	2001	2169.72	37.66	69.65
1993	1291.46	28.14	66.70	2002	2250.18	39.09	70.55
1994	1408.64	28.62	66.63	2003	2359.50	40.53	71.16
1995	1590.86	29.04	67.20	2004	2713.91	41.76	72.13
1996	1806.40	29.37	67.19	2005	3167.66	42.99	72.00
1997	1997.16	31.91	68.41	2006	3366.79	43.90	72.30
1998	2062.57	33.35	68.93	2007	3885.39	44.94	72.50
1999	2052.60	34.78	69.26				

资料来源：《中国统计年鉴》（1992~2008 年）。

其中，Y 表示商品房平均销售价格（元/平方米），X_1 表示城镇人口占总人口比重（%），X_2 表示 15~64 岁人口所占总人口比例（%）。

由于将数据对数化以后可以增加其平稳性，故我们将其自然对数化以后再进行进一步的检验。对数化以后，得到了新的变量：

表 3-19 变量 Y，X_1，X_2取自然对数后数据

年份	LNY	LNX_1	LNX_2	年份	LNY	LNX_1	LNX_2
1991	6.667198	3.272243	4.19419	2000	7.655206	3.589516	4.249923
1992	6.902401	3.318830	4.194492	2001	7.682353	3.628592	4.243476
1993	7.163529	3.337202	4.200205	2002	7.718765	3.665861	4.25634
1994	7.250380	3.354104	4.199155	2003	7.766205	3.702048	4.264861
1995	7.372030	3.368687	4.207673	2004	7.906146	3.731939	4.278538
1996	7.499091	3.380095	4.207524	2005	8.060748	3.760968	4.276666
1997	7.599481	3.462919	4.225519	2006	8.121715	3.781920	4.280824
1998	7.631708	3.507058	4.233091	2007	8.264979	3.805332	4.283587
1999	7.626863	3.549043	4.237923				

接下来，我们对序列 LNY，LNX_1，LNX_2 进行分析。

2. 模型的建立及参数估计

根据以上假设，我们可以初步将模型表示为：

$$\ln Y(t) = \alpha \ln X_1(t) + \beta \ln X_2(t) \tag{3-1}$$

其中，$Y(t)$ 表示商品房平均销售价格（元/平方米），$X_1(t)$ 表示城镇人口占总人口比重（%），$X_2(t)$ 表示 15 ~ 64 岁人口占总人口比例（%）。

由于数据采用的是时间序列数据，可能存在时间趋势造成的伪回归。利用表 3 – 19 的数据对式（3 – 1）进行初步回归和单位根检验分析后，我们发现一阶差分序列是平稳序列，即在 ADF 检验下，LY、LX_1、LX_2 均是 I（1）序列。因而，修正后的模型可以表示为如下形式：

$$N = \alpha \Delta X_1(t)\% + \beta \Delta X_2(t)\% \tag{3-2}$$

其中，$\Delta X_1(t)\% = \dfrac{X_1(t) - X_1(t-1)}{X_1(t-1)} \times 100\%$，$\Delta X_2(t)\% = \dfrac{X_2(t) - X_2(t-1)}{X_2(t-1)} \times 100\%$，N 表示在人口的变化下商品房平均销售价格的变化。即当 X_1 和 X_2 随着时间变化时 Y 的增长率。

回归结果如下：

$$N = 0.916529 \Delta X_1(t)\% + 1.269872 \Delta X_2(t)\%$$
$$(0.63352) \qquad\qquad (0.52807) \tag{3-3}$$

式（3 – 3）表明，在不考虑其他因素的情况下，中国的房地产价格与中年人口所占比例和中国城市化水平存在一种长期稳定的正向变动关系。在这种均衡关系中，当城镇化率增加 1% 时，商品房平均销售价格增加 0.9165%，也就是商品房平均销售价格与城镇化率的弹性系数为 0.9165。这说明全国平均房价的增长速度稍慢于我国城镇化的增幅，随着我国城镇化水平不断发展，我国平均房价也会继续提高。另外，当我国中年人口每增长 1% 时，商品房平均销售价格将增加 1.2699%。弹性系数为 1.2699。这说明全国平均房价的增长速度快于中年人口比例的增幅。由于我国现在正处于老龄化阶段，随着我国老龄化的加深和低生育率的维持，我国中年人口比例在经过短期少量的上升以后就会波动地下降，其对我国房价的影响也是波动的。

3. 人口因素对房地产价格影响的预测分析

（1）城市化率设定。中国社会科学院《2004 ~ 2005 年中国社会形势回顾与展望》的报告中指出，我国城镇化率由 1978 年的 17.92% 提高到 2004 年的 42%，平均每年提高近 1 个百分点，表明我国经济进入了新的高速成长期。城市已成为我国经济社会发展的重要载体，城市经济对我国 GDP 的贡献率已超过 70%。我国城市化进程的第一个拐点出现在 1996 年，依据纳瑟姆曲线预测，第二个拐点将出现在 2018 年。

城市发展"纳瑟姆曲线"规律显示，当城市化水平达到 30% 的临界值时，将进入加速城市化阶段。2001 年和 2002 年我国城市化水平分别是 37.65% 和 39.1%，已经达到世界发展中国家 1998 年 38% 的城市化平均水平。这说明我国的城市化正在从初级阶段向加速阶段转化。邱晓华（2003）从中国国情出发，参照发达国家城市化水平，确定中国城镇化发展的长期目标应略低于发达国家水平，大致界定在 70% 左右。根据《中国统计年鉴 2007》的统计数据，自 1995 年以来，城镇化率一直保持着每年 1.2 个百分点的增长，2008 年的城镇化率已经达到 45.68%。而在城镇化发展速度上，根据国际经验，城镇化发展是一个缓慢、加速、再减慢的过程。因此，我们假设 2007～2027 年，我国城镇化率以每年 1.2 个百分点增长逐渐递减到 0.7 个百分点；2027～2037 年，我国城镇化率从每年 0.7 个百分点增长逐渐递减到 0.2 个百分点，城镇化率达到 70.19%，初步完成中国的城镇化过程。

（2）人口因素对房产价格影响的预测。现在我们将人口预测数据及城市化率设定数据代入式（3-3）中：

$$N = 0.916529\Delta X_1(t)\% + 1.269872\Delta X_2(t)\%$$

我们得出图 3-9，从图中可见，2007～2018 年人口对房价增长的贡献都为正增长，但是增长的速度越来越慢，一直到 2018～2021 年，其需求的增长几乎为 0。但是 2021～2027 年又有一个短期的小幅增长，出现这个现象的原因是因为我国中年人口在这个时期又有一个小幅的增长，然后接下来的 2028～2047 年，人口因素对房价的贡献都为负增长。即此时人口对房屋的刚性需求不再增长，而是一直下降。由于人口对住宅的需求是刚性的，所以图 3-9 更准确而言描述的是商品房的真实价值变化而不是其价格变化，其价格应该是在价值曲线附近波动，即投机需求使得实际的商品房价格上升得更快，同时也下降得更快。

可以看到，从 2007～2018 年，房地产价格增长速度一直是下降的，故如果我国商品房平均销售价格还以较高的速率增长，则存在较为明显的价格泡沫，并在 2018～2028 年面临泡沫破灭的危机。但是 2018～2027 年人口对房屋的刚性需求仍在上升阶段，能够继续支撑我国房地产市场的发展及较高的价格水平。但是到了 2028 年左右，开始出现供过于求，商品房泡沫将可能得到挤压，加上人口红利的消失，经济增长可能下滑，从而出现拐点，使国民的不动产财富面临缩水的风险。

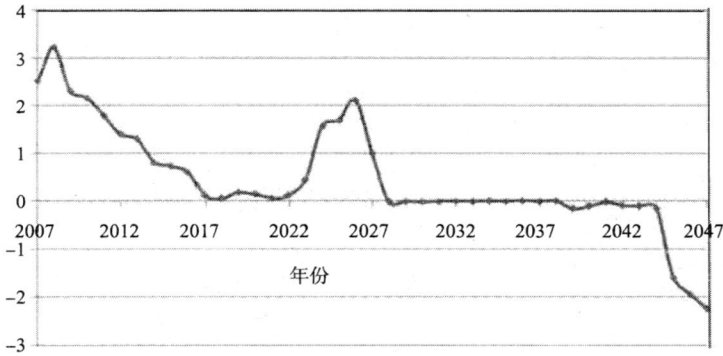

图3-9 商品房平均销售价格的变化趋势

由表 3-20 我们同样可以看到，我国中年人口占总人口比重的增长率自 2010 年以后基本为负值，城市化率增长率也逐年下降。在人口年龄结构老龄化以及城市化进程趋于稳定的背景下，居民住宅需求因子日益下降，并于 2028 年左右开始变为负值。这也就意味着住房需求可能出现反转，再次验证了房价拐点的出现是必然趋势。这也就意味着房产价值在 20 年后可能缩水，而房产价值是居民财富的最主要组成部分，房产价值的下跌直接影响居民的财富总额和生活水平，并对老年阶段的养老能力造成很大影响。

表3-20 中年人口比重、城市化率及住房需求因子 单位：%

年份	中年人口所占百分比	中年人口所占百分比增长率	城市化率	城市化率的增长率	需求因子
1991	66.3	——	26.37041	——	——
1992	66.32	0.030166	27.628	4.768944	4.409183
1993	66.7	0.572979	28.14027	1.85417	2.427011
1994	66.63	− 0.10495	28.61994	1.704568	1.429016
1995	67.2	0.855471	29.04038	1.469046	2.432761
1996	67.19	− 0.01488	29.37355	1.147265	1.032604
1997	68.41	1.815746	31.91	8.63515	10.22013
1998	68.93	0.760123	33.35	4.512692	5.101272
1999	69.26382602	0.484297	34.78	4.287856	4.54494

续表

年份	中年人口所占百分比	中年人口所占百分比增长率	城市化率	城市化率的增长率	需求因子
2000	70.1	1.20723	36.21655	4.130391	5.318652
2001	69.64956221	− 0.64256	37.65974	3.984891	2.836294
2002	70.55127642	1.294644	39.08978	3.797265	5.124336
2003	71.15505142	0.855796	40.53023	3.684979	4.464141
2004	72.13488526	1.37704	41.76001	3.034229	4.529624
2005	72	− 0.18699	42.99	2:945378	2.462071
2006	72.3	0.416667	43.90025	2.117353	2.469729
2007	72.5	0.276625	44.94017	2.368825	2.522375
2008	72.97225604	0.651388	46.11517	2.614587	3.223524
2009	72.98443453	0.016689	47.26517	2.493756	2.306793
2010	72.97533569	− 0.01247	48.39017	2.380188	2.16568
2011	72.8093651	− 0.22743	49.49017	2.273189	1.794632
2012	72.46981194	− 0.46636	50.56517	2.172149	1.398621
2013	72.12325988	− 0.4782	51.61517	2.076528	1.295943
2014	71.54913192	− 0.79604	52.64017	1.98585	0.809224
2015	70.97893254	− 0.79693	53.64017	1.89969	0.729117
2016	70.38726537	− 0.83358	54.61517	1.817668	0.607404
2017	69.56356441	− 1.17024	55.56517	1.739443	0.108194
2018	68.75495036	− 1.16241	56.49017	1.664712	0.049645
2019	68.06297487	− 1.00644	57.39017	1.593198	0.182165
2020	67.38977114	− 0.98909	58.26517	1.524651	0.14137
2021	66.71206921	− 1.00565	59.11517	1.458848	0.060036
2022	66.10619198	− 0.9082	59.94017	1.395581	0.125796
2023	65.70460895	− 0.60748	60.74017	1.334664	0.451835
2024	65.91173177	0.315233	61.51517	1.275927	1.56973
2025	66.21034255	0.453046	62.26517	1.219211	1.692754
2026	66.75631348	0.824601	62.99017	1.164375	2.114321
2027	66.74585743	− 0.01566	63.69017	1.111285	0.998635
2028	66.23181863	− 0.77014	64.35684	1.046734	− 0.01862
2029	65.7581459	− 0.71517	64.99017	0.984096	− 0.00623
2030	65.31276702	− 0.6773	65.59017	0.923217	− 0.01393
2031	64.90184155	− 0.62917	66.15684	0.863951	− 0.00712
2032	64.51881394	− 0.59016	66.69017	0.806165	− 0.01055
2033	64.16651874	− 0.54603	67.19017	0.749736	− 0.00624
2034	63.84448187	− 0.50188	67.65684	0.694546	− 0.00075

续表

年份	中年人口所占百分比	中年人口所占百分比增长率	城市化率	城市化率的增长率	需求因子
2035	63.54410047	− 0.47049	68.09017	0.640487	− 0.01044
2036	63.28097119	− 0.41409	68.49017	0.587456	0.01258
2037	63.0323252	− 0.39292	68.85684	0.535357	− 0.00829
2038	62.81406662	− 0.34626	69.19017	0.484096	0.003977
2039	62.53965304	− 0.43687	69.49017	0.433588	− 0.15737
2040	62.3123589	− 0.36344	69.75684	0.383747	− 0.10981
2041	62.15178449	− 0.25769	69.99017	0.334495	− 0.02066
2042	61.97752379	− 0.28038	70.19017	0.285754	− 0.09414
2043	61.82871124	− 0.24011	70.34017	0.213705	− 0.10904
2044	61.66115198	− 0.27101	70.49017	0.213249	− 0.14869
2045	60.79995591	− 1.39666	70.64017	0.212796	− 1.57854
2046	59.77946861	− 1.67843	70.79017	0.212344	− 1.93678
2047	58.63488828	− 1.91467	70.94017	0.211894	− 2.23718

第三节　老年需求分析

人口老龄化给我国社会保障体系带来了极大的挑战，庞大的老年群体的衣食住行、医疗、社会服务等方面需求的压力越来越大，对政府的补贴支出要求也越来越高，财政负担越来越重。据 2007 年《中国统计年鉴统计》，2006 年国家财政对社会保障支出（包括抚恤和社会福利救济费、社会保障补助支出、行政事业单位离退休支出）为 4361.78 亿元，为 2000 年 1517.57 亿元的 2.87 倍。接下来，本节将介绍老年各个方面的需求及其对应的老龄化问题，后面章节将针对这些需求具体分析各方面的老年保障制度——基本养老保险、老人高龄津贴、基本医疗保险、老年医疗救助和长期护理制度，预测我国未来老年人的需求状况、存在问题和财政负担。

一、基本生活需求

老年人的需求包括物质生活、医疗卫生、精神文化生活等方面。这里老年人晚年物质生活是指最基本的生活需求，主要包括老年人的衣、食、住、行。住房需求将在后面提到。

老年人的服装需要简洁宽大、柔软舒适、轻便保暖，穿着起来既方便又安全。饮食方面，从科学角度看，老年人机体组织中蛋白质的利用率比较低，当膳食中蛋白质不足时，老年人易出现负氮平衡、消化能力降低、抗疾病能力下降等。但老年人的蛋白质摄入量也不应过多，以免加重老年人肝脏、肾脏的负荷。因此，应当注意及时补充一定量的优质蛋白，如乳、蛋、鱼以及豆制品等。并且，老年人基础代谢降低，活动量小，消耗的热量相应减少，膳食中应当控制脂肪和糖的摄入量以防止高血压、动脉硬化、脂肪肝和糖尿病。老年人缺钙会导致牙齿松动、骨质疏松，近期医学研究证实老年人缺钙与高血压有关。富含钙的食物应用将越来越广泛，如钙奶、骨酱、骨髓及骨细胞营养制品、醋蛋食品和海洋生物制品（中国食品科技网）。老年人对普通生活用品的需求也有自己的特点，这些用品都应当体现方便化、保健化和舒适化的特征。

老年人基本生活费用主要来源于子女提供的赡养费和离、退休金，随着家庭养老功能的弱化，越来越多的老年人将通过社会养老保险制度来保障基本生活。我国的社会养老保险体系主要由城镇企业职工、机关事业单位、城镇居民以及农村社会养老保险组成。当前，新型农村社会养老保险在全国各地进行试点中，城镇居民养老保险虽然至今仍未出台全国统一的方案，但必会在近几年内实行。由于经济发展水平不平衡，城乡之间、地区之间在生产、生活和社会福利制度之间的差异，仍有一部分老年人未能享受到养老保障，基本生活需求得不到满足。

一方面，养老保障覆盖范围窄。我国养老保障制度已经实施了20年，但目前绝大多数老年人仍在养老保障制度之外。真正纳入三类养老保障（城镇职工养老保险、离退休制度、五保供养制度）的老年人只有7100万（2007年年底），占老年人总数的46%，其余54%的老年人没有被纳入三类养老社会保障范围。不仅现有8000多万老年人游离在三类养老社会保障制度之外，如果不采取相应措施积极应对老龄化，这个数字在未来几十年还会大幅增加。参加城乡四类养老保障（城镇职工养老保险、离退休制度、农村养老保险、五保供养制度）的人口总计约2.74亿（2007年年底），只占到应参保人口的1/3。目前，我国城乡已经有一大批老年人生活极度困难，显得政府力不从心，无能为力。①

另一方面，养老保障机制建设与养老负担的剧增不适应。由于老年人口的迅速增长、老年人寿命延长以及劳动力负担老年人口的比例提高，我国老年养老保障制度将面临着越来越大的支出压力，大量的老年人得不到养老保障，参加社会养老保险的老年人领取养老金也将会出现困难。目前，我国总负担系数已经达到40%，预计到2020年将超过50%，由人口红利期进入人口亏损期。

---

① 全国老龄办.李伟.我国人口老龄化背景下的八大老龄问题初探. 老龄研究专题，2009年6月5日。

在职职工与离退休人员供养比 1980 年为 13：1，1990 年为 10：1，2003 年为 3：1，①据我们测算，2030 年降为 2：1，2050 为 1.3：1。各地区普遍存在养老金严重不足并呈逐年扩大趋势的问题，未来养老保险基金也面临巨大的支出压力，难以切实保障老龄群体的基本生活需要。本书第四章将具体研究现行社会基本养老保险基金的未来收支状况、债务大小，以及老人高龄津贴制度和成本，从而可以及早认识到保险体系中的问题，寻找应对措施和解决方法。

二、医疗和护理服务需求

医疗服务需求可谓是老年人的第一需求，医疗费用支出是老年人支出的一个重要的方面。随着中国经济的飞速发展和人民生活水平的普遍提高，中国人口的平均寿命已经从 1950 年的 43.6 岁延长到 2005 年的 72 岁，随着能够存活的老年人越来越多，他们对医疗的需求也应该得到越老越多的关注。

老年人普遍的症状是视力、听力的下降，骨质疏松等情况，这些症状极易使老人年受到伤害。据统计，在 80 岁以上的高龄老人中，有 1/3 的女性和 1/6 的男性有胯骨摔伤的经历，其中 40% 的摔倒老人没有外界帮助是无法自己站起来的。此外，85 岁以上的老人发生致命事故的情况是 65～74 岁老人的 4 倍。除了容易摔伤造成残疾外，许多老年人都是关节炎、高血压、中风后遗症等慢性病患者。表 3 - 21 描述了慢性病在老年人群中不同年龄组之间的分布。60 岁以上老人中 3/4 的人患有慢性病，80 岁以上年龄组中患慢性病者所占比重比 80 岁以下年龄组患慢性病者所占比重高出 10 个百分点。慢性病的后果极易导致老年人的失能、无法独立生活，且随着年龄的增高，老年人的日常生活能力呈下降趋势，需要人在身边提供基本的日常生活照料，甚至还需要人长期提供不同程度的护理和康复服务。②

表 3 - 21 慢性病在不同年龄组的分布　　　　　　　单位：%

	60～69 岁	70～79 岁	80 岁+	合计
无	24.81	24.23	14.00	23.59
有	75.19	75.77	86.00	76.41

资料来源：中国老龄科研中心：2006 年中国城乡老年人口状况追踪调查数据。

---

① 阎青春. 我国人口老龄化的状况及老年人社会福利政策. 公益时报，2009 年 12 月 10 日.
② 裴晓梅（清华大学老年学研究中心）. 构建需求导向型老年人城市生活社区. 上海城市管理职业技术学院学报，2009.

表 3-22 分年龄组的日常生活能力（ADL）状况   单位：%

		60~69 岁	70~79 岁	80 岁+	合计
ADL	好	97.17	89.94	74.79	92.76
	中	1.13	4.14	11.70	3.09
	差	1.70	5.92	13.51	4.15

注：日常生活能力（Activity of daily life，ADL）是用于测量老人日常生活能力的一个综合指标，在评定老年人健康状况方面已经得到公认。ADL 量表包括吃饭、穿衣、上厕所、上下床、扫地、日常购物、做饭、洗衣、提起 20 斤重物、管理财务、步行 3~4 里、洗澡、在室内走动、上下楼梯、使用电话、乘坐公交车等选项。以无需帮忙完成得 2 分，部分需帮忙得 1 分，完全靠别人得 0 分为标准进行评分。20 分以上为好，20~13 分为中，13 分以下为差。

资料来源：中国老龄科研中心：2006 年中国城乡老年人口状况追踪调查数据。

老年人处在衰老期，抗病力差，一旦发现疾病，就应果断采取治疗措施，及时给予彻底治疗。除此之外，老年人还应当落实防病措施。我国古人提出"治未病"，这是保健的上策。"治未病"属于预防工作。老年人还要特别重视"亚健康"，亚健康是指人处于健康与不健康的中间状态，虽无器质性病变，但有功能性改变。亚健康人群如果不注意保健，就有可能发展转化为疾病。因而，老年人平时对自己的身体状况要注意掌握，发现异常要及时向医生咨询、采取防范措施。不管是否有发生自我感觉的异常信息，都要定期到医院体检。随着年龄的不断增长，治疗费用也会越来越高。据我国的卫生服务调查显示，老年人的治疗费用大大超过年轻人，具体情况如表 3-23 所示。

表 3-23 分年龄组医疗费用   单位：元

年龄组	门诊医药费用	住院费用	两周内药店购药费用
0-	30.1	737	18.93
5-	35.3	1184	19.15
10-	59.0	1493	20.29
20-	66.6	1645	21.83
30-	62.3	2348	28.74
40-	64.8	2834	34.66
50-	79.0	3236	37.87
≥60	93.3	3733	43.83
算数平均数	63.1	2384	31.00

资料来源：1998 年卫生服务调查。

研究发现，患者住院时的年龄和患者住院的医疗费用比是逐渐缩小的，这就体现了治疗费用随年龄的增长而膨胀。加之，由于生活水平的提高、死亡率的降低和生育率的下降、人均寿命的延长促进了人口的老龄化。老年人口健康水平下降的突出表现是慢性病发病率和失能率增高，因此增加了对医疗卫生服务的需求，从而导致人均治疗费用的增加。

对于多数老年人医疗方面的养老需求，主要可以通过现行医保体系中的职工基本医疗保险、城镇居民基本医疗保险和农村合作医疗保险来满足。我国医疗保险制度已有 10 年，但目前绝大多数老年人的医疗问题日益突出。在城镇，真正纳入两类医疗保障（城镇职工基本医疗保险、城镇居民基本医疗保险）的老年人为 4152 万（2006 年年底），占城镇老年人口（6800 万）的 66%，其余 34% 的老年人没有被纳入医疗保障的范围。而且，根据现在参加医疗保险的情况，无经济来源导致没有能力参加养老保险的老年人越来越多。相应地，今后没有医疗保障的老年人将会持续增加。在农村，我国有 7.3 亿农民参加了新型农村合作医疗制度，加上 3000 万人参加了农民工医疗保险，农村约 7.6 亿人口（2007 年年底）被纳入医疗保险。农村参加医疗保险人数多，但保障水平非常低，老年人不敢看病和看不起病的问题非常突出，老年人的医疗问题实际上没有得到真正保障。因为高额的医疗费和低额的报销比例以及医疗机构的限制，常常把 90% 以上的农村老年人（尤其在欠发达地区和贫困地区）拒于医院的门外。所以对老年人来说，新型农村合作医疗制度事实上成为老年人只交钱不看病的负担或"经济剥夺"。医疗保障制度是应对人口老龄化挑战的重要制度安排，但从目前我国城乡医疗保障制度的进展情况看，我国绝大多数老年人不能享有社会医疗保险，看病和住院费用主要是由老年人自己、子女或其他亲属负担。我国这种社会医疗保障水平与老年人需求之间存在的巨大差距直接导致老年人贫困现象加剧和健康受损害。[1]

目前实行的城镇职工医疗和贫民医疗体系所覆盖的多是具有一定疾病经济承担能力的人群，大多数贫困人群并没有能力进入制度范围，不管是出于提高社会医疗保障水平的目的，还是出于提高基本医疗保险的覆盖面的考虑，都应对贫困居民提供基本医疗救助，资助无力进入基本医疗保险体系的贫困居民参加居民基本医疗保险或新型农村合作医疗。而一些贫困居民即使能够被基本医保制度覆盖，也没有经济能力支付除了医保承担部分之外的自付部分。这就需要我国尽快建立起自己的医疗救助体系，帮助低收入的老年人解决看病难的问题。资助有参保愿望而无参保能力的贫困居民进入城镇居民基本医疗保险和新型农村合作医疗，一方面扩大城镇居民基本医疗保险和新型农村合作医疗的参保人群；另一方面有助于提高贫困人口医疗卫生服务的公平性和可及性，也提高了基本人权的保障，促进了社会公平和社会稳定，从而解决了低收入老年人医疗方面的需求。

---

① 李伟.我国人口老龄化背景下的八大老龄问题初探. 老龄研究专题，2009 年 6 月 5 日.

同样，人口老龄化日益严峻以及医疗费用上涨使得医疗保障体系面临巨大的支出压力，可能导致医疗保险基金的收支缺口。2004年我国基本医疗保险基金支出达862亿元，占基金收入的75.5%，比2003年增长31.6%，增长速度比基金收入增长快3.5个百分点，[①]而基金支出大部分集中在发病率高的老年群体中。老年人巨大医疗费的支出加剧了卫生资源消耗的矛盾，巨大的医疗需求将给国家、社会和家庭带来沉重的负担。本书第五章将具体分析老年人医疗服务方面的需求，测算当前体系下的医疗保险体系的基金运行状况以及老年人的医疗救助和长期护理需求。

三、住房需求

"居者有其屋"是每个公民应有的权利。安居乐业也是中国人自古以来最朴素的生活理想。只有"安居"，才能"乐业"。虽然改革开放30以来我国经济持续、快速、健康发展，不仅充分地满足了公民生活最基本的温饱问题，也极大地提高了社会物质文化生活水平，居民住房的条件也有很大的改善，现在城乡居民住房面积人均超过20平方米。但是随着人们的需求层次和生活追求的显著提高，住房问题还是凸显出来，中低收入家庭的居住困难问题比较突出。随着我国住房制度改革的不断深化及住房市场化进程的不断加快，通过市场机制无力解决的住房保障问题也日益突出。特别是近年来房价的飞涨，使得许多人没有能力拥有自己的住房。由于住房价格的高低不是一个绝对的概念，通常是相对居民的收入水平和消费能力而言的。因而对我国当前的房价是否过高的判断可以通过房价收入比来衡量。

所谓房价收入比，是指住房价格与居民家庭年收入之比，它是反映家庭对房价承受能力的相对指标。国际上通用的房价收入比的计算方式，是以住宅套价的中值，除以家庭年收入的中值，即中等收入家庭住房价格除以中等收入家庭年收入。家庭年收入是指全部家庭成员的年度税前收入，通常包括夫妇二人。在发达国家，统计家庭年收入只要看纳税记录就很清楚，但在中国情况要复杂得多。根据联合国人居中心对96个国家和地区进行的统计调查显示，房价收入比的分布区间从0.8～30，平均值为8.4，中位数为6.4。美国的房价收入比是5倍，英国的房价收入比是4倍。大多数国家的房价收入比为3～6倍。也就是说，中等收入家庭需要使用相当于3～6年的全部收入才能购买一套住房。如考虑住房贷款因素，住房消费占居民收入的比重应低于30%。[②]据上海易居房地产研究

---

① 数据引用于：全国老龄工作委员会办公室. 中国人口老龄化发展趋势预测研究报告. 中国社会报，2006年2月27日第6版。

② 叶剑平，谢经荣. 房地产业与社会经济协调发展研究. 北京：中国人民大学出版社，2005.

院发展研究所副所长杨红旭的介绍，当前国内一线城市的房地产市场已经明显出现泡沫，尤其是 2007 年房价涨幅较大，导致北京、深圳、广州的房价收入比已超过 13，上海也超过 11。而据北京市华远地产股份有限公司董事长、华远集团总裁任志强介绍，2009 年 7 月，房价收入比更是达到 27 倍之多，不少楼盘正在向 5 万元/平方米的天价迈进。这些数据充分说明了当前我国房价已经远远超过了正常水平。

同时，我国不同收入家庭的住房支付能力社会差距很大。这种差距主要通过住房单价月收入比来衡量。住房单价月收入比等于单位面积住宅平均销售价格与每户家庭月收入的比值。当住房单价月收入比等于 1 或小于 1 时，则表示这个家庭一个月的收入等于或高于当时当地一平方米住房销售价格，可确定为有完全住房支付能力的家庭；当比值为 2 时，则表示家庭两个月的收入相当于当时当地一平方米住房销售价格，则为住房支付能力不足的分界线；当比值大于 2 不等于 2 时，则表示家庭 2 个月以上的收入相当于当时当地一平方米住房销售价格，这样的家庭应判定为无住房支付能力家庭。根据《中国统计年鉴》提供的城镇居民收入分组资料计算出各个收入阶层的住房单价月收入比。

表 3-24　城镇居民各个收入阶层的住房单价月收入比

住房类型	年份	全国	按收入等级分							
			最低收入户		低收入户 10%	中等偏下户 20%	中等收入户 20%	中等偏上户 20%	高收入户 10%	最高收入户 10%
			10%	困难户 5%						
经济适用房	2000	0.73	1.51	1.7	1.16	0.95	0.77	0.65	0.53	0.4
	2001	0.69	1.5	1.67	1.13	0.92	0.75	0.61	0.5	0.37
	2002	0.62	1.78	2.14	1.2	0.92	0.72	0.56	0.44	0.28
	2003	0.61	1.76	2.1	1.2	0.93	0.7	0.55	0.43	0.26
	2004	0.59	1.72	2.05	1.17	0.89	0.68	0.53	0.4	0.24
	2005	0.59	1.76	2.15	1.19	0.89	0.68	0.52	0.4	0.24
	2006	0.55	1.62	1.99	1.09	0.83	0.64	0.49	0.37	0.23
	2007	0.49	1.39	1.7	0.94	0.72	0.56	0.43	0.33	0.2
通住房	2000	1.18	2.45	2.76	1.88	1.53	1.26	1.05	0.86	0.66
	2001	1.13	2.43	2.71	1.84	1.49	1.21	0.99	0.82	0.6

住房类型	年份	全国	按收入等级分							
			最低收入户		低收入户 10%	中等偏下户 20%	中等偏下收入户 20%	中等偏上户 20%	高收入户 10%	最高收入户 10%
			10%	困难户 5%						
	2002	1.01	2.9	3.48	1.96	1.51	1.17	0.91	0.72	0.46
	2003	0.97	2.81	3.34	1.91	1.48	1.12	0.88	0.68	0.42
	2004	1.04	3.02	3.61	2.06	1.57	1.2	0.93	0.71	0.43
	2005	1.05	3.12	3.81	2.1	1.58	1.21	0.93	0.7	0.43
	2006	1	2.92	3.59	1.97	1.49	1.16	0.88	0.67	0.41
	2007	1	2.88	3.54	1.95	1.5	1.17	0.9	0.69	0.42

资料来源：黄顺英. 我国居民住房问题与住房金融对策探讨.

从表 3-24 中我们可以看出，在我国仍有 10%～20% 的低收入群体购买经济适用房的能力不足，40%～60% 的中低收入群体对普通住房的支付能力不足。

老年人从进入老龄到死亡大概经过四个阶段：自主期、部分生活不能自理、生活完全不能自理、终末期。因而老年人的居住模式应该考虑其身体状况。根据人类老化过程各个阶段所需要社会支援程度的差异，1986 年国际慈善机构（HTA）制定了老年住宅的划分标准，把老年住宅分为七类，具体如表 3-25 所示。

表 3-25 HTA 老年住宅分类法

HAT 分类	老年住户所需提供服务程度
1	非老年专用或用做富有活力的退休老人居住的住宅，他们有生活自理能力，因而可独立生活在寓所中
2	可供富有活力，生活基本自理，仅需要某种程度监护和少许帮助的健康老人居住的住宅
3	专为健康而富有活力的老人建造的住宅，附有帮助老人基本独立生活的设施，提供全天监护和最低限度的服务和公共设施
4	专为体力衰弱而智力健全的老人建造的住所，入住者不需要医院护理，但可能偶然需要个人生活的帮助和照料，提供监护和膳食供应
5	专为体力尚健而智力衰退的老人所建的住所，入住者可能需要某些个人生活的监护和照顾。公用设施同四类，但可按需另增护理人员
6	专为体力和智力都衰退，并需要个人监护的老人所设，入住者中很多人生活不能自理，因而住所不可能是独立的，可为住者提供进餐、助浴、清洁和穿衣等服务
7	入住者除同第六类外，还有患病、受伤的，临时或永久的病人，这类建筑中所提供医疗和护理的应该是注册医护机构，住房几乎全部为单床间

资料来源：刘美霞，娄乃琳，李俊峰. 老年住宅开发和经营模式. 中国建筑工业出版社, 2008.

当前中国相当一部分中低收入的群体年老之后没有自己的房产，更不可能去考虑这些专业化的老年住宅，他们需要通过租房来度过晚年。然而他们中的一部分低收入者由于年轻时没有足够的资本积累，从而无力承担年老时的租房费用，这就需要国家对这一部分老年人进行住房费用的补贴，从而形成了低收入者关于住房的养老需求。

对于低收入者关于住房的需求，我们可以通过借鉴外国的经验来解决。在荷兰，低收入者都可享受住房补贴，他们的住房补贴是根据政府确定的收入标准，符合低收入的个人都可以享受住房补贴，这是一种直接的补贴，居民可以以自己的住房意愿支配补贴。英国和俄罗斯两国在住房公有化到私有化的过程中也把精力主要放到了对低收入者的住房保障上。两国制定了较为完整的住房保障法律体系，对居民拥有适当住房的权利加以规定和保护，并相应规定了住房保障的对象、标准和水平，以及对骗取住房保障行为的惩罚制度等。[1]

我国的住房保障制度经过十多年的发展，管理方法、手段和政策体系均不断地完善和健全，实施后已取得了良好的效果。到 2008 年年底，全国累计廉租住房保障户数已达 350 万户左右，对低保家庭群体中的住房困难户做到了应保尽保。根据《2009～2011 年廉租住房保障规划》目标要求，2009～2011 年的三年内，基本解决 747 万户现有城市低收入住房困难家庭的住房问题。我们还应当将住房保障纳入社会保障体系。从社会安定的角度看，住房保障是避免贫富差距过大、保证社会公平的重要措施，对维护社会稳定有着重要意义。只有将住房保障真正纳入社会保障体系当中，结合我国国情建立住房保障的长效机制，才会更好地解决住房需求的问题。

国外在解决老年人住房需求方面的一些举措，也很值得我们借鉴。

（一）加强法律法规的保障

市场经济是法制经济，政府对经济的调节要以法律法规为依据。为促进老年人住宅的发展，就需要相应的法律进行保障。美国、日本、韩国等都有促进老年人住宅发展的法律，通过颁布专门的法律法规对老年住宅的规划、设计、建造等予以法律的约束，使老年人的居住权益得到更好的保障。

（二）鼓励老少同住

子女成人后，往往与父母分开居住，从而造成老年人缺乏照顾。老少同住的模式可使老年人得到照应同时又保持各自独立的空间。如加拿大采取"住房

---

① 占世良，曾龙. 解决城镇居民住房问题的几点启示. 中华建设.

分享"计划,将年轻房客与老年房东进行配对,年轻人为老年房东提供某些简单的照顾服务,得以较为低廉的价格租住房屋;日本采取"两代居"的模式,"两代居"通常分2~3层,老年人住底层。两代人共用门厅,但各自都有厨卫浴。其中老年人的居室除作地面防滑处理外,还在易跌倒的地方设置扶手。老年人的居室、厨房、卫生间、浴室等处都安装了求救按钮,与年轻人的居室相通,一有问题,年轻人可以迅速救援。还有一些政府对愿意与年迈父母共同居住的人提供住房贷款,或者实行税收减免或者延长贷款偿还期限等优惠措施,以此鼓励老少共住,避免老人孤独地生活等。[①]

结合我国的实际情况,我们也应当加快制定和颁布关于老年人住房需求的法律法规,保障老年人的住房需求。政府也应该发挥其政策导向的作用,鼓励企业建立老年公寓。同时,我们可以在现有的住房保障形式如廉租住房、经济适用住房轮候制度中加入老年人优先的具体规定,使老年人可以优先获得实物配租的房源,或优先获得适宜的经济适用住房。这种办法有很强的现实意义。考虑到未来房产价值缩水,老年住房需求相对而言问题不大,后面章节不做具体分析。

四、精神文化生活需求

经济、健康、精神文化是影响老年人生活质量的三大主要因素。随着年龄增长,老年人心理逐渐发生老化,常被失落、孤独、焦虑等情绪所笼罩。长期的精神文化需求无法满足可严重影响老年人的生活品质,从而导致老年人的身体免疫功能下降,为疾病敞开了大门。研究表明,容易焦虑的老人衰老过程会加快,并助长高血压、冠心病的发生。如何去满足老年人的精神文化需求已经成为全社会关注并极力解决的问题。

在我国,老年人的精神贫困现象普遍。对于物质生活有保障的老年人来说,精神贫困十分可怕。这主要是因为我国的敬老文化尚不浓厚。从社会文明层面来看,没有广泛的敬老文化,老年人的问题仍然难以解决。与现实相对应的是,随着我国经济转轨和社会转型,歧视、排斥甚至遗弃和伤害老年人的现象越来越突出,这些案件的发生率也越来越高,由此导致老年人的精神贫困问题也越来越突出。从家庭文明层面来看,如果没有良好的敬老文化,老年人的境遇是可想而知的。在当今市场经济的条件下,有很多老年人因精神贫困而致生命质量严重下降,这应该引起全社会的关注。[②]

---

① 孟星. 老年人口住房保障问题思考. 上海房地产网.
② 李伟. 我国人口老龄化背景下的八大老龄问题初探. 老龄研究专题,2009 年 6 月 5 日.

不仅如此，由于我国市场经济体制不完善、社会伦理道德下降等原因，广大老年人的尊严常常得不到保护，一些地方政府、社会乃至家庭对老年人漠不关心，老年人的优待不能兑现，常常成为被社会遗忘的边缘群体严重损伤了老年人的尊严，而尊严是人的基本权益。不管哪个阶层的老年人，生活质量都是相对的。从幸福的角度看，富裕阶层的老年人不一定就比小康阶层的老年人幸福。事实上，任何阶层的老人都有苦恼、困难等不幸福的因素和问题，相应地都需要政府和社会保护他们的尊严。不管哪个阶层的老年人，到了高龄以后，都成为绝对的社会弱势群体，都需要政府和社会的特别关爱。

第四章 现行社会养老保障体系的债务分析

社会养老保险体系是社会保障制度中最重要的组成部分，是国家和社会根据一定的法律和法规，为解决劳动者在达到国家规定的解除劳动义务的劳动年龄界限，或因年老丧失劳动能力退出劳动岗位后的基本生活而建立的一种社会保险制度。我国从 20 世纪 50 年代就开始了养老保险事业，伴随着经济结构转型和经济体制改革的深入，社会养老保险制度正在逐步改革和完善。社会基本养老保险在保障人们生活、促进经济发展和维护社会安定方面起到了不容忽视的作用，然而，日趋严峻的人口老龄化使得养老保险的支出日益显著加大，基金的安全和收支平衡受到严峻挑战，政府需要对养老保险体系的收支赤字负"兜底"责任。另外，由于家庭养老的弱化以及老年人经济贫困，政府还需完善困难老人、高龄老人津贴制度，以保障老年人的基本生活需求。

本章基于现行养老保险体系的实践，结合中国的国情，探讨人口老龄化背景下养老保险基金所面临的风险与难题。首先介绍隐性债务和基金收支的概念、含义、产生的根源以及研究意义；其次介绍测算隐性债务和基金收支缺口的精算模型及其假设；再次分企业职工、机关事业单位、城镇居民、农村居民养老保险制度测算它们的隐性债务及基金收支缺口；最后综合老人高龄津贴考察养老保障体系的公共财政负担。

第一节 基本养老保险体系的隐性债务和基金收支平衡

经过全方面的改革后，现行的社会基本养老保险制度主要是实行社会统筹和个人账户相结合的机制，每个人的养老金都包括基础养老金和个人账户，个人的缴费都会累积进入个人账户，而社会统筹作为基础养老金，由政府、企业和个人一起承担。本书的目的在于研究政府对老年人养老的财政责任，因此研究对象是社会保险统筹基金部分，对个人账户不予考虑。养老保险系统存在资金流入和资金流出，对于单个参保人来说，年轻时期缴纳保费，而到年老时从系统中领取养老金。与保险公司建立的养老保险项目一样，社会养老保险参保人的缴费是将来必须兑现的"债务"，需要在较长时间内保证养老金的给付能力和连续性。虽然有国家财政的支持，暂时可以维持基金的持续性，但从长期来看，如果基金长期收不抵支、无法承担起社会保障的责任，这样的保障体系只会损坏参保者的利益，加重国家财政负担，也就没有了存在的必要。因此，必须研究养老保险体系基金的长期收支状况，并探讨导致基金收支失衡的重要来源——隐性债务。

一、隐性债务

养老保险基金的筹集方式可以分为基金制和现收现付制两类。现收现付制是下一代为上一代缴费，根据当期支出需要组织收入，本期征收，本期使用；基金制是由个人在其年轻时按一定比例自我积累形成的、以个人账户形式保有的养老基金，用以保障其自身年老时的基本经济生活的安全。

养老保险的隐性债务源于现收现付制。在现收现付制下，当期退休人员领取的养老金来自于同期参保劳动人员的缴费。这些参保劳动人员在缴费的同时，也为自己积累着未来退休后领取养老金的权利。一般情况下，随着参保人缴费记录的增加，他们所积累的养老金权益也在逐渐增加。这部分养老金权益就是养老保险制度对他们的负债，由于不存在任何可见的借贷行为，而仅由国家的规定和强制力来保证实行，故称为隐性债务。本书所测算的隐性债务是指在测算时点社会养老保障系统中所有参保人的隐性债务之和。对测算点隐性债务的测算反映了对这一代人系统所需承担的未来的债务，即社会养老保障体系未来应向所有参保人支付的权益。

关于我国职工社会养老保险体系的隐性债务，很多专家和机构都做过相关的测算工作。

1996 年，世界银行在派专家亲赴中国对养老保险制度改革进行调研的基础上，提出了一个题为《中国：养老金制度改革》的研究报告，对中国体制转轨时旧体制遗留下的养老保险隐性债务进行了大致估算。该报告首先按照养老金隐性债务应在养老金支付额的 20~30 倍范围内的国际经验，由中国 1994 年养老金支付额大约占当年 GDP 的 2.3% 推断出，1994 年中国隐性养老金债务应占当年 GDP（43798.8 亿元）的 46%~69%，即 20147 亿~30221 亿元。

房海燕（1998）利用给付配置精算成本法，也对我国隐性债务的规模进行了估算，得到结论：1997 年所有"老人"每人约 4347 元养老金的全部精算债务现值为 12345 亿元；1997 年所有 11496 万"中人"的精算债务现值为 6094

亿元。将已离退休者的精算债务现值 12345 亿元与"中人"的精算债务现值 6094 亿元合计，得到基本养老保险总的精算债务为 18439 亿元。同期，全国企业职工养老保险基金滚存结余为 441.2 亿元（1995 年年底），两者相互抵减，便测算出了 1997 年我国隐性公共养老金债务规模为 17998 亿元。

王晓军（2000）对我国城镇职工养老保险制度转轨的债务水平和未来 50 年养老保险债务的积累状况进行了预测估计。在估计利率为 4%、退休给付以工资增长率的 50% 调整的假设下，总债务为 36697 亿元，约占 1996 年 GDP（67559.7 亿元）的 54%。如果考虑 1996 年年末全国基本养老保险基金滚存结余 579 亿元，则在上述条件下净债务额为 36118 亿元，约占 GDP 的 53%。王晓军引入商业寿险精算模型，用简单计算方法测算我国养老保险隐性债务规模，这对于深入研究我国养老保险隐性债务规模具有重要的参考价值，不足之处在于计算"老人"和"中人"的人数时忽略了分年龄和分性别因素对养老金债务规模的影响，未从我国实际考虑"老人"养老金替代率的变化。

宋世斌和申曙光（2007）在《社会保险精算》一书中也对我国职工养老保险体系的隐性债务进行了测算。

而最具代表性的测算是 2000 年《中国养老保险隐性债务研究》课题组对中国养老金隐性债务的精算测算。该课题组对人口和就业的总量、结构以及经济发展速度、工资增长幅度、养老保险覆盖面、企业缴费率、养老金替代率、退休年龄、养老保险基金投资回报率等多维因素进行了充分的假设条件分析。按企业缴费率、退休年龄变动和投资回报率波动的不同组合情况，对隐性债务进行了测算，得到 10 种不同的隐性债务规模。

以上这些测算研究主要是针对养老保险制度改革前的，是对旧制度下隐性债务的测算，而现在制度在 2007 年又进行了调整，同时，由于体系实行的是市级或省级统筹，全国各统筹区内的收支状况不一，加上个人账户在全国大部分地区还是空账运行，并没有全面做实，加之以前测算的精算假设与实际的发展情况有较大差异，我们有必要对新时期的隐性债务重新进行测算，准确地把握我国养老保险体系未来的状况，这也是本章的一个研究目标。

二、基金运行状况评估及基金债务分析

随着人口老龄化的加深，社会养老保险的支出加大，而在职参保人数量增长较少甚至减少，这将对基金的收支平衡产生极大的压力。社会养老保险基金运行状况评估是社会养老保险管理的重要工作，也是深化养老保险制度改革的基础。近年来，关于基金收支平衡问题的研究较多，从建模研究和实证分析角度都取得了很多的结果。周渭兵（2000）对养老保险的精算模型进行了较系统

的阐述，明确了研究基金收支平衡的意义，并提出研究养老保险基金在收入支出之间数量上的平衡关系的中心内容就是研究未来人口状态变动所决定的缴费率、替代率和退休年龄之间的变动关系，因此，必须以我们测算到的未来人口分年龄组数据为基本资料。高建伟（2006）利用生存年金理论得到测算我国基本养老保险基金缺口的精算模型，利用该模型针对我国目前发放养老金的实际运行机制，对影响基本养老保险基金缺口的因素进行风险排序以及敏感性分析，得出影响养老保险基金缺口的主要因素。朱冬梅等（2009）总结全面的收支平衡精算预测模型，涉及人口预测、个人账户预测、基金收入和支出预测、收支缺口预测等，并就制度内影响基金收支平衡的因素做精算分析，提出要实现基金收支平衡，在制度内应进一步扩大养老保险覆盖面、加强征缴工作力度、严格执行法定退休年龄政策、试行弹性退休年龄制度、建立正常退休金增长机制等。与其他学者的研究不同的是，我们在建立基金收支模型的基础上，还将会利用相关统计年鉴及调查数据，并结合经济社会发展情况对基金收支的影响因素设定较为合理的假设，从而预测未来几十年的隐性债务、基金收支状况、基金债务，对我国养老基金的运行有个长期的把握。

　　基金债务是指养老保险体系在有新参保人的条件下形成的开放系统债务，与隐性债务的区别在于，考虑新加入者而不仅仅是当年参保人未来的缴费和养老金收益情况，其金额等于当年参保人口的债务加上新加入者未来所积累的养老金权益的精算现值与未来缴费的精算现值之差。因而养老保险的基金债务既包括了当前人口的债务，也包括未来新增人口的债务。换个角度来看，基金债务就是基金系统实际运行过程中，未来几十年基金收支现金流的精算现值，是每年收支缺口或收支盈余的现值累积。因此，基金债务表现为财政的赤字，是一种显性的债务。如果基金债务过大，这就意味着基金出现严重的收支失衡，体系的可持续性差，未来的缺口将会形成严重的公共债务。如果基金债务很小或者结余，这就说明养老保障体系基金收支平衡，运行情况正常，体系具有较强的可持续性。本书所测算的基金债务是指在测算时点时，未来一段时期内社会养老保障体系中当代参保人和后代参保人的债务之和，用以全面地反映养老保障体系的可持续性。社会养老保障体系的目标在于提供"全民养老"，解决国民的后顾之忧，分享经济发展的成果。我国的社会保险公益性质决定了政府的财政责任，为体系的收支缺口托底，即政府为社会养老保险体系的债务缺口提供财政支持。为掌握体系未来的状况和可能出现的公共债务风险，本章将对我国各个养老保障体系的隐性债务和基金债务进行分析测算。

第二节　精算模型及精算假设

一、精算模型

（一）企业职工养老保险体系的债务模型

养老保险金包括基础养老金和个人账户两部分，个人账户实行个人完全积累，在参保人退保或去世时将个人账户的现金一次性返还，因此本书关注的隐性债务和基金债务只涉及参保人的基础养老金部分。在养老金的精算平衡研究中，一般以一个生命周期为测算期限对 20 岁以上人员进行养老金的缴费和支出及长期的收支平衡进行测算。

根据相关的研究及政策规定，影响养老基金收支的因素主要有以下几个方面：

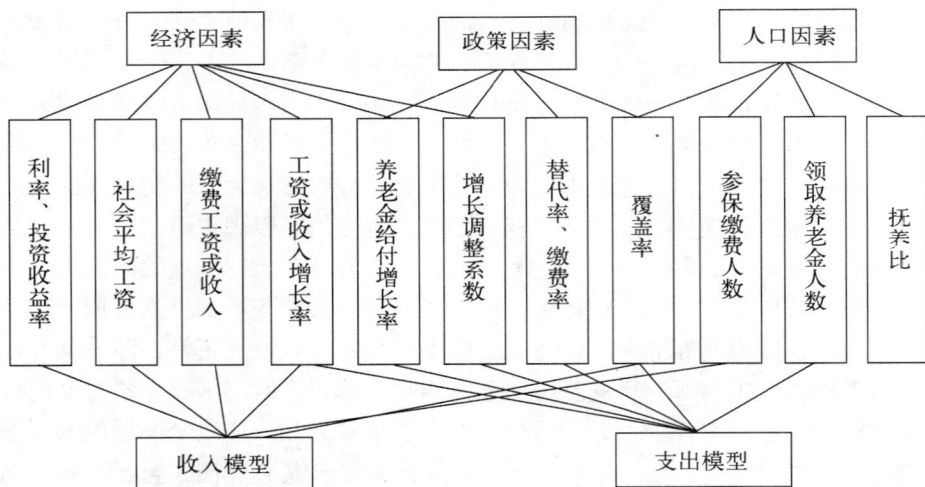

图 4-1　养老金收支模型及影响因素

1. 收入模型

基础养老金的收入主要来源于参保人的缴费，其缴费收入主要由缴费工资、

缴费率和工资增长率决定。假定起始时间为 t_0，t 年 x 岁的参保人缴费工资为 W_x^t，

t 年时养老金缴费率为 θ_t，则 t 年的缴费收入（AI）$_t$ 为：

$$(AI)_t = \sum_{x=20}^{d'} (L_x^t \theta_t W_x^t) \qquad (4-1)$$

其中，20 表示参保缴费的起始年龄，d′ 表示参保缴费的最高年龄；L_x^t 表示 t 年时 x 岁参保缴费的人数。在测算中，先分性别计算出缴费收入再相加。对于 W_x^t 的计算，公式如下：

$$W_x^t = W_x^{t_0} \prod_{j=t_0}^{t-1} (1+K_j) \qquad (4-2)$$

$W_x^{t_0}$ 为基年 x 岁的工资水平，K_j 为 j 年时的工资增长率。

2. 支出模型

对于职工养老保险系统来讲，职工领取的基础养老金是由其参保年限、指数化的缴费工资和社会平均工资来决定，而对体系建立前的退休"老人"和已参加工作的"中人"，还要计发过渡性养老金。因而，每个参保人的基金养老金各不相同。为简化计算，考虑基础养老金和过渡养老金的替代率水平与退休者的退休时间和年龄有关，基本上，早期退休人员的退休金主要是由上述两项构成，没有或很少个人账户养老金，之后退休人员的个人账户养老金逐步增加，基础养老金和过渡性养老金占比逐渐减少,这两部分与社会平均工资的比例（即替代率）逐渐降低。根据这个特点，本章将用替代率水平来估计"老人"和"中人"的平均退休金水平。令社会平均年工资为 W_0^t，退休时的替代率为 μ_t，养老金增长调整系数（即养老金给付增长率与工资或收入增长率的比例）为 R，t 年时养老金给付增长率则为 $E_t = K_t \times R$，那么 t 年时 x 岁的参保人领取的养老金金额 C_x^t 的计算方法如下：

$$C_{d_0}{}^t = W_0{}^t \times \mu_t, \qquad t = t_0, t_0+1, \cdots, t_0+n$$

$$C_x{}^t = W_{x-1}{}^{t-1} \times (1+E_{t-1}), \qquad t = t_0+1, \cdots, t_0+n, \quad x = d_0+1, \cdots, d \qquad (4-3)$$

从而 t 年时的养老金支出则为：

$$(AC)_t = \sum_{x=d_0}^{d} (L_x^t C_x^t) \qquad\qquad (4-4)$$

这里 L_x^t 表示 t 年时 x 岁领取养老金的人数；d_0 表示领取养老金的起始年龄，d 为最大生存年龄。

3. 基金债务与隐性债务模型

（1）基金收支平衡及基金债务。假如养老保险基金收支平衡的目标期限为 n 年，起始时间为 t_0，银行利率为 i，基金的投资收益率为 r，t－1 年时基金收支余额的现值为（PVA）$_{t-1}$，t 年年末基金总收支余额现值为（PVA）$_t$，则有：

$$(PVA)_t = \begin{cases} \left[(AI)_t - (AC)_t + (PVA)_{t-1}(1+i)^{t-1-t_0}(1+r) \right](1+i)^{t_0-t} & if(PVA)_{t-1} \geq 0 \\[2ex] \left[(AI)_t - (AC)_t \right](1+i)^{t_0-t} + (PVA)_{t-1} & if(PVA)_{t-1} < 0 \end{cases}$$

$$(4-5)$$

即：

养老保险基金收支余额 = 当年基金收入 － 当年基金支出 + 上年结余 ×（1＋基金投资收益率）

若在动态人口假设下，（PVA）$_t$ 也就是 t 年时点养老保障体系的基金债务，反映体系的可持续性。当（PVA）$_t$ 大于或等于 0 时，表明体系在 t 年年末处于基金充足或平衡状态；否则，就会出现精算赤字，基金不能满足预测期内的支出。通常长期精算平衡评估每年进行一次，根据养老保障政策的调整及人口、经济发展的最新数据，调整收入与支出模型，做出在最新数据基础上的平衡预测。

（2）隐性债务。隐性债务模型则是在封闭人口的基础上的基金收支模型，不考虑未来新参保人员的养老金缴费和未来养老金收益，只测算基年参保人员的养老金债务规模。对于城镇企业职工养老保险，在制度改革过程中，政府必须兑现 1997 年前参加工作的"中老人"在旧制度下积累的养老金权益，这部分权益并没有缴费收入的累积，只能靠未来"中人"和"新人"统筹基金的缴费予以偿还。因此，隐性债务规模是影响养老金系统收支平衡的一个重要因素。

（二）城镇居民、农村养老保险的债务模型

城镇居民、农民的基础养老金完全由政府财政负担，因此本书在债务测算过程中，主要是测算基础养老金支出所造成的债务，并不涉及养老金的缴费收入。隐性债务或基金债务也就等于每个参保人在测算年限内的养老金支出总和的加总。

1. 隐性债务

单个参保人的隐性债务即等于其一生中领取的基础养老金的总和在测算点的精算现值，而对于养老保险系统来讲，不同参保人年龄不同，领取的基础养老金也不同，由第二章的人口静态模型可测算出在未来每一年分性别年龄的人口分布，故养老保险系统内所有人口的隐性债务之和就等于系统的隐性债务。公式如下：

$$D = \sum_{t=t_0}^{t_0+n} \sum_{x=d_0}^{d} L_x^t C_x^t (1+i)^{t_0-t} \qquad (4-6)$$

其中，t_0 为测算点，n 为整个测算时间段的年限，d_0 为参保人可领取养老金的最低年龄，d 为人最大生存年限，L_x^t 表示在 t 年时 x 岁人口的总数，C_x^t 为 t 年时 x 岁人口所能领取的基础养老金，i 为利率，则 1/（1+i）即为折现因子。

我们由人口静态模型可知 $L_x^t = L_{x-1}^{t-1} \times p_{x-1} = L_{x-1}^{t-1} \times (1-q_{x-1})$，而对于 C_x^t 的计算公式如下：

$$C_x^{t_0} = C_0, x = d_0, \ldots, d$$
$$C_{d_0}^t = C_{d_0}^{t-1} \times (1+K_{t-1}), t = t_0+1, \ldots, t_0+n \qquad (4-7)$$
$$C_x^t = C_{x-1}^{t-1} \times (1+E_{t-1}), t = t_0+1, \ldots, t_0+n, \quad x = d_0+1, \ldots, d$$

其中，C_0 为测算点时的基础养老金，即我们假设在测算基年时不同年龄的基础养老金水平相同，这也是与实际情况相符的。K_t 为 t 年时的收入增长率，E_t 为 t 年时的基础养老金增长率，有 $E_t = K_t \times R$，R 为养老金增长调整指数。由此就可得到不同年份不同年龄的参保人的基础养老金，从而可测算出整个养老保险系统的隐性债务。

2. 基金债务

基金债务与隐性债务的区别就在于它是在开放系统下的债务，此时我们会考虑到有新参保人的加入，由于只测算基础养老金，同理可得测算公式如下：

$$D = \sum_{t=t_0}^{t_0+n} \sum_{x=d_0}^{d} L_x^t C_x^t (1+i)^{t_0-t} \qquad (4-8)$$

其中，C_x^t 的计算同上，而需要注意的是，虽然 n 代表整个测算时间段的年限，L_x^t 表示在 t 年时 x 岁人口的总数，但在两个债务测算公式中它们代表的实际数据是不同的。在隐性债务测算中，n 是指由测算点开始的封闭系统下的所有参保人直至死亡的时间段，L_x^t 也是指这部分人到了 t 年时所存留的人口数；而在基金债务的测算中，n 是我们事先设定好的一个测算时间段，系统是开放的，因此 L_x^t 是包括新参保人加入在内的在 t 年时的人口数。同时，开放系统中还会有人口的迁入和流出，这一部分人也会被包括进来。

（三）机关事业单位养老保险的债务模型

与城镇居民、农村养老保险一样，在现行的机关事业单位退休体系中，退休金由国家财政和单位全额负担，个人无须缴费。其隐性债务和基金债务测算模型也与城镇居民、农村养老保险的类似，只是领取的基础养老金的计算方法不同。机关事业单位工作人员退休后的退休金是按照退休前一年的标准工资乘以替代率水平计发的。机关事业单位一段时期内退休金累计负担或债务可由以下公式表示：

$$
\begin{aligned}
D &= \sum_{t=t_0}^{t'} \Big(\sum_{x=x_0}^{x'} L_x^t \cdot R_x^t \\
&= \sum_{t=t_0}^{t'} \left[\sum_{x=x_0}^{x'} L_x^t \cdot W_{x_0-1}^{t-(x-x_0)-1} \cdot \prod_{m=t-(x-x_0)}^{t} (1+h_m) \right] \\
&= \sum_{t=t_0}^{t'} \left\{ \sum_{x=x_0}^{x'} L_x^t \cdot \left[W_{x_0}^{t_0} \cdot \prod_{n=t_0}^{t-(x-x_0)-1} (1+g_n) \right] \cdot f_{x_0-1}^{t-(x-x_0)-1} \cdot \prod_{m=t-(x-x_0)}^{t} (1+h_m) \right\}
\end{aligned}
\tag{4-9}
$$

其中，t_0 至 t' 为整个测算时段，D 表示机关事业单位退休金在 t_0 时刻的累计负担，x 表示参保人年龄，x_0 为法定退休年龄，x' 为生存年龄极限，L_x^t 表示 t 年 x 岁的人口数，R_x^t 表示 t 年 x 岁者的退休金水平；$W_{x_0-1}^{t-(x-x_0)-1}$ 表示 t 年 x 岁者退休前一年的标准工资水平，$f_{x_0-1}^{t-(x-x_0)-1}$ 表示 t 年 x 岁者退休前一年的替代率水平，g 表示工资增长率，h 表示退休金增长率，我们可以看出

$$
R_t^x = W_{x_0-1}^{t-(x-x_0)-1} \cdot f_{x_0-1}^{t-(x-x_0)-1} \cdot \prod_{m=t-(x-x_0)}^{t} (1+h_m)
$$
表示 t 年 x 岁者的退休金水平；

$$
W_{x_0-1}^{t-(x-x_0)-1} = W_{x_0}^{t_0} \cdot \prod_{n=t_0}^{t-(x-x_0)-1} (1+g_n)
$$
表示 t 年 x 岁者退休前一年的标准工资水平。

故 $D = \sum_{t=t_0}^{t'} \left\{ \sum_{x=x_0}^{x'} L_x^t \cdot \left[W_{x_0}^{t_0} \cdot \prod_{n=t_0}^{t-(x-x_0)-1} (1+g_n) \right] \cdot f_{x_0-1}^{t-(x-x_0)-1} \cdot \prod_{m=t-(x-x_0)}^{t} (1+h_m) \right\}$ 表示机

关事业单位退休金在 t_0 时刻的累计负担。

二、精算假设

为了测算系统未来的养老金债务，运用债务精算模型，由相关资料获得所需数据，同时须对某些条件做出适当的假设，然后才可进行具体数据的测算。下文将对所做的精算假设一一进行阐述，主要分为总体假设和债务测算假设两部分。

（一）总体假设

2009年，新型农村社会养老保险已在全国各地进行试点，且国务院明确指出要在当年内完成10%的覆盖率，城镇居民养老保险虽然至今未出台全国统一的方案，但必会在近几年内快速实行。由全面建设小康社会的目标规划，到2020年全国将实现城镇居民和农村社会养老保险的全面覆盖，建立起完善的城乡养老保险制度，我们则以2010年为测算点。而养老保险的参保对象一般从参加工作开始就缴纳保费，故我们测算的参保人起始年龄设定为参加工作的社会平均年龄，假设测算起始年龄为20岁，延长寿命后人的最大生存年龄为110岁，因此测算隐性债务的时间段必须至少为90年，故我们以90年作为一个测算周期，到2100年为止。

同时为了满足计算可靠性及可行性的要求，我们把全国区域划分为发达地区和非发达地区，这是因为不同地区经济发展水平不一样，各地的基础养老金水平会有所不同，为了测算结果的准确性，需要对其区别对待。其中发达地区主要是经济发达的沿海城市，包括北京、天津、辽宁、上海、江苏、浙江、福建和广东八个地区，中西部等其余地区均划入非发达地区范围。

（二）债务测算假设

1. 覆盖率

由于职工养老保险制度建立较早，相对比较完善，为了测算方便，假设2010年后基础养老保险已经实现城镇职工的全覆盖。

到现在为止，北京、广州、重庆等城市已建立起城镇居民养老保险制度，政府正在积极准备全国城镇居民养老保险制度的建立，相信有关文件会很快出台。故假设城镇居民养老保险制度从2010年开始实行，并保持较快速的增长，到2015年覆盖率达90%，2015~2020年从90%缓慢增长至100%。

对于农村养老保险制度，《指导意见》指出，要在2009年实现农村地区10%的覆盖率，到2020年实现基本的全面覆盖，做到全民养老。故假设如下：2009年覆盖率为10%，逐渐递增，到2015年为90%，再缓慢增长，到2020年实现

100%覆盖。

2. 社会平均工资、缴费工资与缴费率

社会平均工资反映了一定时期职工的收入状况，其高低直接影响职工的缴费水平和养老金的支出水平，是计算养老金收支的依据。查阅劳动统计年鉴及中国区域经济统计年鉴上 2005 年各地区职工工资总额和人口数据，进行加权平均计算出该年发达地区和非发达地区的年工资水平分别为24219元和15301元。

企业职工缴纳保费的缴费工资一般低于社会平均工资。这是由于部分企业为减少成本开支，少报虚报缴费工资基数的现象不可避免。本书经过处理得出2005 年分年龄、性别的缴费工资基数如下：

表 4-1　发达地区和非发达地区城镇职工年平均工资　　　　单位：元

发达地区	男	女	非发达地区	男	女
20~24	19375.21209	13562.64846	20~24	12241.17061	8568.81943
25~29	20194.83114	14136.3818	25~29	12759.00219	8931.30153
30~34	21049.12208	14734.38546	30~34	13298.73931	9309.11752
35~39	21939.55163	15357.68614	35~39	13861.30864	9702.91605
40~44	22867.64854	16007.35398	40~44	14447.67603	10113.3732
45~49	23835.00623	16684.50436	45~49	15058.8482	10541.1937
50~54	24843.28552	17390.29986	50~54	15695.87446	10987.1121
55~59	25894.2175	0	55~59	16359.84849	0

缴费率是影响基金收入的重要因素之一，缴费率越高，基金收入越多。根据国发〔2005〕38 号文，从 2006 年 1 月 1 日起，城镇企业单位缴费比例为工资总额的 20%，缴费不再划入个人账户，全部进入统筹基金账户。城镇个体工商户及灵活就业人员缴费标准为当地上年度在岗职工平均工资的 20%，其中 8%计入个人账户，退休后按企业职工基本养老金计发办法计发基本养老金。实际上，全国很多地方的缴费率远低于规定水平，拖缴欠缴现象屡见不鲜，本书测算中把缴费率设定为 18%。

由于当前机关事业单位、城镇居民和农村居民的基础养老金完全由国家负担，所以不存在缴费和养老基金收入的问题。

3. 养老金给付水平及替代率

企业职工和机关事业单位职工退休当年的养老金给付水平根据替代率来测算。替代率衡量了参保人退休后生活水平的变化情况，通常有两种衡量方法：第一种方法是指参保人退休当年的退休金与退休前一年的收入的比例；第二种方法是指参保人退休当年的退休金与退休时的社会平均工资水平的比例。无论

哪种方法，替代率都很好地反映了退休人员养老金待遇和在职职工工资水平的相对大小关系。替代率水平的设定不能过高也不能过低，过高会给养老基金支付带来较大的压力，同时不利于调动在职职工工作的积极性；过低则无法保障退休人员的基本生活水平。根据现行政策及经济发展水平等情况，本章中对企业职工和机关事业单位养老保险制度的替代率设定如下：退休当年养老金给付水平可根据替代率和退休当年职工社会平均工资或者退休上年的收入水平计算得出，之后随着养老金给付增长率的增长而增长。

（1）企业职工养老保险替代率。这里，企业职工养老保险的替代率衡量方法采用第二种。要使企业职工退休后的生活水平不下降，其养老金替代率以达到80%左右比较合适。改革后的中国基本养老保险的养老金目标替代率为60%（其中基金养老金替代率为35%，个人账户养老金替代率为25%），企业年金的替代率水平应限定为20%以内。

根据我国企业职工养老保险改革的发展趋势，对"老人"、"中人"、"新人"实行不同的养老金给付制度，因而，替代率也有所不同。对于改革前退休的"老人"，国家承诺的基础养老金替代率比较高，本书定为60%左右。"新人"的替代率与缴费年限挂钩，职工的平均工作年限为35年，改革后基础养老金目标替代率大概为35%。但由于部分职工，尤其是个体工商户和灵活就业人员生活水平较低，缴费年限较短，我们在测算过程中，对"新人"设定了一个较低的替代率，为30%。"中人"替代率则是一个逐步递减的过程。另外，对于2005年的替代率水平，通过统计年鉴上退休职工数据可以计算出非发达地区的平均总替代率水平较发达地区高，这是由非发达地区工资水平较低导致的。因此，在测算中，我们假定发达地区的替代率水平在2005～2030年由55%逐步降至30%，2030年后维持不变；非发达地区的替代率则在2005～2030年由60%逐步降至30%，之后保持不变。

（2）机关事业单位养老保险替代率。机关事业单位养老保险的替代率衡量方法则采用上面提到的第一种。替代率水平的设定是根据国务院颁布的《关于安置老弱病残干部的暂行办法》和《关于老干部离职退休养老制度的几项规定》中关于替代率的规定，该规定如下：

国家机关工作人员退休后，其基础工资和工龄工资按本人原标准的全额计发，职务工资和级别工资两项之和按规定比例计发，即工作年限满35年的按88%计发，满30年不满35年的按82%计发，满20年不满30年的按75%计发。

事业单位工作人员退休后，按本人职务工资和津贴之和的一定比例计发，即工作年限满35年的按90%计发，满30年不满35年的按85%计发，满20年不满30年的按80%计发。

对于离休人员，其离休金按退休时工资的 100% 计发。

（3）城镇居民养老金给付水平。由于目前没有全国统一的方案出台，且各地实行标准不一，如广州市居民基础养老金为每月 200 元，北京为每月 280 元，重庆市为每月 80 元。综合现有各地的城镇居民养老保险方案，我们将基础养老金水平定为：2009 年发达地区为 2400 元，非发达地区为 1600 元，之后随着增长率相应增长。

（4）农村养老金给付水平。在 2009 年 8 月份的《指导意见》中，中央确定的基础养老金发放标准为每月 55 元，各地区可根据具体经济情况提高给付标准。由于中西部和东部地区经济发展水平不同，东部地方政府所能投入的财力较大，标准应有所提高。故作出如下假设：2009 年农村发达地区基础养老金标准为 1200 元，非发达地区为 780 元，之后随着增长率相应增长。

另外，由于在实现"全民养老"之后的几十年内，我国社会经济发展成熟，城乡差距变小，实际上城乡二元结构已经逐渐取消，城镇居民与农村养老保险制度会实现并轨。我们假设从 2050 年开始两种制度实行并轨，城镇居民与农村养老保险的基础养老金给付水平相同。但使这两种给付水平趋于一致需要一个缓慢发展的过程，因此在 2010 ~ 2049 年这几十年内，低于城镇水平的农村基础养老金要适当地做行政性的调整，使其与城镇居民的养老金水平差距逐渐减小，到 2050 年时才可能实现并轨。

4. 工资或收入增长率

由经济规律来看，宏观经济的发展将带动工资水平的提高，影响社会平均工资变化的因素主要是 GDP 的增长速度。改革开放以来，我国进入了经济快速发展阶段，在过去的十几年中，我国 GDP 的年增长速度都在 10% 左右。但从长期来看，随着我国经济发展的逐步深入，未来几十年我国 GDP 的增长速度将逐步降低，工资增长的速度也会逐渐下降并趋于稳定。本章在测算过程中对城镇职工和居民未来的工资或收入增长率设定了快、中、慢速增长三种情形。

（1）快速情形：工资或收入增长率在 2005 ~ 2025 年从 10% 逐步递减到 7%，之后保持 7% 不变。

（2）中速情形：工资或收入增长率在 2005 ~ 2025 年从 10% 逐步递减到 6%，之后保持 6% 不变。

（3）慢速情形：工资或收入增长率在 2005 ~ 2025 年从 10% 逐步递减到 5%，之后保持 5% 不变。

由于现阶段农民的收入偏低，城乡存在一定的差距。但随着社会经济发展，不同区域及城乡之间的差距要逐渐缩小，农民和城镇居民收入应保持相同水平，故在未来相当长一段时间内农民的收入增长率要稍快于城镇居民的收入增长率，之后才保持相同速度。因此做出假设如下：2005 年为 10%，逐步递减到 2025 年的 7%（分别假设三种情形：慢速为 7%，中速为 8%，快速为 9%），2025～2050 年逐步从 7% 降为 5%（相应的不同情形分别为 6% 或 7%），之后保持不变。

5. 养老金增长调整系数、养老金给付增长率

养老金给付增长率的变化对退休金负担有显著的影响，同时与养老保险制度相关。以现阶段我国的收入增长和养老金增长为基础综合考虑，我们假设退休金增长率在测算的前期会较高，而由于制度的逐步完善以及人口老龄化等其他经济因素的作用，在后期将会呈现降低趋势。我们应当建立基础养老金的正常调整机制，将基本养老金水平与经济增长速度和物价指数相挂钩，以保障退休老人的基本生活水平不因物价等因素而降低，同时我们也应当考虑基础养老保险基金的承受能力。通常情况下退休金的增长慢于收入的增长，根据我国养老保险制度的实际运行情况，我们把养老金给付增长率设定为工资增长率的一定比例。设企业职工、城镇居民以及农村的养老金增长调整系数为 60%，也就是养老金给付增长率为工资增长率的 60%；由于机关事业单位养老金给付起点较高，为了避免贫富差距变大，则假设相对较低的养老金给付调整系数为 50%。

6. 利率、基金投资收益率

我们以一年定期存款利率作为确定利率的依据。如图 4-2 所示，我国近 10 年来的一年定期存款利率在 2%～5%，平均水平为 3.3%，本测算中假定利率为 3% 不变。

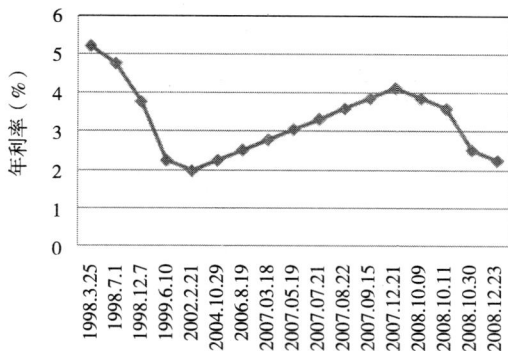

图 4-2　人民币 1998～2008 年来的一年定期存款利率

基金的投资收益率会对基金的收入产生影响，投资率越高，养老保险基金增值越快，越有利于养老保险基金收入的增加及基金缺口的缩小。当前我国社会养老保险基金的投资渠道主要限制在银行存款和国债等方面，其中又以后者为主

流。随着我国养老保险基金投资运营效率的提高，投资收益率也会有所提高。根据我国特种定向国债①的利率水平及1983～1993年期间部分发达国家养老基金投资组合和实际回报率情况（见表4－2），假定基金的年收益率情况如下：2005～2030年为4%，2030年由4%逐步提高到2050年的5%后保持不变。

表4－2　1983～1993年部分发达国家和地区养老保险基金投资组合及收益率　单位：%

国家或地区	债券		股票		现金	除股票外的不动产	平均实际收益率
	国内	国际	国内	国际			
新加坡	97.35	0	0	0	2.65	0	2.3
日本	53.58	9	24.18	5.01	5.01	3.22	6.7
德国	65.05	1.59	9.97	0.91	8.38	12	7
美国	33.05	0.72	48.52	3.61	11.76	2.34	9.6
瑞士	59	4	9	2	10	16	4.1
中国香港	2.1	11.03	34.03	49.05	3.99	0	8.6
英国	8.96	3.05	56.01	23.01	3.06	5.91	10.8

资料来源：瑞士联合银行《世界年金基金通鉴》（1994）。

第三节　企业职工基本养老保险的隐性债务和基金收支分析

企业职工基本养老保险是我国养老保险体系的最重要的组成部分，也是发展最早的基本养老保险制度。本节先介绍该制度的发展背景、基本框架以及改革中的业绩和困境，然后根据前文假设和模型测算现行制度下企业职工养老保险制度的隐性债务和未来基金收支平衡状况。从而可以及时认识到制度中的问题，趁早制定解决对策，避免养老基金债务危机的发生。

一、企业职工基本养老保险的发展现状和背景

（一）城镇职工养老保险制度的历史沿革

1. 新中国成立初至改革开放前的企业职工基本养老保险制度——实行"现收现付"

我国最早的企业职工养老保险制度是20世纪50年代初建立的。1951年颁布、后经两度修改过的《中华人民共和国劳动保险条例》规定，企业或雇主按

---

① 特种定向债券，指专门针对社会养老保险基金及待业基金发行的国债，用以保障社会福利基金的保值增值，其利率是固定的，且永不上市流通。

职工工资总额的 3%缴纳劳动保险基金，职工个人没有缴费积累。实际上它是一个现收现付的制度，这也是我国最早以法规形式确立的有关职工养老保险制度的内容。其后不断对企业职工养老保险规定进行修改和完善，但始终没有脱离"现收现付"的性质。

2. 改革开放之后的企业职工基本养老保险制度——初步形成"统账结合"

20 世纪 80 年代前的中国职工养老保险制度是一种传统的企业或国家型的社会保险制度。然而离退休人数与离退休费用的急剧增加造成一批退休职工多、经济效益差的企业不堪重负，因此经济体制改革以后，国家针对养老保险制度存在的弊端进行了一系列改革。20 世纪 80 年代初期开始进行了国有企业职工退休费用社会统筹试点和改革；1990 年劳动部开始养老金计发办法改革的试点，提出基本养老金由两部分组成；1991 年国务院发布《关于企业职工养老保险制度改革的决定》，提出实行国家、企业、个人三方负担，并进行"社会统筹＋个人账户"模式的试点；1995 年 3 月，国务院下发的《关于深化企业职工养老保险制度改革的通知》明确了改革方向是实行社会统筹与个人账户相结合，提出社会统筹与个人账户相结合的两个具体实施办法，但是没有明确指出职工养老金的来源，只是笼统地说通过社会统筹来解决，也没有说明社会统筹与个人账户如何结合，没有把两者分开管理，而是把两者统一在一个"部分积累制"的框架内，这就为日后出现养老金个人账户"空账"问题留下了隐患。

3. 现行的企业职工基本养老保险制度——实行"统账结合"

现行养老保险制度运行的主要依据是国务院颁布的《关于建立统一的企业职工基本养老保险制度的决定》（国发［1997］26 号）和《国务院关于完善企业职工基本养老保险制度的决定》（国发［2005］38 号），基本内容如表 4 - 3 所示。

另外，2005 年《决定》明确规定城镇各类企业职工、个体工商户和灵活就业人员都要参加企业职工基本养老保险。按照新型企业职工养老保险制度的规定，城镇个体工商户和灵活就业人员参加基本养老保险的缴费基数为当地上年度在岗职工平均工资，缴费比例为 20%，其中 8%计入个人账户，退休后按企业职工基本养老金计发办法计发基本养老金。2005 年《决定》还建立了基本养老金的正常调整机制。根据职工工资和物价变动等情况，国务院适时调整企业退休人员基本养老金水平，调整幅度为省、自治区、直辖市当地企业在岗职工平均工资年增长率的一定比例。在一系列变革措施下，我国养老保障体系已经初步建成，制度改革已经初见成效。

表 4-3　我国城镇职工基本养老保险制度的改革及基本内容

		国发〔1997〕26 号文	国发〔2005〕38 号文
缴费办法	社会统筹账户	企业缴费不超过企业工资总额的20%，企业缴费减去划入个人账户的那部分全部进入社会统筹账户	企业缴费部分不再划入个人账户
	个人账户	个人缴费工资的11%。其中，个人缴费逐步升至8%，其余部分由企业缴费划入	统一为个人缴费工资的8%，全部由个人缴费形成
待遇计发办法	"老人"	按国家原来规定发放养老金，同时执行养老金调整办法	按国家原来规定发放养老金，同时执行养老金调整办法
	"新人"	个人缴费满15年的人员，养老金由两部分构成：基础养老金和个人账户养老金。基础养老金月标准为所在地上年度职工月平均工资的20%，个人账户养老金月标准额为个人账户储存额除以12	个人缴费满15年的人员，养老金由两部分构成：基础养老金和个人账户养老金。基础养老金月标准以当地上年度在岗职工月平均工资和本人指数化月平均缴费工资的平均值为基数，缴费每满1年发给1%。个人账户养老金月标准为个人账户储存额除以计发月数，计发月数根据职工退休时城镇人口平均预期寿命、本人退休年龄、利息等因素确定
	"中人"	个人缴费和视同缴费年限累计满15年的人员，养老金由三部分构成：基础养老金、个人账户养老金、过渡性养老金。基础养老金和个人账户养老金的发放标准同"新人"一样，过渡性养老金计发办法采用指数化办法	已退休"中人"：按国家原来规定发放养老金，同时执行养老金调整办法。未退休"中人"：在发给基础养老金和个人账户养老金的基础上，再发给过渡性养老金。基础养老金和个人账户养老金计发办法同"新人"一样，过渡性养老金计发办法由各地区制定

（二）企业职工养老保险制度改革取得的相关成绩

1997 年，国务院正式颁布了《关于建立统一的企业职工基本养老保险制度的决定》，确定了社会统筹和个人账户相结合的职工养老保险改革模式；国发〔2005〕38 号文又进一步对企业职工养老保险的缴费方法和待遇计发方法等进行了改革。经过多年的实践，我国企业职工养老保险实现了从"国家包办、单位承担"的国家—单位保障制向"国家主导、责任分担、社会化运行"的国家—社会保障制的整体转型，无论在制度理念上还是在制度实践上都取得了很大的成效。主要表现在以下几个方面：

首先，基本建立了完整、统一的城镇职工基本养老保险制度体系。改革解决了我国城镇职工养老保险制度中多年来存在的行政决策、组织管理、基金运营等方面的分散局面，结束行业统筹分割的局面，形成统一的城镇职工养老保险制度格局，为进一步建立多层次的城镇职工养老保险制度体系打下了坚实的基础。

其次，明确了城镇职工养老保险基金的筹资模式。我国城镇职工养老保险基金按照"以支定收、略有结余"的原则运行，为应对人口老龄化所带来的社会挑战做好制度上的准备。新的制度用"社会统筹与个人账户"相结合的部分积累模式取代了单一的社会统筹模式，引入和发展了个人账户储存的基金模式，同时对社会统筹制度加以改革和完善。

再次，提高了统筹级别，并增强了基金调剂余缺的能力。改革为制度统筹注入新内容，实现城镇职工养老保险金征缴途径的统一、养老保险金的社会化发放。妥善地解决了制度统筹管理层次低、共济性弱、风险分散能力差的问题。大大提高了我国城镇职工养老保险的社会化程度。在基金征缴上统一缴费比例，为劳动力市场的发展创造条件，也为继续深化养老保险费用征缴模式改革创造条件；同时还增强了政府对基金的管理责任和力度，使制度改革更加规范化。

最后，基本理顺了城镇职工养老保险制度的管理体制。改革理顺了管理部门间的分工和协作关系，明确了社会养老事业的主管部门和政府责任，并且在全国确定了养老保险社会化服务的发展方向。

（三）企业职工养老保险制度改革中的困境

改革中的企业职工养老保险制度，一方面，对促进我国的社会稳定和经济发展发挥了积极的作用；另一方面，改革和发展中要面临的问题我们也不可忽视。主要表现在：

（1）提前退休加重了养老保险基金的支付压力。长期以来，国家和地方在退休政策上的差异性与审批退休管理环节混乱等原因，造成大量提前退休现象。从世界范围和我国人口平均寿命来看，当前我国退休年龄规定已较提前，部分国有、集体企业还处在改革改制的攻坚时期，企业效益还未走出困境，很多职工退休后的养老金远远高于在职时的工资收入，使得很多职工热衷于办理特殊工种提前退休，形成恶性循环，进一步加大了支付压力。随着我国老龄化趋势的加速，这种情况将会越来越严峻。这就使得我国城镇职工养老保险制度改革面临严重的挑战和威胁。

（2）制度覆盖面窄，制度有失公平。据中国国家统计局《2005年度劳动和社会保障事业发展统计公报》，截至2005年年末，基本养老保险对城镇就业人群的覆盖率仅为48%。我国现行的城镇职工养老保险制度主要在国有、集体所有制企业、事业和机关团体中执行，城镇集体所有制单位只有在县、区以上"大集体"企业中参照国企方法实行。私营企业和个体工商户参加的比例低，这些企业中的劳动者未能真正纳入公共社会保险范围。同时，部分国有企业职工因下岗和失业，也中断了养老保险关系。

（3）现行制度与就业流动性之间的矛盾依然存在。我国各地养老保险缴费基数、待遇差异明显，使社保资金在各地之间的迁移几乎成为不可能的事情。现在基本上实行的是：个人账户存储额一次性支付给本人，社会统筹部分无偿留在当地，终止基本养老保险关系，到新的行政区域开始建立新的养老保险关系。联系中国的现实来看，近年珠三角、长三角地区农民工流动性非常高，加上制度的制约，不断地"建立—终止—再建立—再终止"对于养老保险基金的积累具有极大的伤害，也侵害了劳动者应得的福利，这在一定程度上暴露了就业的流动性与保障体系发生冲突的制度缺陷。

（4）个人账户"空账"严重。我国传统的职工养老保险制度影响到新制度基金运行安全的因素主要有两个：一是已经退休的职工新的个人账户积累资金来源；二是改革前已经参加工作的在职职工个人账户积累资金的来源。二者所引发的社会养老保险个人账户空账问题是当前我国城镇职工养老保险制度改革的难点所在。在养老保险制度中设立个人账户，从而为企业职工的未来养老进行预先积累和保值增值，以解决现阶段我国养老保险基金短缺的问题。但目前承担着为企业职工积累保险基金的个人账户基金在很大比例上被挪用为上一代退休职工的养老金支出，这就使得当代职工个人养老账户出现了所谓"空账"。这给国家未来的养老金支付造成了难以消化的债务负担。在 2005 年的制度调整中，明确提出改"混账管理"为"个人账户实账运行"，但至今这一问题始终没有得到很好的解决，且未能安排其他解决转制成本的具体渠道，"空账"规模继续扩大。由于债务积累的滚动，到 2006 年年底，全国"空账"已达 9000 多亿元。现行制度中蕴涵的资金危机威胁着这一体系的可持续性，也威胁着所有参保者未来的福利。

（5）人口老龄化日趋严重，职工抚养比不断升高。我国于 2000 年已基本进入人口老龄化时代，老龄化以年均高达 3% 的速度增长，截至 2007 年年末已达 8.1%。[①]老龄化加剧将导致不断升高的抚养比，根据我们的测算结果，我国企业职工抚养比已达 0.3，到 2050 年将达到 0.8 左右。高抚养比将加剧我国城镇企业养老保险制度统筹基金供求失衡的矛盾，无疑给养老保险基金的筹集和发放带来很大的压力。

因此，对未来各年度的社会养老保险统筹体系的可持续性和偿付能力状况进行测算是非常必要的，我国应当趁早制定对策和改革方法，避免因为发生偿付能力不足而引起社会生活不稳定。

---

① 为 65 岁及以上占总人口的比重，数据来源于 2008 年国民经济和社会发展统计公报。

二、测算流程

企业职工人口是由第二章测算出的城镇职工人口减去机关事业单位人口（机关事业单位人口的测算方法请参见本章第四节）所得。在企业职工静态和动态人口的基础上，利用前面的精算模型和假设，分别测算出发达地区和非发达地区的企业职工基本养老保险制度的隐性债务及长期基金收支状况，两个地区加总则为整个体系的债务情况。

三、企业职工基本养老保险的隐性债务

自从我国企业职工养老保险制度转轨后，尤其是个人账户"空账"问题出现后，养老保险隐性债务问题逐渐受到我国学者的关注。隐性债务是基于政府道义责任、公众期望和政治压力而产生的债务，可看成是养老保险制度对中老人的负债，不存在任何可见的借贷行为，而仅由国家的规定和信用来保证。但是，若未来经济发展状况不太景气，参保人群老龄化严重，隐性债务将有可能会显现，使社会统筹基金产生巨大的资金缺口。因此，我们必须重视隐性债务，合理解决这个问题。本书分别对发达地区和非发达地区的城镇企业职工养老保险隐性债务规模进行测算，结果如表4-4所示。

表4-4　发达地区和非发达地区城镇企业职工的隐性债务　　　　单位：万亿元

工资增长速度	慢速	中速	快速
发达地区	-31.55	-41.71	-55.83
非发达地区	-36.60	-47.81	-63.34
全国	-68.16	-89.52	-119.17

注：负号表示正的债务。

从表4-4可以看出，当前参保人员2010~2100年的隐性债务将是一个很大的规模，且工资增长率越高，隐性债务越大。当工资增长速度为中速，隐性债务在2010年的精算现值大约为90万亿元；在工资增长速度为快速的假设下，隐性债务规模超过了100万亿元。其中非发达地区的债务规模比发达地区偏大，这主要是由于非发达地区企业职工多于发达地区。与以前的研究结果相比较，宋世斌（2007）计算的隐性债务约为9万亿元（2000年现值），其他结果在2万亿~10万亿元。本节的隐性债务结果大大地超过以往的结果，主要是由于近年的工资增长率大大地超出了原来的假设水平，且十年来又积累了大量的养老权益，同时，近年的退休金增长水平也极为迅速，从而扩大了养老保险的隐性债务规模。另外，近年来部分地区的统筹基金和个人账户基金也出现了较大数

量的结余，这也是养老权益的积累，即也形成部分隐性债务。

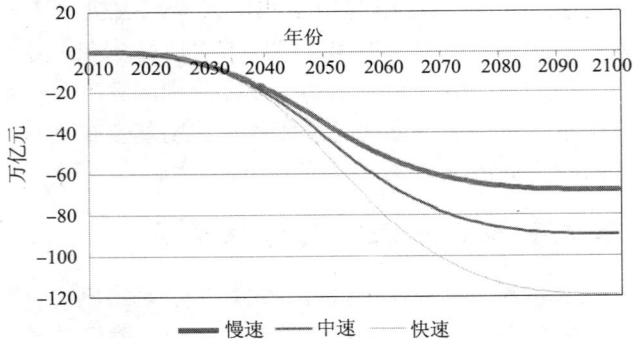

图4-3 全国城镇企业职工的未来隐性债务

从2010～2100年隐性债务累积变化的趋势图4-3可以看出，当前这一参保群体的基金现值的积累在一开始尚有一些基金盈余，之后便很快由盈转亏，基金不断被消耗，并最终出现了巨大的缺口，这一缺口就是该参保群体未来隐性债务的精算现值。隐性债务测算是基于封闭的人口模型，随着时间的推移，缴费人口越来越少，这一参保群体未来必然会越来越"老龄化"，基金收支缺口越来越大。同时，工资增长速度越快，隐性债务就越大，这是由于工资增长速度与养老金给付额和给付增长速度正相关，虽然单个职工的养老金缴费也会变多，但是越来越少的在职职工的缴费无法抵消越来越多的养老金给付。

本节测算的隐性债务只是反映参加养老保险的职工在2010年的养老权益积累，并不是将来显性化的债务，也不反映将来社会保险统筹基金的收支缺口。为此，下面对养老保险统筹基金的运行状况进行分析，以得到未来基金的债务负担水平。

四、企业职工基本养老保险基金的运行状况

与隐性债务不同，这里的基金收支状况分析是考虑到未来参保"新人"的缴费和养老金权益情况下养老保险体系收支差额的精算现值。基金收支状况测算是基于开放的养老保险体系及动态的人口模型，更能反映基金未来的整体运行趋势，也可以看出新参保人长期内的缴费和养老金权益是否平衡，是否有利于解决隐性债务问题、改善整体的基金收支。

人口老龄化对企业职工养老保险基金的影响具有直接和间接两方面。一方面，人口老龄化意味着领取养老金的退休职工相对于向养老基金缴费的在职职

工的比例不断提高，从而对基金的收支平衡产生直接的影响；另一方面，人口老龄化将影响经济增长的速度和质量，从而间接影响基金的收支。

（一）企业职工未来抚养比

表4-5 城镇企业职工的未来抚养比

年份	2010	2020	2030	2040	2050	2060	2070	2080	2090	2100
抚养比	0.2932	0.3356	0.5141	0.6508	0.7738	0.8047	0.7842	0.7826	0.7967	0.8163

统筹基金的现收现付制决定了在职职工供款养活退休一代人，企业职工抚养比则是指退休职工与在职职工的比例。随着人口出生率下降、老年人的寿命不断延长、老年人口数增加，抚养比提高也成为必然。2010年抚养比大概为0.3，2020~2050年将由0.3急剧上升到0.8左右。未来城镇企业保险系统的人口急剧老龄化将挑战基金收支平衡。

（二）基金收支平衡缴费率

平衡缴费率是指在现收现付制下，为保持每一年养老金收支相抵时的缴费率，即当年的养老金支出全部由当年参保人的缴费承担。用每年的支出总额除以工资总额可得出平衡缴费率，如表4-6（以发达地区企业职工为例）所示。

表4-6 发达地区企业职工养老保险统筹基金平衡缴费率　　　　单位：%

年份	2010	2020	2030	2040	2050	2060	2070	2080	2090	2100
慢速	14.2	14.6	18.4	20.6	22.6	22.3	21.6	21.7	22.3	22.0
中速	14.1	14.4	17.9	19.7	21.5	21.2	20.5	20.5	21.0	20.8
快速	14.0	14.2	17.4	18.9	20.5	20.1	19.4	19.5	19.9	19.7

大概在2020年前，平衡缴费率在14%左右；2020年，平衡缴费率迅速上升，2055年左右达到高峰，超过20%；之后平缓，保持在20%前后水平。相对于国外的缴费率及平衡缴费率，我国目前制度规定的20%的统筹基金缴费率已经较高。按照平稳过渡的原则，考虑未来人口老龄化造成的收支不均衡特性，在当前人口红利期的缴费率相对高一点，从而能适当积累基金，以应付未来的支付高峰，这是一个最合理的做法。因此，统筹账户缴费率保持20%较为适宜。

（三）基金收支赤字及基金债务

根据基金收支模型的测算方法和假设，计算出企业职工养老保险体系

2010～2100年基金每年收支状况的现值及其累积情况（即基金债务）如表4－8和表4－9所示。

表4－7　不同工资增长速度下基金年收支赤字和累积赤字的出现时间比较

工资增长速度	年收支赤字	累积赤字
慢速	2026	2036
中速	2027	2039
快速	2028	2043

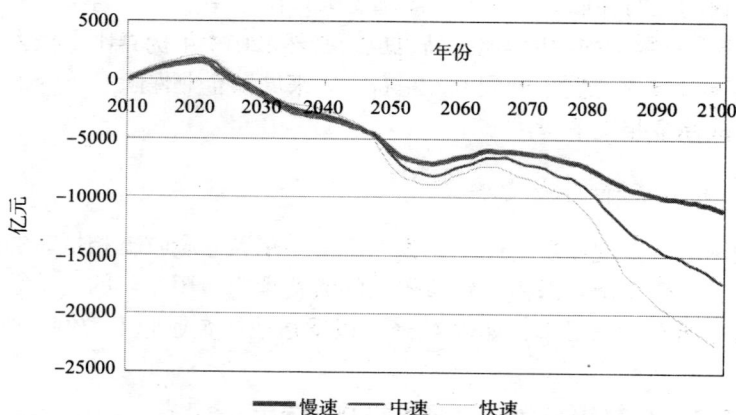

图4－4　城镇企业职工养老保险的基金年度收支状况（2010年现值）

2010 2020 2030 2040 2050 2060 2070 2080 2090 2100

表4－8　不同工资增长速度下的统筹基金年度收支状况（2010年现值）　单位：亿元

工资增长速度　　年份	2010	2020	2030	2050	2080	2100
慢速	49.57	147.04	-142.48	-602.43	-751.27	-1112.52
中速	64.30	171.88	-107.23	-654.81	-956.97	-1730.41
快速	79.16	198.57	-60.94	-673.97	-1107.12	-2259.96

　　注：负号表示基金支出大于收入，出现收支缺口，成为一种显示化的财政赤字；正则表示基金出现收支盈余。

　　从图4－4和表4－8可知，2025～2030年开始出现基金收支赤字，且赤字呈不断扩大趋势。工资增长速度越快，一开始基金盈余越大，出现赤字的时间越晚，但是当基金出现亏损时，亏损速度也越快，基金赤字也越大。因为工资增长速度对基金收支的影响是双面的：一方面，工资增长率的提高可以增加养老金的缴费收入；另一方面，工资增长率提高的同时养老金增长速度和给付额度提高，因而扩大了支出。

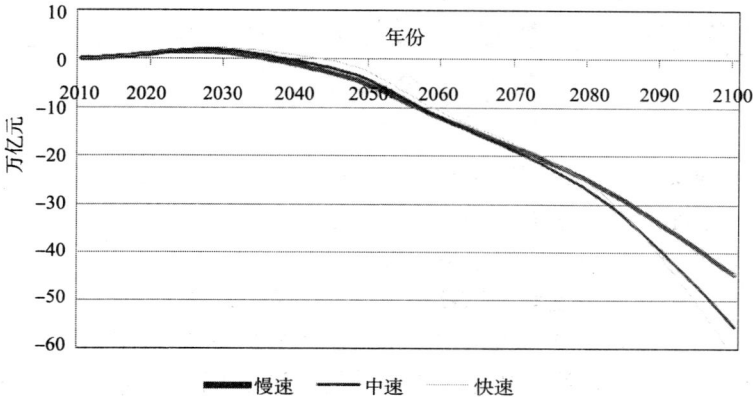

图4－5　城镇企业职工的基金债务状况

表4－9　不同工资增长速度下的基金债务比较　　　　　单位：万亿元

年份 工资增长速度	2015	2025	2040	2050	2100
慢速	0.358	1.558	−1.294	−5.552	−44.573
中速	0.387	1.851	−0.458	−4.577	−55.479
快速	0.416	2.171	0.661	−2.857	−61.832

注：负号表示基金支出大于收入，出现收支缺口，成为一种显示化的财政赤字；正则表示基金出现收支盈余。

2010～2025年，基金盈余不断增长；2025年后我国进入人口老龄化高峰期，基金累积结余不断减少，并出现了收不抵支；2040年左右出现了基金累积赤字。在中等工资增长速度下，2025年基金累积盈余为1.851万亿元，2039年开始出现累积赤字，2050年累积赤字为4.577万亿元。同样可看出，工资增长速度对基金累积状况存在杠杆作用：在基金盈余情况下，工资增长速度越快，累积越多；但在基金赤字情况下，工资增长速度越快，则导致赤字也就越大。

（四）基金债务与隐性债务的比较

另外，通过比较图4－3和图4－5可知，封闭体系的隐性债务明显大于开放体系下统筹基金的累积债务，隐性债务是造成企业职工养老保险基金收支失衡的最主要原因，也说明了未来新参保人的缴费可以抵消中老人的部分隐性债务，通过新人的缴费进行代际转移，有利于改善基金收支赤字水平。

第四节　机关事业单位养老保险的隐性债务及基金债务

养老金制度是国家为保障特定公民在退休或丧失劳动能力后能够维持正常生活水平而实行的一种"老有所养"的福利制度。公务员养老保险制度是社会保障制度的重要组成部分，也是公务员管理体系中不可缺少的环节。现行机关事业单位退休养老保障制度对于保障机关事业单位离退休人员的生活发挥了重要的作用。目前，我国事业单位工作人员的退休金是参照公务员退休金办法执行的。在该制度下，机关事业单位工作人员的退休金由国家和单位全额负担，个人不承担缴费义务。

本节第一部分将首先介绍现行机关事业单位的养老保险体系，以及其改革的历史沿革。第二部分则从理论上简要介绍机关事业单位养老保险的精算模型，为今后的测算做准备。第三部分将进一步进行测算的结果展示。

一、我国机关事业单位养老保险制度的历史沿革及存在的问题

（一）我国机关事业单位养老保险制度的历史沿革

我国机关事业单位养老保险制度的发展过程以 1958 年和 1978 年为界，可分成三个阶段。这三个阶段标志着机关事业单位养老保险制度和企业职工养老保险的"分—合—分"的发展轨迹。

第一阶段是 1949～1957 年，此时是中国机关事业单位养老保险制度的初创阶段。在新中国成立之初，机关事业单位工作人员实行的是供给制，其生、老、病、死、伤、残等均由组织负责。1950 年颁布的《中央级直属机关暂行供给标准》具体规定了各种供给项目。改为工资制后，国家有关部门相继制定了一些机关事业单位养老保险的政策和解决办法，但是这一阶段只能具体问题具体解决，还缺乏系统的制度建设。直到 1955 年 12 月，国务院颁布了《国家机关工作人员退休处理暂行办法》和《国家机关工作人员退职处理暂行办法》，1956 年 11 月国务院对有关国家机关工作人员退休和工作年限计算等问题做出了补

充规定。至此，我国才对机关事业单位工作人员的退休待遇标准、工作年限计算和职工退职等问题做出了具体规定，这标志着我国机关事业单位养老保险制度的基本建立。当时，国家机关事业单位养老保险的综合管理工作由人事部门负责，养老待遇费用分别由国家机关的行政经费和事业单位的事业经费直接支付。机关事业单位职工养老保险制度区别于企业职工，养老保障水平根据单位、户籍和行政身份而差别对待。我国职工养老保险制度具有"二元结构"的特征，这种分立模式对我国养老保险制度产生了重大影响。

第二阶段是 1958～1977 年，这一阶段可以分为中国机关事业单位养老保险制度的统一调整和全面倒退两个小阶段。从 1958～1965 年是统一调整阶段。1958 年 2 月，国务院颁布了《关于工人、职员退休处理的暂行规定》和《关于工人、职员退职处理的暂行规定》，该规定放宽了退休条件，适当提高了退休标准，统一了企业工人和机关职工的退职条件和待遇标准。20 世纪 60 年代初，我国国民经济发展遭受了一些困难和挫折，政府对国民经济建设进行了大规模调整，为了减轻财政负担、精简职工，1962 年国务院颁布了《关于精简职工安置办法的若干规定》，要求对精简下来的老弱病残职工做出适当安排。在这一阶段，根据经济形势发展的需要，政府对初步建立起来的机关事业单位养老保险制度进行了相应的调整和补充，把企业、事业单位和国家机关职工的退休制度统一起来，同时完善了对退休人员的困难的救济工作。而从 1966～1977 年是全面倒退阶段，原因是该阶段为"文化大革命"期间，机关事业单位养老保险制度处于全面倒退阶段。

第三阶段是从 1978 至今，这也是中国机关事业单位养老保险的恢复和改革试点阶段。从 1978～1992 年是恢复阶段，1978 年 6 月，国务院颁布了《关于安置老弱病残干部的暂行办法》，该办法对 1958 年的规定作了较大修改，将机关事业单位干部和企业工人的退休办法分开拟定，打破了原来统一的企业和机关事业单位退休、退职制度，再一次选择了分立模式。根据该规定，国家机关工作人员退休以后，其基础工资和工龄工资按本人原标准的全额计发，职务工资和级别工资两项之和按规定比例计发，即工作年限满 35 年的按 88％计发、满 30 年不满 35 年的按 82％计发、满 20 年不满 30 年的按 75％计发；事业单位工作人员退休后，按本人职务工资和津贴之和的一定比例计发，即工作年限满 35 年的按 90％计发、满 30 年不满 35 年的按 85％计发、满 20 年不满 30 年的按 80％计发。1980 年 10 月，国务院颁布了《关于老干部离职休养的暂行规定》，1982 年 4 月国务院颁布了《关于老干部离职休养制度的几项规定》，规定要求对于离休人员，其离休金按离休时工资的 100％计发。上述三个文件是我国机关事业单位工作人员退休养老保险制度的基础性规定，其主要内容目前仍然适用。

从 1993 年到现在的改革试点阶段又可以细分为两个阶段。第一段是 1993～2007 年，这是地方改革试点阶段；第二段是从 2008 至今，这是中央启动事业单位养老保险改革试点阶段。1993 年 8 月，国务院颁布了《国家公务员暂行条例》，标志着我国正式确立了国家公务员制度。从 1993 年起，上海、辽宁、海南等地率先开始了公务员养老保险制度改革，把城镇所有职工（包括机关事业单位职工）统一到基本养老保险制度中来，为我国机关事业单位养老保险改革提供了宝贵的经验。但是这些地方的试点改革还存在诸多问题，例如在筹资办法方面，机关事业单位和企业实现了统一，但是在养老金的计发办法方面，机关事业单位和企业却不统一，而且两者的待遇差距越来越大。

（二）我国机关事业单位养老保险制度存在的问题

我国现行机关事业单位养老制度是传统的单位保障或国家保障制度。养老负担由单位或国家承担完全的责任，个人对自己未来的养老责任丝毫没有体现，且待遇发放和离退休人员管理完全由独立的单位实施，以致每个单位都要负责退休金的发放。但同时又不能保证事业单位离退休人员养老金的按时足额发放，在一些自收自支以及差额拨付的事业单位和部分困难地区的机关事业单位已发生过这类情况。

由于现行制度没有个人账户养老金，属待遇确定型的现收现付模式，个人不承担任何缴费责任。这种局面使得来自离退休人员养老金待遇水平无限上涨的"拉力"很大，另外离退休人员数量又在不断增加，由此养老金支出大幅增长，其增长速度近十年来甚至超过了当期财政收入的增速。在失去积累机制，且抚养比不断提高和人口日益老龄化的情况下，可以预见未来财政供款压力将持续增长。

历经改革，目前的制度依旧存在很多问题。

首先，我国机关事业单位养老保险制度在本质上与城镇企业养老保险制度很难衔接。中国机关事业单位养老保险制度本质上还是"单位保险"（或称"国家保险"），远未实现"社会保险"，而企业养老保险制度历经改革，已逐渐形成由基础养老金和个人账户养老金构成的基本养老金系统。机关事业单位现行的养老保险制度，在经费筹集方面，没有个人缴费，退休费根据实际需要完全由单位财政预算支付；在待遇计发方面，待遇和工作年限挂钩，以退休时的工资为基数，按一定比例计发，待遇调整的随意性较大；在管理方面，离退休人员的老、病、死仍由原单位负责。这种"单位保险"即"国家保险"的制度特征不仅无法体现"社会保险"的优点，还增加了原单位的管理难度，不利于提高工作效率。同时，双轨制的养老保险制度造成我国不同地区、不同行业、不同单位养老金的差异，引发社会保障公平性不足。

其次，现行制度不利于人力资源流动，难以形成统一的人力资源市场。我国企业养老保险制度经过多年调整已渐成体系，而机关和事业单位养老保险的改革却相对落后。这种企业和机关事业单位养老保险分而治之的局面势必阻碍人员的自由流动。

最后，现行制度不利于机关事业单位机构改革的顺利推进。目前，我国经济体制正在从计划经济向完善的市场经济转变，经济发展正在从以农业为主的传统经济向以工业、服务业为主的现代经济转变，在这两个转变的过程中，必然伴随着政府机构改革，机构改革则意味着人员分流。机构改革的难点就是人员分流，而养老保险制度不健全是造成人员分流难的一个重要原因。由于现行制度下没有缴费积累，分流人员离开政府机关事业单位就意味着丧失了养老金权益。因此，养老问题不落实，分流工作就难到位，也就不利于机构改革的顺利推进。

但是我们需要注意的是，从事机关事业单位的工作所需要的前期教育和技能培训相对于企业而言较多；而同时机关事业单位的工作性质和工资水平也都较为固定。

特别是事业单位的工作人员多为教师和医生类职业，在进入这个职业领域之前，需要接受高等教育以及从事该职业所需要的培养和培训。这些前期投入无论是金钱上还是精力上都是远高于进入企业从事一般性工作所需要的。而在进入该行业后，教师和医生的工作大都比较稳定，但是，待遇却不一定特别好。按照如此的前期高投入、后期低回报，合理地保证机关事业单位工作人员的退休养老生活是必要的，也是促进社会发展所必需的。

同时，借鉴国外的情况我们也可以看到，不同社会体制在对待机关事业单位工作人员的退休生活上都有一定的照顾和保障。

二、测算流程

（一）人口模型

本书以2005年机关事业单位人口作为基年数据，将全国分为沿海发达地区和中西部非发达地区，分别测算其机关事业单位人口结构的相关数据，并由此推算出2010年机关事业单位就业人口的结构。为了简化，本书以20岁为界，将20岁以上的人口全部纳入我们的测算范围。按照城镇人口寿命表，预定延长寿命后的最大寿命为110岁，我们假定参加工作的最低年龄为20岁。因此，我们以2010年的在职机关事业单位全体人员为测算对象，测算到这些对象全部死亡为止，即测算时间段为2010～2100年。

供养比是指当年全国总人口与机关事业单位工作人员总数之比，根据这一定义，运用《中国人口统计年鉴 2006》中的相关数据可以算得，2005 年我国机关事业单位的供养比约为 33。结合国外发达国家的经验数据，我们假设 2005 ~ 2050 年供养比从 33 逐步递减到 27，之后保持 27 不变。

（二）债务测算过程

以全国机关事业单位工作人员为对象，在现行制度下估算 2010 ~ 2100 年沿海发达地区男性、女性，中西部非发达地区男性、女性的分年龄静态、动态人口结构的各年退休金总额。然后加总即得全国机关事业单位人口的隐性债务和基金债务。

三、机关事业单位养老保险的隐性债务

根据前面章节的假设，我们测算出机关事业单位未来静态人口结构下，按照现行的养老保险制度，机关事业单位养老保险的隐性债务如图 4 – 6 和表 4 – 10 所示。未来隐性债务规模随时间推移不断累积，在工资增长速度为中速的情况下，2010 ~ 2100 年全国机关事业单位隐性债务达到了 44.22 万亿元。

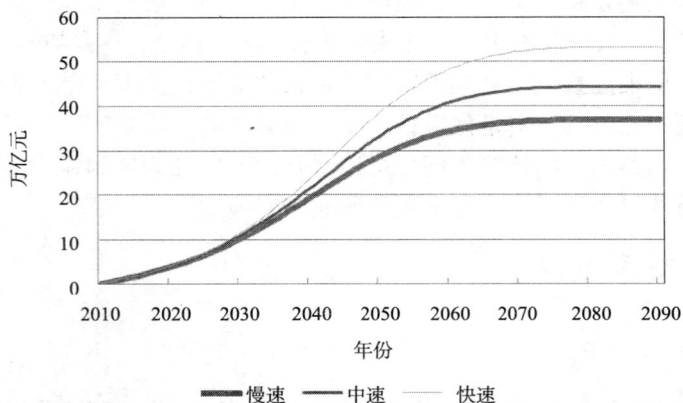

图 4－6 机关事业单位隐性债务

表 4－10 机关事业单位退休金隐性债务（2010 年现值）　　单位：万亿元

工资增长速度	慢速	中速	快速
全国	36.98	44.22	53.34

四、机关事业单位养老保险的基金债务

根据前面的测算原理和假设，可以得出未来各年度我国机关事业单位的退休金成本的贴现值及累积成本（即基金债务）。

表 4-11　现行体制下机关事业单位退休金的各年成本现值及基金债务　单位：亿元

工资增长速度 \ 年份	2010	2030	2050	2070	2100	90 年累计总额（基金债务）
慢速	2890	7990	13340	21530	35789	1529800
中速	2900	8880	17620	34240	73349	2481190
快速	2920	9870	23240	54340	148293	4146560

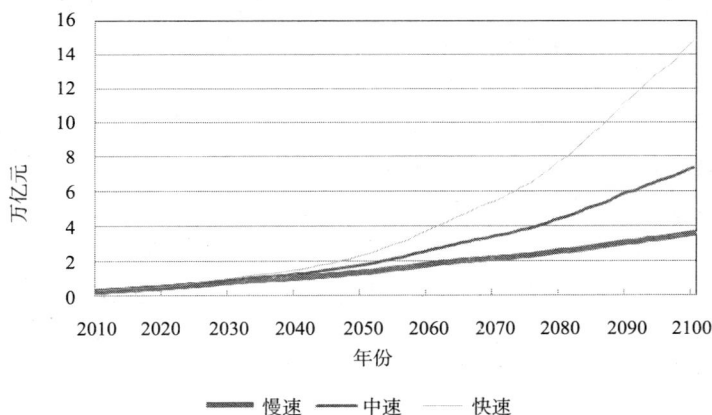

图 4-7　全国机关事业单位 2010~2100 年各年退休金成本现值

由表 4-11 的结果可以看到，工资增长率越高，累积负担就越大。在未来的 90 年，机关事业单位退休金的累积负担数额庞大，在工资增长率较低、一般、较高三种情形下，分别达到了 152.98 万亿元、248.12 万亿元、414.66 万亿元，这将给国家和社会带来沉重的负担。图 4-7 是在现行制度下工资增长率慢、中、快三种情形下的各年成本，可看出负担水平呈快速增长趋势。根据《中国统计年鉴 2006》，2005 年企业人均养老金约为 8537.18 元，而机关事业单位人均养老金则高达 15277.18 元，约为企业人均养老金的两倍。

由于个人不承担任何缴费责任，一方面，来自离退休人员养老金待遇水平上涨的支出压力不断加大；另一方面，离退休人员数量又在不断增加。近 10 年

来，养老金支出大幅增长，其增长速度甚至超过了当期财政收入的增速。长此以往，必将给国家财政造成巨大压力。由此可见，机关事业单位养老保险制度改革势在必行。

第五节　城镇居民、农村养老保险的隐性债务及基金债务

一、城镇居民、农村养老保险的发展现状和背景

改革开放以来，我国社会经济不断发展，尤其是近年来，随着人们生活水平和文化素质的提高，国家政府和广大民众对社会保障与福利机制越来越重视，人们开始重视、关心社会养老保险和社会医疗保险等社会保障机制。中央政府秉着"为人民谋福利"的宗旨，从20世纪八九十年代开始就不断进行社会保险制度的改革，其中最为令人关注的莫过于社会养老保险制度的改革。其中，改革开放以后，城镇职工基本养老保险制度经过多次的改革，实行"统账结合"的方法，发展比较成熟。但对于城镇地区的老年居民和农村地区来讲，社会养老保险制度还不是很完善，仍有待进一步的发展。

进入21世纪以来，国家政府一直在努力建立、完善新型农村养老保险制度和城镇居民养老保险制度，争取到2020年建立起覆盖城乡所有居民的全国社会养老保险机制。由于城镇居民养老保险和新型农村养老保险的制度安排具有相似性，故本书将两种制度放在同一章节中讨论。

（一）城镇居民养老保险的发展历程

城镇居民养老保险是城镇职工基本养老保险的有力补充，以城镇广大的非就业人群为参保对象，尤其是为城镇老年居民提供生活保障，从而保证所有的城镇人口都被纳入到养老保障体系中来。因而，城镇居民养老保险也是我国的一项十分重要的养老保险制度。

随着我国人口老龄化、城市化进程的发展，现行基本养老保险制度逐渐显现出一些与社会经济发展不相适应的问题，主要表现在覆盖范围不够广泛，仍有为数不少的城镇老年居民因各种原因游离于基本养老保险制度之外，老有所养问题尚未得到全面妥善的解决，这一问题已经引起全社会的共同关注。无论是从完善我国养老保险制度、逐步实现"全民养老"的目标来看，还是从全面建设小康社会、促进经济社会稳定健康发展、构建社会主义和谐社会来看，建

立城镇老年居民养老保障制度都势在必行。

随着城镇职工基本养老保险制度的日益完善，保障城镇老年居民的养老保险制度已被提上议程，全国各地纷纷于近期出台了相关的养老保险方案。其中，广东省广州市于 2008 年 9 月出台了《广州市城镇老年居民养老保险试行办法》，浙江省政府也于 2008 年出台了《关于建立健全覆盖城乡居民的养老保障制度的意见》（浙政发〔2008〕36 号），要求各地建立城镇老年居民养老保险制度，凡劳动年龄段以上、未享受基本养老保险待遇的城镇居民均可自愿参加。2009 年 6 月 6 日，重庆市政府出台了《重庆市城乡居民社会养老保险试点工作指导意见》（渝府发〔2009〕64 号），决定在全市推行城乡居民社会养老保险制度，将全体农村居民、城镇灵活就业人员和城镇年满 60 周岁以上没有享受基本养老保险待遇或退休待遇的人员纳入参保范围。我们相信，旨在覆盖全国城镇居民的、统一的养老保险制度将会在不久的将来颁布。

（二）农村社会养老保险的发展历程

中国是一个拥有 13 亿人口，农村人口占 57% 的大国，60 岁以上人口中靠离退休金生活的老年人主要分布在城镇地区，广大农村地区的老年人还是"靠家庭养老"和"集体养老"来维持生活。但近年来，由于农村土地保障功能的弱化，随着人口老龄化、家庭小型化及人口流动等社会经济因素的变迁，过去实行的"以集体保障为主体、国家和家庭保障为补充"的农村劳动者保障体系随之解体，传统的"家庭养老和集体养老"功能逐渐弱化，已远远不能满足目前农村人口老龄化的现状。

我国对于农村社会养老保险制度方面的探索始于 20 世纪 80 年代，主要可以分为三个阶段。

（1）探索阶段。根据国家"七五"计划中提出的"抓紧建立农村社会保险制度"的要求，在 1986 年"全国农村基层社会保障工作座谈会"召开后，一些经济较发达的地区开始了农村社会养老保险制度的试点。1991 年，山东省烟台市牟平县等地试点工作取得了成功。1992 年，在此基础上，原民政部农村养老办公室制定下发了《县级农村社会养老保险基本方案（试行）》（民办发〔1992〕2 号）（以下简称《基本方案》），确定了以县为基本单位开展农村社会养老保险的原则，并从 1992 年 1 月 3 日起在全国开始实施，开创了我国农村社会养老保险从无到有的新局面。《基本方案》规定，农村社会养老保险实行"以个人缴费为主、集体补贴为辅"的个人账户储备积累制度。方案开始实施后，农民参加养老保险的人数不断上升，到 1997 年年底，已有 8000 多万农民参加养老保险，全国达到了 9.47% 的参保率。

（2）衰退阶段。从 1998 年开始，由于当时我国农村尚不具备普遍实行社会养老保险的条件，随着《基本方案》推广范围的扩大，相当多地区的农村社会养老保险工作出现了参保人数下降、基金运行难度加大等问题，一些地区的农村社会养老保险工作甚至陷入停顿状态。1999 年，国务院指出目前农村尚不具备普遍实行社会养老保险的条件，决定对已有的业务实行清理整顿，停止接受新业务，有条件的地区应逐步向商业保险过渡。

（3）重新发展阶段。2002 年，中共十六大重新提出了"在有条件的地区探索建立农村养老、医疗保险和最低生活保障制度"。2003 年以后，各地开始了新型农村养老保险试点，许多地方通过加大政府引导和支持力度、扩大覆盖范围、创新制度模式，在探索新的农村养老保险模式方面取得了一定的突破和进展。到 2007 年年底，全国已有 31 个省区市的近 2000 个县（市、区、旗）不同程度地开展了新型农村养老保险试点工作，有 5000 多万农民参保，积累保险基金 300 多亿元，有 300 多万参保农民领取了养老金。但这些只是少数的试点工作，覆盖全国农村地区的养老保险制度的建立已迫在眉睫。

2008 年，管理农村社会保险事务的职能从劳动和社会保障部并入新组建的人力资源和社会保障部。2009 年 6 月，国务院在其常务会议中明确指出要从 2009 年开始在全国 10% 的县（市、区）实行新型农村社会养老保险的试点，当年 8 月份国务院发布了《关于开展新型农村社会养老保险试点的指导意见》（国发〔2009〕32 号）（以下简称《指导意见》），宣布试点工作正式启动，国务院还指出要在 2020 年内实现养老保险的全面覆盖。

我国新型农村社会养老保险（以下简称"新农保"）的基本原则是：保基本，广覆盖，有弹性，可持续。新农保实行个人缴费、集体补助和政府补贴相结合的制度，借鉴了城镇职工养老保险"统账结合"的模式，养老金结构分为基础养老金和个人账户养老金，其中基础养老金由国家财政保证支付，这正是区别于老农保的关键所在。在此之前开展的农村养老保险，主要是农民自己缴费，国家财政没有直接补贴，实际上是自我完全储蓄的模式。而在新农保中，中央财政的补贴为全国农民提供了普惠式的养老保障，这是继取消农业税、农业直补、新型农村合作医疗等一系列惠农政策之后的又一项重大的惠农政策。[①]

（三）城镇居民与农村养老保险制度并轨

我们必须注意到，在实现"全民养老"之后的几十年内会缓慢实现城镇居民与农村养老保险制度的并轨，届时，城乡养老制度统一，再无城镇居民与农

---

① 源自国家人力资源和社会保障部副部长胡晓义的发言稿。

民之别。例如,北京市从 2009 年 1 月起正式实施城乡统一的居民养老保险制度；从 2010 年开始,长沙市正式实行取消城乡户口差别的试点工作,以破除城乡二元结构,积极创造条件推动城乡养老保险制度并轨；江苏省泰州市于 2010 年 3 月出台《泰州市城乡居民社会基本养老保险办法》,力争在 2010 年内实现城乡居民养老保险的全面覆盖。

近年来,已有很多专家进行城乡社会保险制度并轨问题的研究,城乡并轨问题越来越受到人们的重视。庹国柱和王国军在其合著的《中国农业保险和社会保障制度研究》一书中就提出了城乡社会保障制度的衔接问题,他们指出,我国城乡社会保障制度的长远目标模式应该是高度统一、社会化、法制化的现代社会保障制度。郑功成主笔的《中国社会保障改革与发展战略》一书指出,到 2049 年将分别面向职工、公职人员、农民的基本养老保险制度进一步整合为全国统一的国民基本养老保险制度。因此,到 21 世纪中叶,必将实现城镇居民与农村养老保险制度的并轨。故本书在测算过程中假设从 2050 年开始城镇居民与农村养老保险实行相同的制度模式。

二、测算流程

在城镇居民养老保险制度中,个人账户实行自我积累,参保人缴纳的费用全部纳入个人账户,基础养老金由中央财政和地方财政共同支付,因此为了预测政府所应负担的财政支出,我们需要测算的是基础养老金所造成的基金缺口,此时养老保险基金系统只有基础养老金支出,没有缴费收入。首先,由于测算过程比较复杂,我们先简单介绍一下测算的流程,之后再具体分析债务测算的结果。

第一步:人口测算。利用全国人口生命表测算出未来全国人口,同样根据农村人口生命表可测算出未来农村人口,全国人口除去农村人口即可得城镇人口。通过对职工比例的合理设置可测算出未来城镇职工人口的分年龄性别分布,而城镇人口由职工人口和居民人口两部分组成,因此城镇人口除去职工人口后就是城镇居民人口了。需要注意的是,在测算过程中男女是分开测算的,发达地区与非发达地区也是分开测算的,发达与非发达地区测算基年的总人口数和分年龄性别分布表可由《中国人口统计年鉴 2006》得出各个省份的数据,从而统计出发达地区与非发达地区的相应人口数据。

第二步:基础养老金给付水平。第二节的精算假设中我们设定了测算基年的基础养老金水平,再根据城镇居民、农民收入增长率和养老金给付调整指数,得出养老金增长率,即根据公式:

$$C_x^{2010} = C_0, x = 60, \cdots, 100$$

$$C_{60}^t = C_{60}^{t-1} \times (1 + K_{t-1}), t = 2011, \cdots, 2100$$

$$C_x^t = C_{x-1}^{t-1} \times (1 + E_{t-1}), t = 2011, \cdots, 2100, x = 61, \cdots, 110$$

可测算出未来每一年不同年龄的基础养老金水平，其中男女给付水平视为相同。

第三步：债务测算。由第一步和第二步，不同年龄的人数总和与相应年龄的基础养老金水平相乘，再累加，可得出每一年的债务，然后将每一年的债务贴现为在测算点时的精算现值，逐项累加，即可得出该测算点的债务。基金债务与隐性债务的测算原理一样，只是使用不同的人口模型而已。

测算过程如图4-8所示。

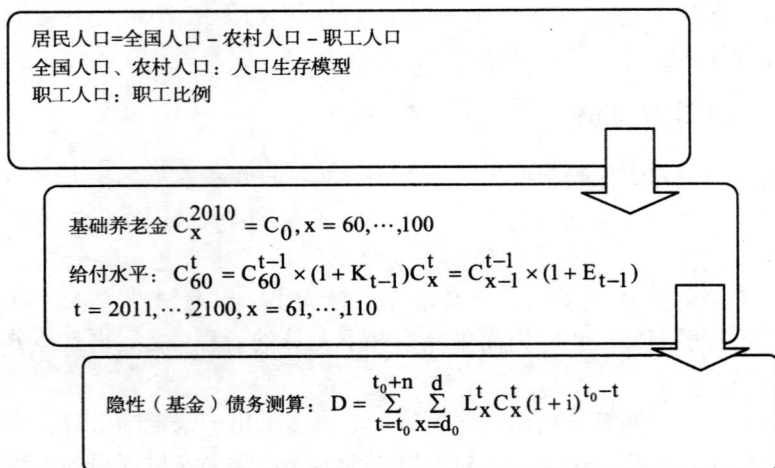

居民人口=全国人口-农村人口-职工人口
全国人口、农村人口：人口生存模型
职工人口：职工比例

基础养老金 $C_x^{2010} = C_0, x = 60, \cdots, 100$

给付水平：$C_{60}^t = C_{60}^{t-1} \times (1 + K_{t-1}) C_x^t = C_{x-1}^{t-1} \times (1 + E_{t-1})$

$t = 2011, \cdots, 2100, x = 61, \cdots, 110$

隐性（基金）债务测算：$D = \sum_{t=t_0}^{t_0+n} \sum_{x=d_0}^{d} L_x^t C_x^t (1+i)^{t_0-t}$

图 4-8 城镇居民、农村养老保险债务测算流程

三、城镇居民养老保险系统的债务

（一）隐性债务

我们根据城镇居民收入增长率假设了3种可能的情形。城镇居民收入增长率设为与城镇职工相同，2005年为10%，逐渐减少，到2025年为5%（6%或7%），之后到2100年都保持不变。在此基础上，对发达地区和非发达地区的隐性债务进行测算。

　　根据测算模型和相关精算假设，测算出发达地区与非发达地区城镇居民的隐性债务，将这两部分债务累积相加即可得到全国城镇居民养老保险系统的隐性债务。如表 4 - 12 所示。

表 4 - 12　2010 年城镇居民的隐性债务　　　　　单位：万亿元

隐性债务	慢速	中速	快速
发达地区	9.5600	12.3256	16.1096
非发达地区	11.5280	14.8570	19.4116
全国	21.0880	27.1826	35.5213

　　由表 4 - 12 可以看出，随着收入增长率的提高，隐性债务随之增加，隐性债务的大小受到收入增长率的显著影响。以工资增长速度为中速的情况为例，因为这种假设情形属于中等水平，也是现实中最可能发生的情形，此时发达地区隐性债务达 12.33 万亿元，非发达地区的隐性债务则达到了 14.86 万亿元。

　　另外，与发达地区隐性债务相比较，可看出非发达地区的隐性债务要更大一些，这是因为非发达地区的城镇居民人口要明显多于发达地区，虽然在测算基年非发达地区的基础养老金水平要比发达地区的低，但由于人口总数的绝对因素，最后的债务总和却要稍微多一些。

　　在收入增长率分别为慢速、中速、高速的情形下，全国城镇居民的总隐性债务分别达到了 21.09 万亿元、27.18 万亿元、35.52 万亿元。这一部分的债务代表了在测算基年时这一代人的养老权益，代表了政府须对这一代人的财政承担，其在未来会慢慢显性化。但它是否会对养老保险系统的可持续性造成重要影响，是否会对政府的财政造成严重的负担，还得考虑养老保险系统的基金运行状况。

（二）基金债务

　　城镇居民的养老保险制度与新型农村养老保险制度相似，由中央和地方政府为参保居民提供基础养老金，个人账户由参保人自己缴费，实行完全积累。在开放的人口模型下，随着人口老龄化的加剧，城镇居民中老年人所占比例将越来越高。另外，随着城镇化进程的推进，很大一部分的农村人口会迁入城镇，成为城镇居民，这一部分人必将被纳入到城镇居民养老保险系统中来。因此，城镇居民未来的老年人口将会处于较高比例的状态，由表 4 - 13 可以看出，人口老龄化必然导致养老系统的基金债务变得更大。

表4－13　城镇居民老年人口比例表

年　份	2010	2020	2030	2040	2060	2080	2100
老年人比例	9.67%	16.82%	23.63%	27.80%	28.53%	28.10%	27.81%

　　基金债务测算的人口模型是动态的，不仅包含了测算基点时原有的城镇居民和新生人口，还要包括在测算时段内迁移进入城镇居民养老系统的农村人口。我们对假设的三种情形进行比较，得出全国城镇居民养老保险的基金运行状况如图4－9所示。

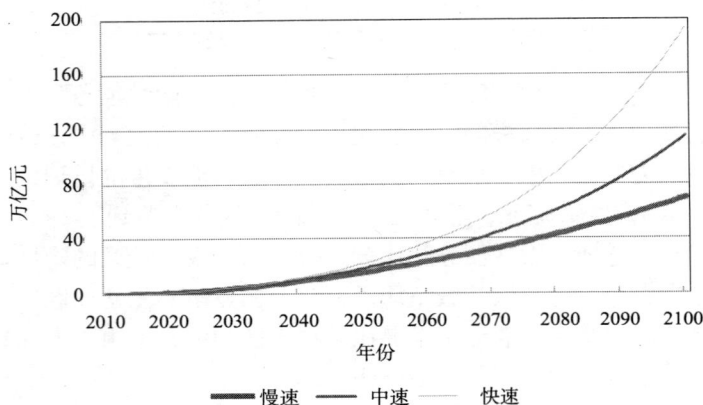

图4－9　不同情形下全国城镇居民养老保险系统基金运行状况

　　由图4－9可以看出，城镇居民养老保险系统的基金债务基数大、增速快，2050年后增速更快，这是由于2050年后我国将进入一个高度老龄化的平稳阶段，城镇居民养老系统面临着更大的资金缺口，政府也需投入更大的财力。城镇居民收入增长率越大，基金运行效果就越差，收入增长率属敏感因子。

　　发达城镇地区与非发达城镇地区的基金债务相加即可得到全国城镇居民的总基金债务。根据债务模型和精算假设，各个情形下的基金债务预测结果如表4－14所示。

表4－14　2010年城镇地区的基金债务　　　　　　单位：万亿元

基金债务	慢速	中速	快速
发达地区	31.9516	52.0593	87.6559
非发达地区	38.4705	62.6662	105.4990
全国	70.4222	114.7255	193.1549

与城镇居民的隐性债务相比，基金债务要大得多，说明新生人口和迁移进来的农村人口所产生的债务占了相当一部分的比例。另外由表 4－14 中测算结果可以看出，虽然非发达地区城镇居民的基础养老金水平要比发达地区的低一些，但由于其人口数量要比发达地区多，从而造成了基金债务要比发达地区的严重。

在中速情形下，发达地区、非发达地区的基金债务分别为 52.06 万亿元、62.67 万亿元，全国的债务由两者累积得到，达到了 114.73 万亿元，如此高的基金缺口必定给政府财政带来沉重的负担，不仅中央和地方政府要做好准备，更需要多方拓宽资金来源，保证城镇居民养老保险系统的可持续运行。

基金债务考虑的是养老保险系统的累积债务，反映了系统的可持续性问题；而居民养老保险系统每年的支出状况也可以从另一角度反映制度是否可持续，直接反映政府每年需做多大的财政预算。在图 4－10 中，我们可看出在三种情形下每一年的支出变化，从曲线变化趋势可看出无论是何种情形，未来每一年的财政负担都在变大。

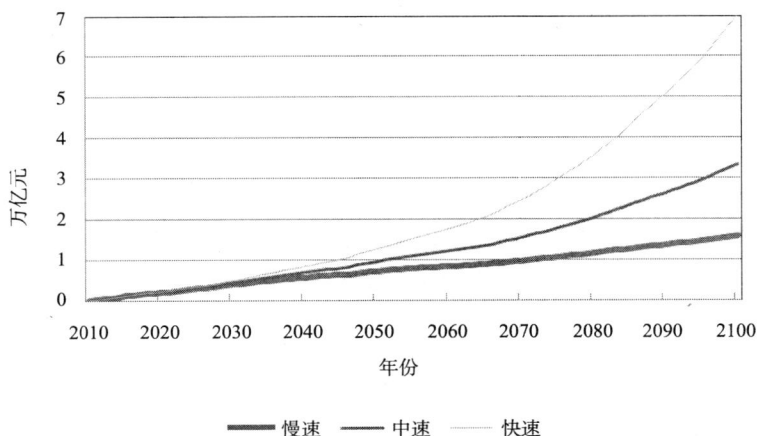

图 4－10　不同情形下城镇居民养老保险系统每年支出变化状况图

四、农村社会养老保险系统的债务

随着城镇化进程的发展，越来越多的农民成为城镇居民，但我国农村人口仍占绝大部分，超过总人口的 50%，因此解决这一部分人的养老问题是重中之重。2009 年 8 月，国务院发布了《关于开展新型农村社会养老保险试点的指导意见》，指出在 2009 年要实现 10%的试点工作，规划到 2020 年实现全面覆盖。本节将对新型农村养老保险未来的基金运行状况进行分析，以预测政府未来的财政负担。

（一）隐性债务

隐性债务反映的是测算基点时这一代人的养老权益，是指系统对这一代人所需承担的未来的债务，即社会养老保障体系未来应向这部分参保人员支付的权益。在测算过程中，和城镇居民养老保险债务的测算相同，我们设定了三种不同的收入增长率，测算结果如表 4 – 15 所示。

表 4 – 15　2010 年农村地区的隐性债务　　　　　　单位：万亿元

隐性债务	慢速	中速	快速
发达地区	7.7556	10.1900	13.5896
非发达地区	21.9386	28.8639	38.5437
全国	29.6942	39.0539	52.1333

由表 4 – 15 可知，与发达地区相比，非发达农村的隐性债务要大很多，这主要是因为非发达地区经济发展较弱，然而实际上更多农村人口是集居在经济水平较差的非发达地区，因此其农村人口占总人口的比例要更高一些，从而也导致了其隐性债务要比发达地区的大很多。

全国农村地区的总隐性债务等于发达农村地区与非发达农村地区隐性债务的总和。在中速的假设情形下，发达地区、非发达地区的隐性债务分别为 10.19 万亿元、28.86 万亿元，由两者相加得到全国农村隐性债务为 39.05 万亿元。然而这一部分债务是否会严重影响到新型农村养老保险基金系统，我们还得看系统的基金运行状况。

（二）基金债务

与隐性债务不同，基金债务的测算人口对象不仅仅是测算基点时的这一代人，还包括在整个测算时期内新出生的人口和城镇地区相互之间的迁移流动人口。新生人口进入老年后，他们同样需要政府为其提供基础养老金，提供养老保障，随着城镇化的发展而迁往城镇的农村人口，他们的债务将同时会被转移进城镇的养老保险系统，从而减少了农村的养老负担，因此我们现在还不能断定基金债务是否比隐性债务严重。考察养老保障体系能否长期有效运行，关键要看系统的基金运行状况，这也是我们测算基金债务的最主要目的。相同地，测算基金债务时我们也是假设了三种可能情形，将发达与非发达地区分开测算。

由前面分析，我们知道农村养老体系存在着严重的隐性债务，再加上在未来几十年我国人口老龄化速度的加快。在这样的情形下，更需要预测未来系统基金的运行状况。图 4 - 11 即是对系统基金运行状况的预测。

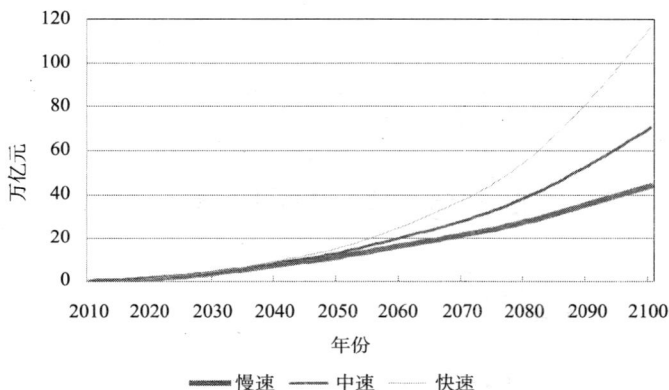

图 4 - 11 不同情形下农村地区养老保险系统的基金运行状况图

由图 4 - 11 可以得出，随着时间的推移，系统的基金赤字在增大，且增加速度越来越快，这是因为人口老龄化的加剧。在未来几十年内，我国人口老龄化到达高峰期后将会平稳保持老年人高比例的状态。老年人的增加将直接导致基础养老金支出的增多，即基金债务增加速度加快。收入增长率越大，基金运行状况就越差，这是因为当农民的收入增长率提高时，人民的生活水平也随之提高，从而养老水平也就越高，也就导致了基金债务的快速增加。

由非发达农村地区与发达农村地区的基金债务汇总，即可得出在不同假设情形下农村地区的总基金债务，具体结果如表 4 - 16 所示。

表 4-16 2010 年农村地区养老保险系统基金债务 单位：万亿元

基金债务	慢速	中速	快速
发达地区	11.4958	18.3046	30.2794
非发达地区	32.7261	52.2002	86.4678
全国	44.2219	70.5049	116.7471

表 4 - 16 是农村地区的基金债务，与农村地区的隐性债务比较，其明显要多一些，这是由于测算基金债务的人口是动态的，它既包括了测算基点时这代

人产生的养老债务，同时也包括了测算时期新生人口所产生的债务，新生人口进入老年后产生的债务比迁入城镇的人口所分担的债务还要多。

隐性债务反映了一代人的养老权益，而基金债务才反映了整个养老保险系统的债务缺口，基金的运行状况关系到系统的长期可持续运行，由表4-16可知，在快速的情况下，农村的基金债务高达116.75万亿元。但我们并不能为了减少债务的产生而任意降低农民的养老金水平，随着社会经济的发展，群众也应保持相应的生活水平，这就对政府的财政能力提出了更高的要求，为了使养老保险体系能够维持下去，政府需要补贴更多的金额。

第六节　全国养老保险体系的债务

一、隐性债务

表4-17　全国社会养老保险隐性债务规模及各养老保险体系的占比　单位：万亿元

工资增长速度	慢速	中速	快速
全国总计	155.92	199.98	260.16
其中：企业职工	43.7%	44.8%	45.8%
机关事业单位	23.7%	22.1%	20.5%
城镇居民	13.5%	13.6%	13.7%
农村居民	19.0%	19.5%	20.0%

将以上测算的企业职工、机关事业单位、农村居民和农村养老保险的隐性债务相加得出全国的隐性债务，如表4-17所示。全国隐性债务规模达到了200万亿元左右，其中企业职工所占比重最大，大约为45%；其次是机关事业单位、农村和城镇居民。而在测算时点2010年的人口规模中，农村最大、城镇居民次之、机关事业单位最小。企业职工和机关事业单位较高的隐性债务主要是由较高的养老金给付水平造成的。

对于企业职工，这部分隐性债务主要由后代人的缴费补偿，不足部分则得由政府财政负担；其他三种制度中基础养老金不存在缴费收入，隐性债务则全部由政府财政负担。但是隐性债务只是衡量了当代人的养老成本，政府实际负担也不仅仅是隐性债务部分。因此，要测算体系运行中的实际养老成本，必须结合当代和后代参保人，考察基金的整体运行状况。

二、基金债务

对各个部分的基金债务或累积成本进行加总可得全国养老保险体系的基金债务。如图 4-12 所示，增长速度越快，基金债务规模就越大，同时，债务随着时间推移将大幅度增加。工资中速增长时，2050 年的基金债务为 74 万亿元，2100 年更是达到了 490 万亿元，远高于隐性债务规模。由于企业职工养老保险系统中存在缴费收入，上文分析也说明，企业职工未来新参保人的缴费抵消了部分中老年人的隐性债务，使得基金累积债务小于隐性债务。因此，尽管它的隐性债务规模很大，但基金累积债务却是最小的。而机关事业单位的基金累积债务最大，占据了全部基金累积债务的 1/2，这也表明了机关事业单位养老保险体系改革的必要性和迫切性。

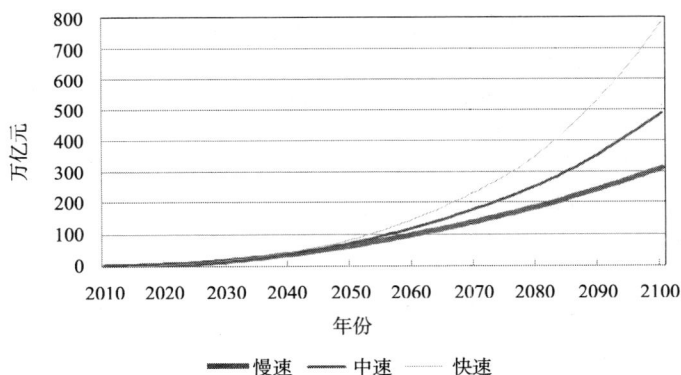

图 4-12　全国养老保险体系基金债务状况

表 4-18　未来 90 年全国基金债务规模及各体系的占比

工资增长速度	慢速	中速	快速
全国（万亿元）	312.20	488.83	786.39
其中：企业职工（%）	14.3	11.3	7.9
机关事业单位（%）	49.0	50.8	52.7
城镇居民（%）	22.6	23.5	24.6
农村（%）	14.2	14.4	14.8

三、结论

通过对全国养老保险体系债务进行测算研究，得出以下几个结论：

第一，在人口老龄化压力下，我国未来养老保险体系出现了巨大的基金赤字，财政负担严重。2020 年后，加速的人口老龄化使得债务和财政负担迅速扩大。且由于机关事业单位、城镇居民和农村养老保险体系没有缴费收入，企业职工养老保险体系也因人口老龄化严重而出现收不抵支。因此，工资增长率越快，养老金支出越大，基金债务也就越严重。未来政府是否具有充足的承担能力，成为政府和公众最为担心的问题。

第二，机关事业单位的债务尤其严重，应当改革其退休金制度。机关事业单位的退休金水平明显高于企业职工，而机关事业单位和个人又不存在缴费责任。其庞大的养老金完全由国家财政负担，不利于养老保险体系的稳定健康发展以及社会的公平，因此有必要对其进行改革，以减少养老负担。我国于 2009 年正式开始了事业单位的养老保险改革试点，公务员养老保险改革也是迟早的事。

第三，延长退休年龄以降低抚养比，从而可以改善基金的收支状况。职工未来抚养比达到了 80% 以上，加重了在岗职工的养老负担并使基金出现了收支缺口。延长退休年龄可以降低职工抚养比，增加养老基金积累年限的同时又减少了领取养老金的时间，因而有利于养老保险基金的收支平衡。

第七节　老人高龄津贴制度

一直以来，中国的主要养老模式是家庭养老，但随着第一代独生子女的父母进入老年，两个年轻人必须负担四个老人的养老重任，无力、无暇应对的问题日益凸显。因此，社会养老将替代家庭养老成为主要的养老模式，但要使社会养老能够发挥作用，政府应当完善养老保障体系，指导养老保障体系建设，并应当确立政府对老年养老的公共财政责任，确立政府资金投入渠道的作用。一方面，政府应当承担养老保险体系基金的收支赤字；另一方面，应建立养老服务补贴制度，建立困难老人、高龄老人津贴制度，这也是 2010 年全国两会的热点问题之一。

本节将分析建立老人高龄津贴的必要性和现状，并设置高、中、低三种津贴标准测算我国老人高龄津贴成本。

一、建立老人高龄津贴制度的必要性

在银发浪潮的冲击下，如何让老年人生活得有保障、有体面、有尊严，越来越受到国家的重视。高龄津贴是一种兼有社会救助和社会福利性质的社会保障措施，对于解决高龄老人基本生活问题、提高高龄老人的生活质量，起着重要作用。我国部分省份已经建立起老人高龄津贴制度，但是各省并不统一，因此在 2010 年"两会"上，民政部社会福利和慈善事业促进司司长王振耀提出民政部将在 2010 年统一高龄养老津贴制度，全国 80 岁以上的老年人可享受津贴，推动老年福利由救助型向普惠型发展。建立老人高龄津贴制度是公共财政责任的要求，也是实现社会公平的需要。其必要性主要体现在以下几个方面：

（一）政府责任的必然要求

老龄化的到来，使得我国传统家庭养老模式受到严峻挑战。同时，由于人类寿命的延长，家庭中高龄老人和两代老人的现象开始普遍，晚辈养长辈、配偶养配偶不再安全可靠，家庭和个人的力量已难以承担养老重任。因此，政府必须推进社会化、制度化、专业化养老，加大养老投入，在养老中发挥独特、法定的作用。

政府承担养老职能是政府适应社会环境变化的需要，是满足老年公共管理与服务不断增长之需求的需要。我国法律也在老年养老方面对政府提出了法定责任。《中华人民共和国宪法》第四十五条规定，中华人民共和国公民在年老、疾病或者丧失劳动能力的情况下，有从国家和社会获得物质帮助的权利。国家发展为公民享受这些权利所需要的社会保险、社会救济和医疗卫生事业。《中华人民共和国老年人权益保障法》规定，国家和社会应当采取措施，健全对老年人的社会保障制度，逐步改善保障老年人生活、健康以及参与社会发展的条件，实现老有所养、老有所医、老有所为、老有所学、老有所乐。[①]

（二）老年人口众多，且老年养老保障覆盖率较低

本书人口测算结果显示，2010~2035 年我国 60 岁以上老年人口比例将快速增长，2055 年左右达到最高峰，为 34%。其中 80 岁以上高龄老年占 60 岁以上老年人口的比例也在不断提升，2010~2055 年由 12.9%持续上升到 35%以上，高龄老人数据则由 2010 年的 2600 万人持续上涨到 2055 年的 1.6 人亿左右。农村高龄状况最严重，高龄老人与 60 岁以上人口占比在 2010~2055 年将由 13.4%持续上涨到 40%以上。

然而，当前我国养老保障覆盖率仍较低，尤其是大部分农村高龄老人游离于社会保障体系之外，没有固定的养老收入，没有可靠的医疗保障。全国老龄委办公室组织的《中国城乡老年人口状况追踪调查》研究显示，2006 年老年人领取退休金（养老金）的比率，城市老年人为 78.0%，农村仅为 4.8%。城市享

[①] 潘金洪. 多视野下的政府养老责任. 南京人口管理干部学院学报，2009（2）.

受退休（养老）金的老年人平均月退休金为 990 元，平均年收入为 11963 元，支出为 10028 元，其中由自己承担的医药费平均 885 元；农村享受退休（养老）金的老年人平均月退休金 684 元，平均年现金收入为 2722 元，支出为 2691 元，其中由自己承担的医药费平均 287 元。

（三）养老金替代率随年龄增长不断下降，高龄老人养老金不足

最近几年养老保障制度不断完善，养老保障覆盖率和养老金给付水平得到了提高。养老金是老年人最重要的基本生活费来源，但我国养老保险退休金增长速度慢于工资或收入增长速度，随着老年人年龄的增长，养老金替代率却不断下降，导致高龄老人只可享受极少的养老金。这里所讲的替代率与前面章节测算养老保险债务时的替代率稍有不同，以城镇企业职工的统筹账户为例，是指一位已经退休的老年人，其各年领取的养老金与当年平均工资水平的比例，而不仅仅是指退休当年的替代率。假设养老金给付增长速度为工资增长速度的 0.6，对于一个 60 岁退休的个体而言，令退休当年统筹账户的养老金替代率水平为 μ_0，x 岁那年工资增长率为 K_x，那么其在 x 岁领取的养老金的替代率则为：

$$\mu_x = \mu_0 \times \prod_{i=60}^{x-1}(1+0.6 \times K_i) / \prod_{i=60}^{x-1}(1+K_i)$$

根据企业职工的相关假设，可计算出发达地区不同时期退休的男性职工一生领取的统筹账户养老金的替代率变化情况如图 4-13 所示。

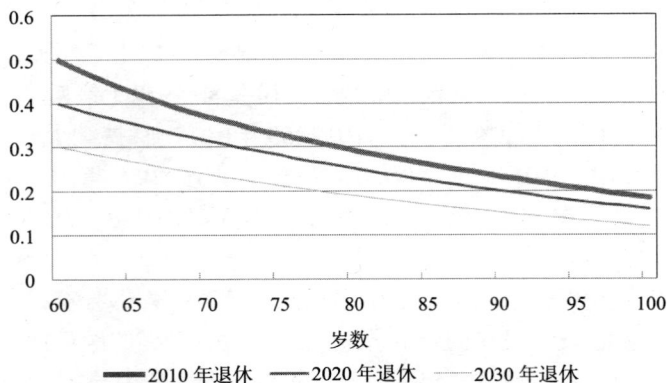

图 4-13　不同时期退休的企业职工其一生领取的统筹账户养老金替代率变化

很明显，随着年龄的增长，替代率会不断递减。2030 年退休的职工领取的

统筹账户养老金的替代率由 60 岁时的 30% 递减到 80 岁时的 19%、100 岁时的 12%，越来越低的替代率水平将使得广大高龄老人的基本生活需求得不到保障，生活质量得不到提高。2010~2030 年，退休时间越晚，替代率越低，这跟本书对该期间因退休老年从中老人向新人转换而设定的不断降低的退休替代率有关。

（四）高龄老人的老年特征

老年人由于生理机能衰退、抵抗力下降，患病率和发病率都要高于其他年龄组，尤其是慢性疾病随着年龄的增加急剧上升。高龄老人更是老年特征最突出的人口，他们一般都体弱多病，有的甚至卧床不起和神志不清，患老年痴呆症的比重大；且经济不能自立，生活自理能力差或不能自理。因此，高龄老人需要家庭和社会向他们提供经济帮助、医疗服务和生活照顾。

二、我国老人高龄津贴制度现状

目前，我国部分省份已经建立起老人高龄津贴制度，但发展很不平衡，除京、津、沪外，在省区一级只有宁夏回族自治区进行了统一规范，其他很多地区都是零敲碎打，有的地方规定是给 90 岁以上老人发高龄津贴，有的标准是 80 岁。高龄津贴发放标准，原则上应当按照各地低保标准、补助水平和发放对象的年龄实行分类分档发放，并随当地经济社会发展、群众生活水平的提高和低保标准变动情况适时进行调整。具体的发放标准由各地民政厅、财政厅按高龄津贴原则协商确定。

2009 年宁夏下发《自治区人民政府办公厅关于建立 80 岁以上低收入老年人基本生活津贴制度的通知》，决定在全区建立高龄老人津贴制度，成为全国第一个建立高龄老人津贴制度的省区。根据规定，凡具有宁夏回族自治区户口且年龄在 80 周岁以上的农村老年人和城市低收入家庭中无固定收入的老年人，均可享受"高龄老人津贴"待遇。城市低收入家庭是指家庭共同生活成员人均月收入低于当地最低生活保障线 150% 的家庭。宁夏回族自治区统一规定，百岁以上老人，不分城乡每人每月 300 元；90~99 岁的老人，发放标准按当地低保的 130% 发放；80~89 岁的老人，按低保标准发放。广东惠州对 95~99 岁的老人，每人每月发 100 元。山东济南给 90 岁以上老人每人每月发 60~100 元。

三、老人高龄津贴成本测算

（一）测算假设

依据各个地方高龄津贴的发放标准，本书将分城镇和农村设定低、中、高三种水平来测算高龄津贴成本。

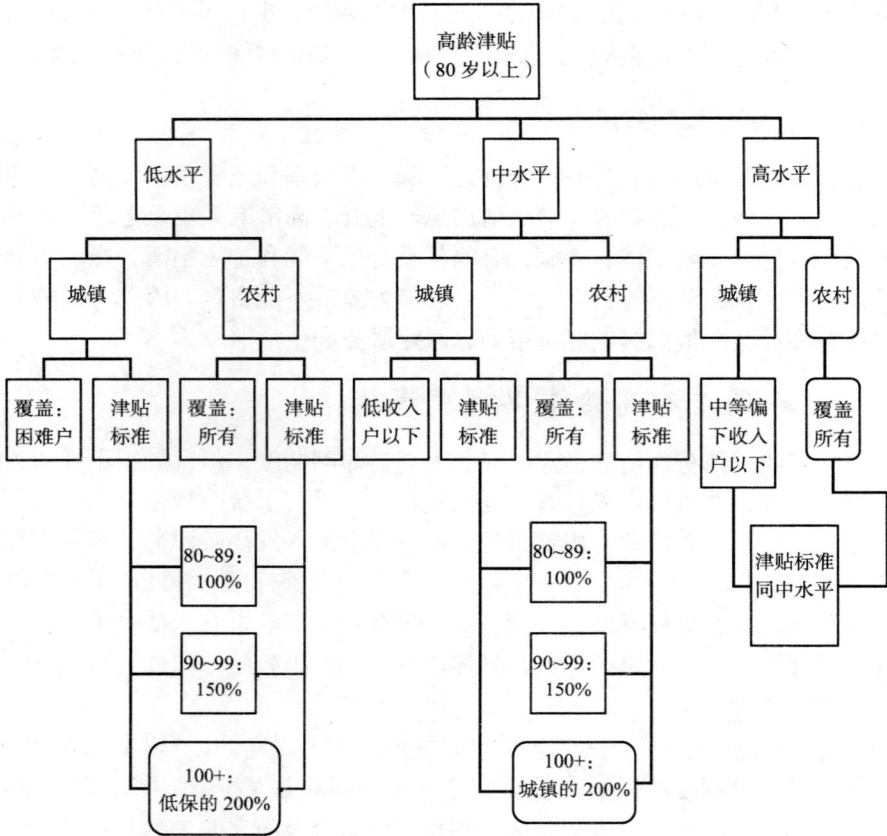

图 4 - 14　老人高龄津贴测算框架

（1）低水平。高龄津贴覆盖 80 岁以上的农村老年人和城镇家庭中困难户的老年人。津贴标准为 80～89 岁的老人按当地低保支出水平发放；90～99 岁的老人按低保的 150%发放；100 岁以上的老人则按低保的 200%发放。

（2）中水平。高龄津贴覆盖 80 岁以上的农村老年人和城镇家庭中最低收入户和低收入户的老年人。津贴标准为 80～89 岁的老人按当地低保支出水平发放；90～99 岁的老人按低保的 150%发放；考虑到城乡之间的公平性，100 岁以上老人则不分城乡均按城镇低保的 200%发放。

（3）高水平。高龄津贴覆盖 80 岁以上的农村老年人和城镇家庭中中等偏下收入户以下的老年人，津贴标准与中水平情形一样。

困难户、最低收入户和低收入户的划分则依照中国统计年鉴城镇家庭收入分组方法。即人均可支配收入由低到高排队，按 10%、10%、20%、20%、20%、10%、10%的比例依次分成：最低收入户、低收入户、中等偏下收入户、中等收入户、中等偏上收入户、高收入户、最高收入户七组。总体中最低 5%的户为困难户。

国民经济和社会发展统计公报显示，2009 年城镇居民人均年可支配收入17175 元，农村居民人均年纯收入 5153 元。2010 年第一季度全国民政事业统计数据显示，城镇最低生活保障月人均支出水平为 162 元，农村为 61 元。因此，本书假设 2010 年城镇和农村的最低生活保障年人均支出水平分别为 1800 元、600 元，则约为城镇居民人均可支配收入和农村人均纯收入的 10%。并假设低保支出水平按工资增长速度增长。

（二）高龄津贴成本

根据以上假设，测算出未来每年的高龄津贴成本，并贴现到 2010 年。未来老龄化加剧将使高龄津贴成本呈持续上涨趋势。工资增长速度为中速时，低、中、高三种水平下的津贴成本的年均增长速度分别为 4.7%、5.3%、5.6%；2010 年津贴成本分别为 108 亿元、138 亿元、178 亿元；2050 年上升到 1786 亿元、2990 亿元、4470 亿元。

津贴水平为中等情况时，慢、中、快三种工资增长速度下的津贴成本年增长速度分别为 4.4%、5.3%、6.3%；2050 年津贴成本上升到 2153 亿元、2990 亿元、4140 亿元。

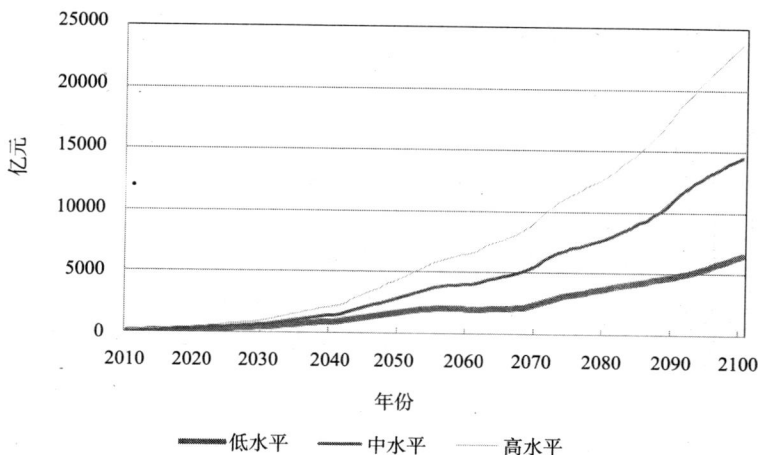

图 4－15　工资增长速度为中速时，高、中、低三种水平下的津贴成本（2010 年现值）

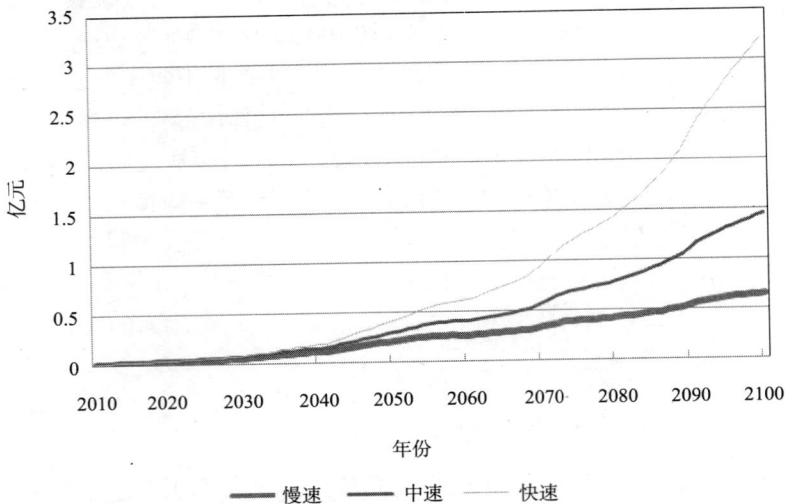

图4-16 三种工资增长速度下中等水平的津贴成本（2010年现值）

第八节 养老保障的公共财政负担

本节测算养老保障的财政负担，并对未来GDP和财政支出水平做出预测，以评估政府每年需要承担的公共养老成本的大小。

一、公共财政负担大小

除承担老人高龄津贴成本外，政府还需要对养老保险体系的基金收支赤字负"兜底"责任。将前面几节测算出的各个体系每年的收支赤字和成本进行加总即可得到未来政府在养老保障方面每年需要承担的财政责任。如图4-17所示，养老保障的财政负担呈持续快速增长趋势，工资增长速度越快，财政负担就越大。在中速增长情况下，财政负担在2030年、2050年、2100年分别为1.8万亿元、4.3万亿元、15.7万亿元，年均增长率为4.4%。若每年基金财政负担未贴现的话，年均增长率达到7.5%，快于工资增长速度，这源于越来越多的老龄人口。主要财政负担首先在于过高的机关事业单位养老成本，其次是城镇居民和农村养老保险体系。

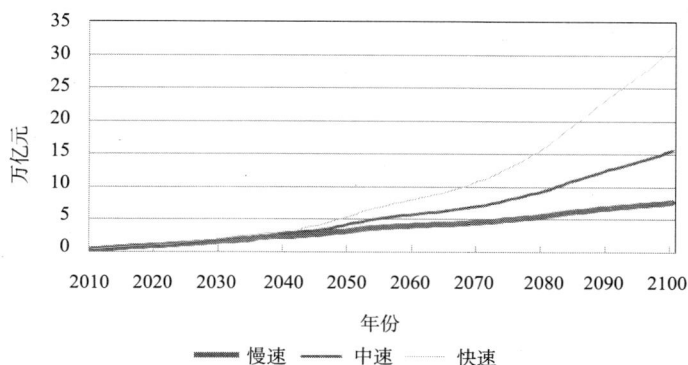

图 4 – 17　养老保障体系赤字补贴及老年津贴公共财政年度负担（2010 年现值）

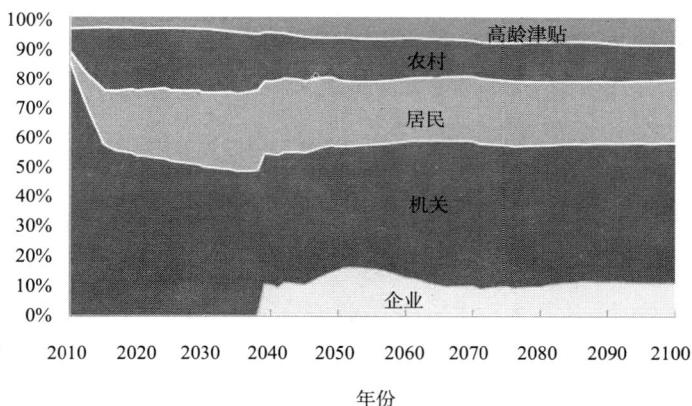

图 4 – 18　中速情形下各个体系财政负担的占比[①]

二、可行性分析

可行性是指公共财政对养老保障的支出是否在其可承担的能力范围之内，即养老保障财政支出占 GDP 或财政预算总支出的比例要维持在一个合理水平。根据第三章对人口红利和 GDP 的分析，这里假设未来 GDP 实际增长率：2009~2030 年，从 8%逐步降到 4%；2030~2050 年，从 4%逐步降到 3%；2050年后保持 3%不变。并假设财政预算支出占当年 GDP 的 20%，由此测算出未来

---

① 中速情形下，企业职工养老保险体系到 2039 年才出现基金积累赤字，因此企业职工体系的财政负担从 2039 年开始计算。

每年养老保险基金财政负担占 GDP 和财政支出的比例。

占 GDP（％）　　　　　　　　　　　　　　　　占财政支出（％）

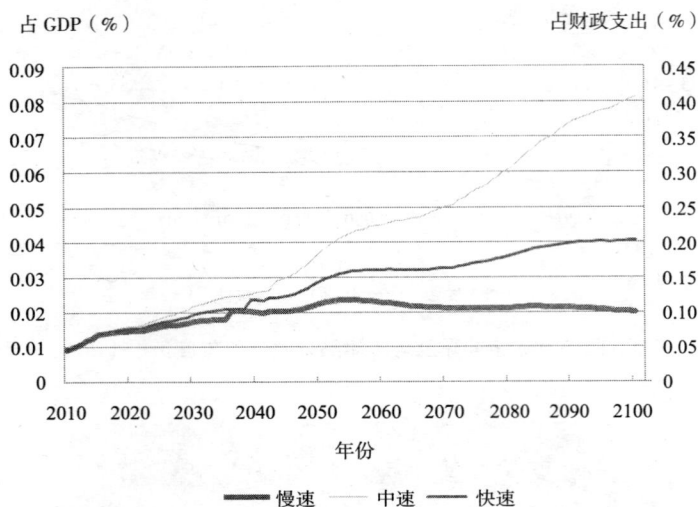

图 4－19　未来每年财政负担占 GDP 和财政预算支出的比例

　　2010 年养老保险体系的财政负担只占 GDP 的 1%、占财政支出的 5%，2010~2020 年仍保持在较低水平，但 2020 年后由于进入加速老龄时期，GDP 和财政支出的占比也迅速上涨。工资中速增长情况下，2030 年、2050 年、2100 年 GDP 占比分别为 1.95%、2.91%、4.08%，财政支出的占比分别为 9.75%、14.54%、20.41%。这里仅仅考虑了养老保障体系中的财政负担，若涵盖老年人医疗方面的需求和成本，老年保障成本将是一个更大的数字。

第五章 老年医疗保障成本、债务及财政责任分析

　　老年群体比其他年龄群体有更多的医疗服务需求，同时老年人群的经济状况与其他年龄群体相比又处于劣势，对于过高的医疗服务费用，个人的经济承受能力极其有限，而家庭养老功能却在弱化，部分低收入的老年群体无法靠自身财富积累满足其医疗支出。若实行老年人群与其他人群一致的医疗保障制度，势必导致这些老年人有病不能医、不敢医。保障老年人基本医疗需求是国家的责任，也是医疗服务公平性的重要体现，如果老年社会保障制度不健全完善、老年人身体健康得不到充分保障，必然会给老年人、家庭和社会带来很多问题。因此，在医疗保障方面：第一，要逐步建立和完善基本医疗保险制度，并随经济发展相应调整基本医疗保险费率，提高基本医疗保险的保障水平。第二，应当积极发展各种类型的老年补充医疗保险，如对老年人常见的慢性病、大病、重病要制定一些特殊办法，并给予适当的医疗费用保障；要逐步将社区老年卫生服务纳入基本医疗保险支付范畴，保证老年人得到就近、及时、便捷、价廉质优的医疗保健服务。第三，还应建立城乡医疗救助制度，对城乡贫困老年人给予医疗救助补贴，保障其基本医疗需求。第四，根据老年人在医疗服务需求上的特殊性，当社会经济发展到一定阶段并且具备条件时，应当适时把老年人护理和临终关怀等内容纳入医疗保障范畴。由此建立起一个围绕老年人基本医疗需求的，由基本医疗保险、针对慢性病和大病的补充医疗保险、医疗救助和长期护理制度等所组成的多层次的老年医疗保障体系。

　　随着人口老龄化问题的突出，老年人医疗服务需求快速增长。为建立多层次的老年医疗保障体系，保证医疗保障体系的可持续性发展，并明确政府对老年医疗保障的责任，本章将从基本医疗保险体系、对低收入老年群体的医疗救助和长期护理制度三个方面分别测算老年人医疗需求和成本及债务、公共财政保障老年医疗需求的财政负担状况。

第一节　现行医疗保险体系的基金运行状况分析

现行医疗保险体系由城镇职工基本医疗保险、城镇居民基本医疗保险和新型农村合作医疗组成。覆盖城乡全体居民医保体制的建立是医保改革的一大进步，有利于缓解"看病难、看病贵"等问题，并促进了城乡医疗事业的平衡发展。现行的医疗保险制度采用现收现付制，以支定收，略有结余。然而随着医疗费用急剧上升、人口老龄化的到来，现收现付的筹资机制将受到严峻挑战，医保基金将收不抵支，进而导致巨大的财政负担，不利于医保体系的可持续发展。

本节将回顾国内外医保体系的现状，利用保险精算方法测算我国医保基金的未来收支状况，并进行相应分析。结果表明，人口老龄化和医疗费用膨胀的双重冲击使得现收现付的医保体系产生庞大的收支缺口，政府需要承受沉重的财政负担。因此，必须改革我国现行的医保筹资模式，变现收现付制为部分积累制，建立医保储备基金，并严格遏制医疗费用膨胀势头，才有可能实现医疗保障体系的可持续发展。

一、国内外医疗保险体系困境

维持医疗保险基金的长期收支平衡是世界性的难题。以美国为例，近几十年随着先进技术在医疗卫生领域的广泛应用、老龄化、国民医疗服务需求的不断增加以及医疗卫生体制存在的种种弊病，医疗费用急剧上涨。1985～2006年，医疗保健支出平均每年增加7.7%，而GDP的增长率只有5.6%；[1] 2007年美国花费了22万亿美元，即GDP的16%用于医疗保健，预计2017年这个比例将达到19.5%。[2]在社会医疗保险中，Medicare项目的支出也随之增加，从而影响到基金收支平衡。美国医疗保险和医疗补助服务中心（Centers for Medicare and Medicaid Services，CMS）下的受托人医疗保险局（Medicare Board of Trustees）每年都会测算Medicare[3]项目基金10年和75年的运行趋势和债务状况。目前，

---

① Centers for Medicare and Medicaid Services. NHE Summary Including Share of GDP, CY 1960–2006. 2008.

② Centers for Medicare and Medicaid Services，Office of the Actuary，National Health Statistics Group.

③ Medicare体系是全美最大的健康保险项目，包括住院保险（Hospital Insurance 或者称为 Part A）、补充医疗保险（Supplementary Medical Insurance 含 Part B 和 Part D）。住院保险信托基金的个人缴费是以工资税的形式，用当年参加工作的个人缴费来支付65岁以上老年的医疗费用支出；补充医疗保险项目的资金25%来自注册者每月缴纳的保费，另外75%来自联邦的配套基金。

基金收支失衡风险已成为该体系不得不面对的困扰。据 2009 年的报告[1]显示，2008 年 Medicare 支出占 GDP 的 3.2%，2083 年达到 GDP 的 11.4%。其中住院保险 2008 年的医疗费用支出已经超过当年的缴费收入，预计到 2017 年住院保险基金将被全部耗尽；补充医疗保险信托基金能够自动实现收支平衡，但医疗费月以年均 6.4% 的速度上涨，政府的支出压力也随之持续变大。

相比较而言，由于老龄化的快速发展，我国医疗保险体系的债务风险将比美国更加严重，学界和政府应给予高度重视。我国人口老龄化基数大、速度快，且"未富先老"，未来人口老龄化程度将比美国更严重，对医疗保障体系收支的影响也更大。1978～2006 年，我国卫生总费用从 110.21 亿元上涨至 9843.34 亿元，卫生费用的增长速度远高于 GDP 的增长速度。同时，医保基金支出增长速度也高于基金收入增长速度，以 2004 年为例，基本医疗保障基金支出达 862 亿元，比 2003 年增长 31.6%，占基金收入的 75.5%，增长速度比基金收入增长快 3.5%。人口老龄化的匆匆到来将加剧医保基金的债务风险。

老年人是医疗服务的高消费人群。一般情况下，一个人在 65 岁以上的医疗费用开支要占到他一生医疗开支的 70% 左右，且年龄越大、开支越大。我国是世界上老年人口最多、增长最快的国家，在 1999 年已进入老龄社会，预计 2050 年老年人口总量将超过 4 亿，老龄化水平推进到 30% 以上。因此，我国人口结构的老龄化将直接导致医疗开支的急剧上升。人口老龄化将对我国经济增长、储蓄、投资与消费、劳动力市场、税收等产生冲击，从而影响国内生产总值和财政收入，医疗保障体系的缴费收入也会明显缩减。随着 10 年后我国的人口红利结束，养老及医疗等社保项目的支出膨胀，届时必将严重影响到我国的投资环境，并可能出现严重的经济及政治风险。我国的人口老龄化形势将导致国民收入和国家财政无法应对巨大的医疗开支，从而产生灾难性的后果。

医保基金的长期收支平衡是我国医疗保险体系的重要目标。通过预测社会医疗保障基金的运行状况，使得政府能够及时了解基金收入与支出情况，便于有效控制医保资金支出、合理安排基金积累、控制医保系统存在的债务风险。

二、医保基金收支测算过程

笔者[2] 已经对我国医疗保险体系的债务和基金运行状况进行了详细研究，具体测算过程和假设这里则不具体说明。但本节与之相比结果将有不同：第一，人口数据不同，本书考虑到未来人口寿命延长的状况，寿命表将不是固定不变

---

① 2009 annual report of the boards of trustees of the federal hospital insurance and federal supplementary medical insurance trust funds. http://www.cms.hhs.gov/ReportsTrustFunds/01_Overview.asp#TopOfPage.

② 宋世斌. 我国医疗保障体系的债务风险及可持续性评估［M］. 北京：经济管理出版社，2009.

的；第二，本节中将普通门诊统筹医疗费用也纳入到测算范围，因此对医疗缴费和补偿比也重新设定，所得结果也将有所变化。

（一）精算模型

为确定未来医保基金的收支状况，我们建立精算模型，计算出每年的基金赤字，并累积得出总的基金缺口。具体计算公式如下：

$$D = \sum_{t=t_0}^{t'} \left(\sum_{x=0}^{d} L_x^t C_x^t \mu^t - \sum_{x=0}^{d} L_x^t G_x^t \right) (1+i)^{t_0-t}$$

其中，t_0 为测算起始时点，d 为最大寿命，L_x^t 为开放的医保系统在 t 年时 x 岁的参保人数，C_x^t 为 t 年 x 岁的人的平均医疗费用，u^t 为 t 年时的医疗费用补偿比，$\sum_{x=0}^{d} L_x^t C_x^t \mu^t$ 则表示 t 年时的医保支出。G_x^t 为 t 年 x 岁人的平均缴费，对于城镇职工和城镇居民其为平均缴费工资与缴费率的乘积，对农民则根据医疗费用补偿来确定一个数额。那么，$\sum_{x=0}^{d} L_x^t G_x^t$ 表示 t 年时的医保缴费，$\left(\sum_{x=0}^{d} L_x^t C_x^t \mu^t - \sum_{x=0}^{d} L_x^t G_x^t \right)$ 则意味着 t 年时的医保收支赤字。把每年的收支赤字用银行利率 i 贴现后，则得到测算起始时点为基准的各年总基金缺口 D。

（二）精算假设

2010 年，城镇居民医疗保险体系将全面覆盖，所以把测算始点选定在 2010 年。为简化计算，我们假设 20 岁以下参保人的保费与医疗补偿基本均衡，即不影响医保基金的收支状况，从而将 20 岁以下的未成年人的收支不列入本节的测算范围。

1. 医疗费用及工资增长率

本书分好、中、差三种情形来预测医保基金的收支。医疗费用增长速度和工资增长速度直接影响医保系统的基金收支水平，因此好、中、差三种情形的划分主要依据两者之间的差距设定。假定工资增长率 2005～2025 年从 10% 均匀递减到 6%，之后保持 6% 不变。医疗费用增长率则根据医疗费用增长相对于工资增长的弹性系数来确定。依据历史数据假定 2005 年城镇职工和居民医疗费用增长率为 13%，2035 年后三种情形下的医疗费用增长弹性分别为 1.1、1.2、1.3，也就是较好情形下医疗费用增长率 2005～2035 年从 13% 逐渐递减到 6.6%，之

后保持 6.6%不变；一般情形下，医疗费用增长速度变快，2005～2035 年从 13%
逐渐递减到 7.2%，之后保持 7.2%不变；较差情形下，医疗费用增长率 2005～
2035 年从 13%逐渐递减到 7.8%，之后保持 7.8%不变。对于农民，则假定 2005
年医疗费用增长率为 14%，三种情形下的医疗费用增长弹性分别为 1.2、1.3、1.4。

2. 医保缴费

在现收现付制下，城镇职工、居民的缴费率采用收支平衡缴费率，由于医
疗成本上涨，平衡缴费率可能上升到超出参保人的负担能力，为此，假设参保
人负担的缴费率分别有 20%、12%上限。农民承担医疗费用总补偿的 1/3，并假
定每年有一个最大负担上限（2005 年最大承受额为 100 元），超过负担能力的
部分则由基金结余来弥补或由政府财政支持。

3. 补偿比

假设城镇职工住院费用补偿比为 70%，普通门诊费用补偿比为 50%；城乡
居民住院费用补偿比为 50%，普通门诊费用补偿比为 40%。

三、医保基金的收支赤字

根据前面的测算公式及相关假设，我们可以测算出未来我国社会医疗
保险基金的每年收支赤字，如图 5－1 所示。2010～2100 年基金累积赤字，
较好情况下为 402.1 万亿元，一般情况下为 790.1 万亿元，较差情况下达到
了 1376.7 万亿元。

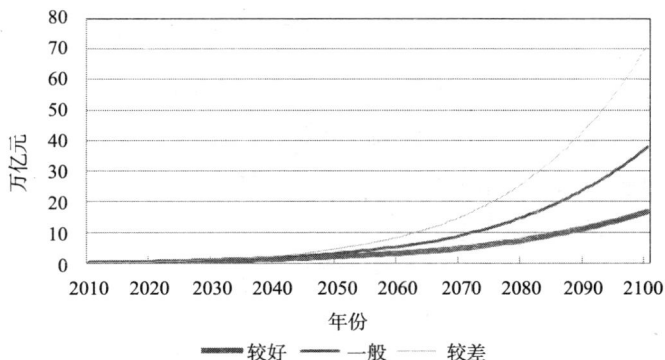

图 5－1　医疗保险体系的年度收支赤字（2010 年现值）

一般情况下，2010 年医保基金赤字为 0.161 万亿元，2050 年达到 3.148 万
亿元，2080 年后超过 10 万亿元（见表 5-1）。其中，城镇居民医疗保险体系的
累积负担最重，为 365.042 万亿元，其次是城镇职工医疗保险体系及新农合，

城乡医疗救助体系的负担最小。从时间段来看，当前的财政负担主要源于新农合体系的收支赤字，城镇居民医保体系的赤字较小，城镇职工医保系统大概到2040年才出现赤字，然而城镇职工和城镇居民医保体系收支赤字增长迅速，在后期远远超过了新农合。

表 5-1　一般情形下各医疗保险体系的每年收支赤字　　　　单位：万亿元

年份	2010	2025	2040	2055	2070	2085	2100	90年累积
城镇职工	0	0	0	0.680	2.353	6.618	14.543	247.811
城镇居民	0.05	0.180	1.016	2.325	4.469	8.669	15.902	365.042
新农合	0.111	0.329	0.671	1.167	2.055	3.950	7.472	177.291
合计	0.161	0.509	1.687	4.172	8.877	19.237	37.918	790.143

　　人口老龄化的急剧加速以及医疗费用的快速增长等因素影响了我国医保基金的收支平衡，参保人的缴费远远不能满足支付要求，形成了较多的公共财政负担。其中，部分机关事业单位采用的公费医疗制度主要由财政来负担，面临医疗成本高且医疗服务效率低下的困境，制度的可持续性差；农村地区的人口老龄化最为突出，农民的缴费能力较弱，同时医疗需求大量释放将导致医疗费用快速增长，从而国家必须给予新农合较多的补贴来改善农村医疗保障水平；同样，城镇居民医保体系的缴费能力较弱，医疗需求和支出却很大，因而债务负担也很严重；城镇职工医保体系的缴费能力虽高，但退休老人负担重，医疗费用上涨快，造成医保缴费率一路攀升，将超出参保人的负担能力，从而产生收支缺口，形成公共债务负担。另外，在我国医疗保险制度建立时，对中老年参保人以前应积累的医疗权益并没有建立相应的责任准备基金，这部分中老年参保人应积累的医疗权益称为"隐性债务"，这也是医保基金债务缺口的主要原因之一。

　　以上测算结果表明，我国医保基金面临严重的收支失衡风险，未来将出现庞大的财务赤字，严重影响我国医疗保障体系的可持续性以及医保基金的安全稳定运行。由于没有基金积累，现收现付筹资模式将无力应对医疗费用增长和人口老龄化带来的双重压力，这同时说明，我国现行医疗筹资方式是相当不合理的，必须对其进行改革才能保证医保系统的可持续运行。

第二节　老年医疗救助成本

　　医疗救助是多层次医疗保障体系的重要组成部分，老年医疗救助则主要是对老年居民中的孤老、孤老残及无子女、无职业、无固定收入来源的"三无"

老人实行医疗补助和救济。广义的医疗救助是政府在基本医疗保险范围之外，向弱势群体提供专项帮助和资金资助的一种医疗保障制度，主要包括对贫困群体参加社会基本医疗保险的缴费补贴、贫困群体医保中自付费用的补贴、医疗机构对无经济能力的危重病人急救补偿、大病专项医疗救助等。本节根据我国医疗救助的实际情况及未来发展，利用人口模型和精算方法，对未来老年医疗救助的支出水平做出估计，以明确政府对贫困老年人医疗服务的财政责任。

一、我国医疗救助现状

目前我国还没有统一完善的医疗救助体系，各省市根据本地的实际情况自行制定和实施一些措施，并积极开展医疗救助试点。但实施的都是较为简单的方案，因大病发生需要大额医疗费用支出时通过申请才有可能获得，对贫困家庭并无长效的保障机制。各地的医疗救助一般将经济负担较重的大、重病纳入救助范围，目的是减少因病返贫、贫病循环现象，但是却忽视了贫困人口的基本医疗需要，存在重"大病"轻"小病"的现象；另外，救助水平很低，医疗救助方案设置的起付线大致等于贫困家庭的年收入，影响了贫困家庭对医疗救助的利用；同时，救助面非常小，大部分城市的医疗救助计划所规定的救助对象均是持有当地户口的城市居民，基本上没有包括在城市生活的暂住人口和流动人口。

医疗救助制度的不完善，使贫困人群尤其是老年人看病难上加难。由于经济条件的限制，贫困人口承受疾病风险的能力是很低的。一旦面临较高医疗支出，他们就会面临维持基本生计还是看病吃药的两难选择。许多患者由于无钱医病，小病拖成大病、重病，进而影响到生产能力，进一步加剧贫困程度。由国家发改委制定的《医药行业"十一五"发展指导意见》文件披露，全国每年大约有1000万的农村人口因病致贫。低收入的城镇居民同样面临这种就医的困境。在城市居民最低保障对象中，有30%～40%是因病致贫和因病返贫的。[①] 因此，继续健全和完善医疗救助制度势在必行。

广州市作为较早实施医疗救助的试点城市，一直在不断探索医疗救助的改革实施方案，于2009年5月1日开始实施的《广州市困难群众医疗救助试行办法》，在覆盖面、救助标准、救助方式等方面都有新的突破。新办法将广州市城乡居民全部纳入了医疗救助体系，改变了以往广州市农村没有重大疾病医疗救助制度的局面；将因病致贫者列入医疗救助范围内，城乡居民只要自付医疗费用有困难且影响到基本生活的，都可以申请医疗救助，体现了医疗救助的社会

---

① 刘智勇，赵宁，李孜，金新政.我国城市贫困人口医疗救助现状及政策建议［J］.中国社会医杂志，2009（1）.

公正性；将医疗救助机构从原来的五家定点医院扩大到全市所有社会医疗保险和新型农村合作医疗保险机构，方便困难群众就医。新办法将参保人员每年累计最高医疗救助额度由 1 万元提高到 1.5 万元；在病种方面，除了将广州城镇职工医疗保险住院、门诊特定项目的疾病以及指定慢性疾病纳至范围外，患有其他疾病都可以申请医疗救助。另外，新办法还大幅降低了医疗救助起付线，从目前城镇住院最高起付标准 2000 元，降到城镇 300 元、农村 200 元，这将有效提高医疗救助的实际支持力度。对于特别贫困的群众，如果享受办法规定的医疗救助后仍无力支付医疗费用，则可申请特别医疗救济。

但是也应看到，我国大多数地区的医疗救助水平还很低，制度仍然不完善。随着我国人口老龄化加剧和经济的发展，建立健全的医疗救助制度将是完善我国老年医疗保障体系的重点工作。

二、老年医疗救助设计方案及测算过程

（一）老年医疗救助方案概述

借鉴国外医疗救助制度，根据我国新医改的发展方向，本书中的医疗救助体系包括以下四方面（见图 5-2）：

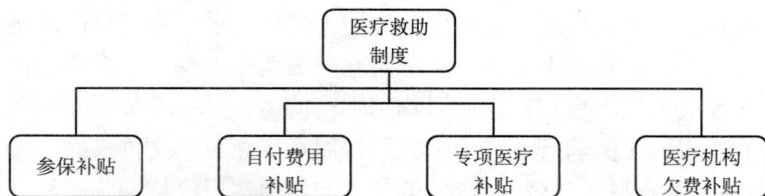

图 5-2　医疗救助框架

（1）参保补贴。主要是为贫困人口参加社会基本医疗保险提供缴费补贴，保证贫困群体都能进入基本医疗保险体系，实现我国全民医保的目标。

（2）自付费用补贴。贫困群体参加社会基本医疗保险后，除去基本医保的报销部分，自付部分仍有可能超过贫困群体的承担能力，所以需要对贫困群体医保外自付费用的部分进行补贴。

（3）专项医疗补贴。重大疾病是导致因病返贫、贫病循环的重要原因，因此有必要对部分重大疾病治疗给予专项补贴。考虑到中国经济发展水平及财政负担能力，为了使有效的医疗救助基金发挥最大的作用，所设计的医疗救助方案将对重大疾病的病种作出限制。

（4）医疗机构欠费补贴。医疗机构有救死扶伤的义务，但必须获得必要的经济补偿。医疗救助制度应包括对危重病人的急救治疗费用及部分无经济能力的病人欠费的补偿。

医疗救助的主要对象是 60 岁以上的贫困老年人口，以上四个方面的补贴基本能覆盖贫困老年居民的基本医疗需求。

（二）测算假设与思路

由于 2009 年新医改意见提出了城乡医疗救助体系覆盖到全国所有困难家庭的目标，且 2010 年基本医疗保险将覆盖全国，所以以 2010 年为测算时点，资金运行状况都折算至 2010 年，假设各年利率均为 3%。根据 2008 年中国统计年鉴，城市居民最低生活保障人数、农村低保和传统救济人数占城市居民人数与农村居民人数的比例分别约为 4% 和 6%，所以我们假定城镇低保线以下的贫困老年居民占老年人口的比例为 4%，农村低保线以下贫困居民占老年人口的比例为 6%。对医疗救助各个方面的补助方案设定如图 5-3 所示。

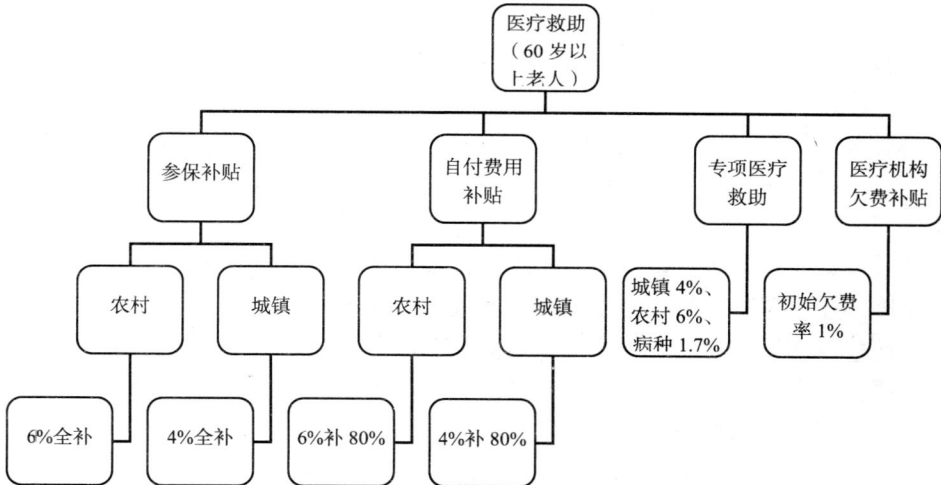

图 5-3　老年医疗救助测算框架

（1）参保补贴。我们设定贫困线以下的城乡老年居民参保不需要缴费。城镇老年居民基本医疗保险参保补贴中，根据 4% 的贫困居民比例，测算这 4% 的城镇贫困老年居民参加医保所需的参保支出，这部分支出将由医疗救助体系承担。

对新农村合作医疗制度，假设农民总缴费为医疗费用总补偿的 1/3，其余的 2/3 由政府给予补贴。我们测算出农村合作医疗基金各年收入，根据农民 1/3 的缴费标准，并结合 6% 的贫困农村居民比例，得出各年国家财政负担的农村贫困老年居民参保补贴。

（2）自付费用补贴。对 6% 的农村贫困老年居民和 4% 的城镇贫困老年居民在基本医保补偿部分之外需要贫困参保人自己承担的部分给予 80% 的补偿。

（3）专项医疗救助。根据各大保险公司对重疾的赔付标准，以及医疗救助制度所对应的两类重疾一般治疗费用，我们假定专项医疗补贴的补贴标准为每人 10 万元，根据统计年鉴得到补贴病种的比例，结合"2003 年调查地区居民住院率"中住院率 3.6%，以及城乡贫困老年居民人数总和，可测算出各年的专项医疗补贴支出。

老年人是恶性肿瘤、尿毒症（肾衰竭）、脑中风、重症肝炎、急性心肌梗死等重大疾病的高发人群，但考虑到财政水平的限制，老年专项医疗补贴的病种限制为肾衰竭、急性心肌梗死及重症肝炎。根据《2008 年中国卫生统计年鉴》，在 2007 年病人疾病转归情况中，肾衰竭占疾病构成的比例为 0.5%，急性心肌梗死占疾病构成比例为 0.3%，肝疾病占疾病的构成比例为 0.9%，得出住院病人中符合医疗救助条件的住院大病率为 1.7%。

（4）医疗机构欠费补贴。从国际经验来看，借鉴医疗体制较为先进的美国的欠费情况，目前美国医疗欠费金额已经达到 600 亿美元一年，[1] 结合美国 24000 亿美元的年医疗费用总开支，[2] 可知医疗水平发展到一个较为成熟的阶段后的患者医疗费用欠费率约为 2.5%。结合中国实际情况来看，根据《2008 年中国卫生统计年鉴》，在政府办医疗机构中，病人欠费率约为 1%，我们假定初始欠费率为 1%。随着全民医保的向前推进，贫困居民付不起医疗费用的情况将有所缓解，欠费率将会呈现下降的趋势，若干年后降至稳定水平。我们假定欠费率将逐年下降，10 年后达到稳态，为初始值的一半。

医疗费用增长速度、工资增长速度及医疗费用补偿等相关假设和医疗缴费测算跟前一节设定一样。同样，根据医疗费用和工资增长速度的差距，设置较好、一般、较差三种情形来评估老年医疗救助成本。

三、老年医疗救助成本测算结果

（1）参保补贴。根据假设，在城镇居民基本医疗保险和新型农村合作医疗保险体制下，测算出贫困居民参加基本医疗保险所需补贴，并贴现至 2010 年，计算结果如表 5-2 所示。

---

[1] Jessica Bennett, Unpaid Medical Bills – The Other Credit Crunch. Newsweek Web Exclusive, Nov. 30, 2008, http://www.healthnewsdigest.com/news/Family_Health_210/The_Other_Credit_Crunch_-_Unpaid_Medical_Bills.shtml.

[2] The National Coalition on Health Care, Health of Insurance Costs, http://www.nchc.org/facts/cost.shtml.

表5-2　医疗救助参保补贴　　　　　　　单位：亿元

年份	2010	2020	2030	2040	2050	2060	2070	2080	2090	2100
较好	12.75	54.11	106.50	153.92	196.53	250.55	315.98	420.75	542.41	683.80
一般	12.79	55.10	107.40	153.92	196.53	250.55	315.98	420.75	542.41	683.80
较差	12.82	55.76	108.35	153.92	196.53	250.55	315.98	420.75	542.41	683.80

由表5-2可以看出，一般情况下，2010年的参保补贴约为12.79亿元，这一补贴在2050年将达到196.53亿元，2100年将达到683.80亿元。由于2041年后城镇居民和新农合的医保缴费均达到规定的上限，按规定的上限缴费，三种情况下的参保补贴一样。

（2）自付费用补贴。根据假设测算出医疗救助中自付费用部分的补贴支出情况，如表5-3所示，在一般情况下，2010年这一项目的支出为23.09亿元，随后每5年这一项目的支出约增加62亿元，自2030年以后，这一部分的支出明显加快，符合我国在这一时间段人口老龄化高峰的趋势。2050年自付费用的补贴约为565.33亿元，2100年约为3752.67亿元，40年间增长约24.5倍，90年间增长约为162.5倍，增长速度很快。可见如果不对这一部分进行补贴，将会大大削弱贫困居民的求医意愿。

表5-3　医疗救助自付费用补贴　　　　　　单位：亿元

年份	2010	2020	2030	2040	2050	2060	2070	2080	2090	2100
较好	23.03	83.91	206.25	333.03	477.31	641.56	857.88	1284.47	1800.23	2394.72
一般	23.09	85.74	218.81	372.95	565.33	803.63	1136.54	1799.57	2667.40	3752.67
较差	23.15	87.61	232.10	417.45	669.05	1005.54	1503.59	2516.88	3944.25	5866.88

（3）专项医疗补贴。对于贫困老年人来说，重大疾病对他们构成了最大的威胁，常常使他们负债累累，更加贫困。但是，由表5-4可以看出，专项医疗救助补贴相对于其他几项补贴是最少的，政府通过较小的成本就可以化解贫困人口医疗的最大威胁，这正是政府公共财政职能的体现。

表5-4　医疗救助专项医疗补贴　　　　　　单位：亿元

年份	2010	2020	2030	2040	2050	2060	2070	2080	2090	2100
较好	5.770	16.27	35.17	49.14	65.77	88.68	112.11	164.92	227.85	294.90
一般	5.775	16.60	37.25	54.95	77.79	110.94	148.36	230.84	337.33	461.80
较差	5.780	16.93	39.45	61.42	91.93	138.64	196.04	322.54	498.39	721.45

（4）医疗机构欠费补贴。医疗费用欠费补贴是医疗救助各项支出中金额较

大的一项。医疗机构的欠费主要是用于危重病人及其他经济困难病人的医疗支出，这是医疗救助应当负担的部分，但在未来的个人及家庭财产申报的基础上，可以在很大程度上防范恶意的医疗欠费，避免费用过快增长。

表5-5　医疗救助医疗机构欠费补贴　　　　　　　　单位：亿元

年份	2010	2020	2030	2040	2050	2060	2070	2080	2090	2100
较好	10.43	29.10	66.44	106.66	159.91	232.52	321.41	473.14	678.41	928.83
一般	10.45	29.74	70.50	119.48	189.47	291.41	426.07	663.42	1006.17	1457.10
较差	10.48	30.39	74.80	133.77	224.32	364.82	564.01	928.62	1489.22	2280.44

（5）老年医疗救助总支出。将参保补贴、自付费用补贴、专项医疗补贴及医疗机构欠费补贴各年值加总，即可得到各年的全部老年医疗救助的支出状况，如表5-6所示。2010年，在一般情况下，老年医疗救助的支出约为52.10亿元，之后这一数额以每年几十亿元的速度增长，且随着人口老龄化的发展，增长速度越来越快，2050年达到1029.12亿元，2100年达到6355.37亿元（见图5-4）。

表5-6　老年医疗救助支出水平　　　　　　　　单位：亿元

年份	2010	2020	2030	2040	2050	2060	2070	2080	2090	2100
较好	51.98	183.40	414.36	642.75	899.52	1213.30	1607.38	2343.29	3248.91	4302.25
一般	52.10	187.18	433.97	701.30	1029.12	1456.53	2026.95	3114.58	4553.31	6355.37
较差	52.23	190.69	454.70	766.56	1181.83	1759.55	2579.63	4188.79	6474.28	9552.57

医疗救助是医疗保障和社会救助的重要支柱，而对老年人的医疗救助是老年医疗保障的重要组成部分，政府负有建立和完善老年医疗救助体系的职责。政府财政预算是医疗救助筹资的主要来源，此外还有福利彩票等筹资、本土及国际的慈善捐赠等，但是后三者在医疗救助中所占的筹资比例仍较小，根据中国民政部2005年"民政部门城市医疗救助试点情况调查"数据库，后三者所占的筹资比例不到5%。而随着老龄化高峰的到来，老年医疗救助成本也随之增长。政府应结合实际情况，多方扩展筹资渠道，例如开征遗产税或富裕人群的遗产馈赠等，建立与经济发展相适应的具有较高水平的医疗救助制度，基本解决我国老年人"看病难、看病贵"的问题。

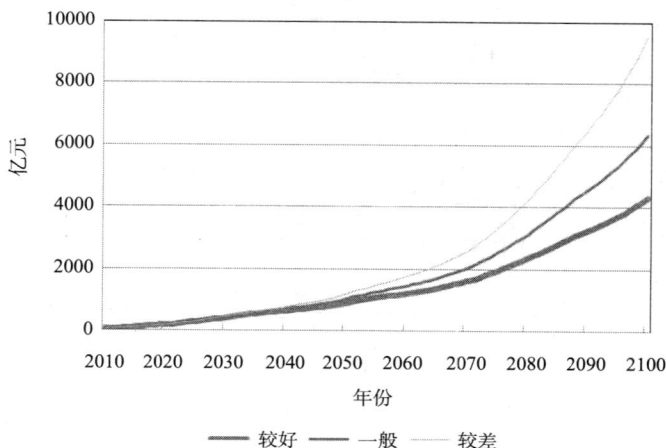

图5-4　老年医疗救助未来每年支出水平

第三节　老年长期护理需求及成本

老年长期护理（Long–Term Care，LTC）服务与保险计划自20世纪70年代以来在西方发达国家迅速发展，其核心职能是为高龄老年人提供专业护理服务和相应的保险融资筹划。长期护理对于照顾老年人生活、保证老年人健康、帮助老年人安度晚年意义重大。随着年龄的增加，老年人的健康状况发生改变，具有抵抗力下降、患病率高、日常生活能力逐步丧失等特点。由于慢性病患病率增加的影响，虽然老年人的平均预期寿命延长了，但带病存活期较长，健康预期寿命的水平相对较低，老人除了有住院需要以外，还存在着护理需要，以帮助老年人应付实际或潜在的健康问题。全国几次较大规模调查的数据表明，我国约有3250万老年人需要不同形式的长期护理，越是经济发达地区，护理需求越高。同时，随着我国人口结构的变化，空巢老人的数量将不断增加，家庭护理功能弱化，因而老年人对专业的护理有很大的需求。

一、我国不能自理老人的现状

当前国际上通用的生活不能自理的标准是采用评定日常生活活动（Activities of Daily Life，ADL）能力改良巴氏指数评定表，分大便、小便、修饰、用厕、吃饭、转移、活动、穿衣、上楼梯、洗澡十项进行评分，分为ADL自理至极严重功能障碍等五级见表5-7。

表5-7 改良巴氏指数评定表

项目	评分标准	年 月 日
1.大便	0=失禁或昏迷	
	5=偶尔失禁（每周1次）	
	10=能控制	
2.小便	0=失禁或昏迷或需由他人导尿	
	5=偶尔失禁（每24小时1次每周1次）	
	10=能控制	
3.修饰	0=需帮助	
	5=独立洗脸、梳头、刷牙、剃须	
4.用厕	0=依赖别人	
	5=需要部分帮助	
	10=自理	
5.吃饭	0=依赖别人	
	5=需要部分帮助（夹饭、盛饭、切面包）	
	10=自理	
6.转移（床←→椅）	0=完全依赖别人，不能坐	
	5=需要大量帮助（2人），能坐	
	10=需要少量帮助（一人），或指导	
	15=自理	
7.活动（步行，在病房及其周围，不包括走远路）	0=不能步行	
	5=在轮椅上独立行动	
	10=需1人帮助步行（体力或语言指导）	
	15=独立步行（可用辅助器）	
8.穿衣	0=依赖别人	
	5=需要一般帮助	
	10=自理（系、开纽扣，关、开拉链和穿鞋）	
9.上楼梯（上下一段楼梯，用手杖也算独立）	0=不能	
	5=需要帮助（体力或语言指导）	
	10=自理	
10.洗澡	0=依赖别人	
	5=自理	
总分		
评定者		

说明：此表是用来评定日常生活活动（ADL）能力的，是康复医学的特色及常用的量表之一。可在治疗前、中、后对患者进行评价。以患者日常实际表现作为评价依据，而不以患者可能具有的能力为准。其中 0～20 分=极严重功能障碍；25～45 分=严重功能障碍；50～70 分=中度功能缺陷；75～95 分=轻度功能缺陷；100 分=ADL 自理。

据 2004 年全国人口变动抽样调查数据对中国老年人的生活自理能力进行的调查显示，我国老年人生活自理能力的现状主要体现出以下几个特点：

1．男性老年人生活自理能力优于女性老年人

表 5－8　2004 年中国老年人生活自理能力　　　　单位：%

生活自理能力	合计	男	女
合计	100	100	100
能自理	91.1	92.3	89.8
不能自理	8.9	7.7	10.2

资料来源：国家统计局人口和就业统计司. 2004 中国人口. 北京：中国统计出版社，2005.

调查结果显示（见表 5－8），全国 91.1%的老年人口生活可以自理，8.9%的老年人口生活不能自理。比例虽然不大，但考虑到我国人口基数大，因而不能自理的老年人口的绝对数还是相当大的。全国有 10.2%的女性老年人口生活不能自理，与之相比，男性老年人口不能自理的比例仅为 7.7%。我们不难得出结论，男性老年人生活自理的能力优于女性老年人。并且，女性的平均年龄高于男性，因而许多高龄女性老年人往往是丧偶老人，在生活不能自理的情况下，没有配偶可以照料她，因此就会更多地依赖子女和养老机构的照料。

2．城市老年人生活自理能力高于农村老人

表 5－9　2004 年中国分城乡分性别的老年人生活自理能力　　　单位：%

生活自理能力	城市			农村		
	合计	男	女	合计	男	女
合计	100	100	100	100	100	100
能自理	93.1	94	92.3	89.2	90.9	87.6
不能自理	6.9	6	7.7	10.8	9.1	12.4

资料来源：国家统计局人口和就业统计司. 2004 中国人口. 北京：中国统计出版社，2005.

调查结果显示（见表 5－9），城市生活不能自理的老人占全部老人的 6.9%，农村生活不能自理的老人的比例为 10.8%，两者有显著的差别，可以说城市老年人生活自理的能力显著高于农村老年人。同时我们可以看出，城市男性老年人只有 6%生活不能自理，独自生活能力最强；农村女性老年人有 12.4%生活不能自理，独自生活能力最差。

3. 老年人生活自理能力随年龄的增长而减弱

表 5 – 10 分年龄分性别的生活不能自理的比例 单位：%

年龄	总计	男性	女性
60 ~ 64	3.00	2.81	3.20
65 ~ 69	4.82	4.40	5.24
70 ~ 74	8.85	7.97	9.72
75 ~ 79	14.21	13.50	14.86
80 ~ 84	25.40	22.02	27.84
85 ~ 89	36.22	29.30	40.14
90 ~ 94	48.97	41.69	52.44
95+	54.70	47.62	57.31
总计	8.81	7.42	10.14

资料来源：国家统计局人口和就业统计司. 2004 中国人口. 北京：中国统计出版社，2005.

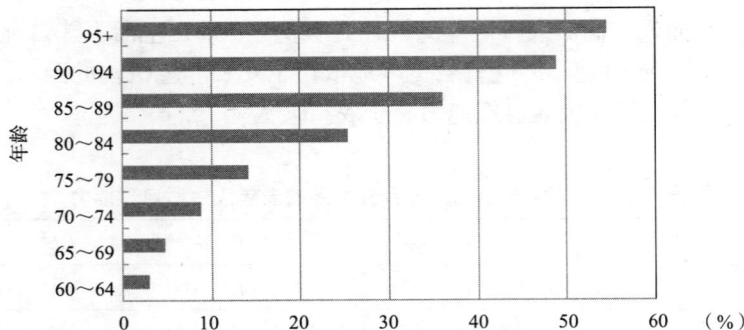

图 5 – 5 分年龄的生活不能自理的比例

资料来源：国家统计局人口和就业统计司. 2004 中国人口. 北京：中国统计出版社，2005.

调查结果显示（见表 5 – 10 和图 5 – 5），60 ~ 64 岁的老年人仅有 3%生活不能自理，而随着年龄的增大，生活不能自理的比例也在逐渐增大。90 ~ 94 岁的老年人约有一半生活不能自理，而 95 岁以上的老年人，不能自理的比例，达到了 54.7%。

4. 老年人生活自理能力有不断减弱的趋势

由于资料的可得性，我们在这里只对 1994 年和 2004 年老年人生活不能自理的比例进行对比（见表 5 – 11）。

表5-11 中国老年人生活自理能力的变化 单位：%

生活自理能力	2004 年			1994 年		
	合计	男	女	合计	男	女
合计	100	100	100	100	100	100
能自理	91.1	92.3	89.8	92.5	93.9	91.2
不能自理	8.9	7.7	10.2	7.5	6.1	8.8

资料来源：国家统计局人口和就业统计司. 2004 中国人口. 北京：中国统计出版社，2005.

调查结果显示，2004 年老年人生活不能自理的比例与 1994 年相比都有了显著的提高，总计提高了 18.68%。其中男性生活不能自理的比例提高了 26.23%，女性生活不能自理的比例提高了 15.91%。

表5-12 中国分城乡分性别老年人生活自理能力变化 单位：%

生活自理能力	城市 2004 年			农村 2004 年			城市 1994 年			农村 1994 年		
	合计	男	女	合计	男	女	合计	男	女	合计	男	女
合计	100	100	100	100	100	100	100	100	100	100	100	100
能自理	93.1	94	92.3	89.2	90.9	87.6	94.7	95.7	93.7	91.3	92.9	89.9
不能自理	6.9	6	7.7	10.8	9.1	12.4	5.3	4.3	6.3	8.7	7.1	10.1

从表 5-12 中我们可以看出，无论是在城市还是在农村，无论是男性老年人还是女性老年人，2004 年生活不能自理的比例均高于 1994 年生活不能自理的比例。其中城市老年人生活不能自理的比例从 5.3% 上升到 6.9%，上升约 30.19%；农村老年人生活不能自理的比例从 8.7% 上升到 10.8%，上升约 24.13%。上升幅度最大的是城市老年人，2004 年比 1994 年生活不能自理的比例上升了 39.53%，上升幅度最小的是城市女性老年人，上涨幅度为 22.22%。虽然随着经济的发展和人民生活水平的提高，我国的人均寿命有了大幅度的延长，但是老年人不能自理的比例却没有出现显著的下降；相反，却有不断上升的趋势。

综上所述，我国老年人生活自理能力的现状是不容乐观的。

二、长期护理需求的预测

我国老年人对于长期护理有很大的需求，我们希望把这种需求进行量化。因而，根据数据可得性和相关资料，我们对一些变量做出适当的精算假设，然后再进行实际测算。

根据 2004 年全国人口变动抽样调查数据对中国老年人的生活自理能力进行的调查，我们可以得到全国 60 岁以上人口分年龄分性别的不能自理的比例如表 5 - 13 所示。

表 5 - 13　全国 60 岁以上人口分年龄分性别的生活不能自理比例　　　单位：%

年龄	男性	女性	年龄	男性	女性
60	2.95	2.62	78	14.69	16.22
61	2.44	2.85	79	17.24	18.36
62	2.82	3.45	80	16.81	26.36
63	2.78	3.37	81	20.33	26.73
64	3.08	3.81	82	22.28	27.98
65	3.55	4.16	83	26.61	27.41
66	4.23	4.69	84	30.10	32.90
67	4.95	4.79	85	29.81	38.28
68	4.13	6.13	86	21.75	39.83
69	5.10	6.50	87	35.91	32.13
70	6.57	8.38	88	30.70	46.45
71	7.49	8.86	89	32.28	49.82
72	7.84	9.15	90	38.21	45.93
73	8.87	10.40	91	46.67	52.54
74	9.67	12.44	92	39.44	47.22
75	10.90	12.62	93	37.25	66.35
76	12.07	14.79	94	52.38	61.36
77	14.70	13.31	95+	52.38	61.36

资料来源：国家统计局人口和就业统计司. 2004 中国人口. 北京：中国统计出版社，2005.

　　与 1994 年抽样调查结果相比，我国老年人生活不能自理的比例明显提高，从 7.5% 上升到 8.9%，表明未来 90 年内我国老年人生活不能自理的总体趋势仍然是上升的。但本书采用相对保守的计算方法，选取 2004 年的调查分析数据作为老年人生活不能自理的比例。得到不能自理的比例数据之后，可根据前面假设的人口模型计算得出，我国 2005 ~ 2100 年各年度生活不能自理的男性人口和女性人口的数目。计算结果如图 5 - 6 所示。

　　从图 5 - 6 中我们可以看出，我国不能自理的人口总数在 2005 ~ 2063 年有不断上涨的趋势，在 2063 年之后逐渐达到一个均衡的状态。其中在 2062 年，我国生活不能自理的老人超过了 8000 万，可以说是一个相当惊人的数字。我国男性和女性生活不能自理的人口和生活不能自理的总人口呈现了相同的增长趋势，其中女性生活不能自理的人口显著高于男性生活不能自理的人口。

　　通过测算得出生活不能自理的总人口，我们还可以得到生活不能自理人口与总人口的比值如图 5 - 7 所示。

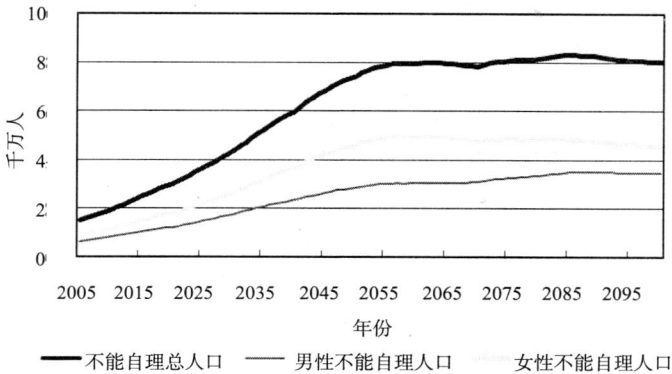

图 5 - 6　我国 2005～2100 年各年生活不能自理的人口

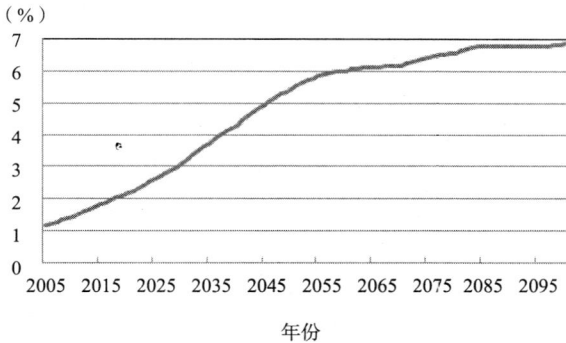

图 5 - 7　我国 2005～2100 年各年生活不能自理的人口占总人口的比例

　　从图 5 - 7 中我们不难看出，不能自理人口与总人口的比例有不断上涨的趋势，最终稳定在不到 7% 的水平。

　　在得到我国生活不能自理的老年人的预测数据之后，我们还需要对其进行进一步的分类，因为他们中一部分的长期护理需求是通过亲友的无偿劳动满足的，另一部分则是通过付费来满足的。由于国内没有相应的统计数据，同时考虑美国 1995 年的人口老龄化程度（60 岁以上的人口比例为 12.5）与我国目前的老龄化程度相似，因而我们利用美国国会预算局给出的美国 1994 年按失能程度和护理来源划分的比例对生活不能自理的老人的护理需求进行分类。其中，IADL 表示辅助性生活不能自理，1 ADL 表示较轻程度的生活不能自理，5 ADL 表示生活完全不能自理（见表 5 - 14）。

表5-14　分程度和护理方式的人口不能自理比例　　　　单位：%

项目	人数	付费护理	亲友护理	付费+亲友	合计
IADL	1488	10	78	12	100
1 ADL	1114	11	65	24	100
2 ADL	745	7	63	30	100
3 ADL	443	5	57	37	100
4 ADL	434	3	51	46	100
5 ADL	512	3	41	55	100
总计	4737	8	64	28	100

资料来源：Congressional Budget Office based on K.Liu, K.G..Manton, and C. Aragon, "Changes in Home Care Use by Disabled Elderly Persons：1982-1994", Journal of Gerontology, Vol. 55B, No.4(2000), pp. S245-S253.

通过不同年度不能自理的老年人口数目以及护理来源的比例，我们可以得到各年度按护理方式分类的生活不能自理老年人如表5-15所示。

表5-15　按护理方式分的老年生活不能自理人数预测　　　　单位：万人

年份	2010	2020	2030	2040	2050	2060	2070	2080	2090	2100
付费护理	155	241	349	479	595	636	627	652	659	644
亲友护理	1242	1926	2788	3830	4759	5086	5018	5219	5269	5150
付费+亲友	544	842	1220	1675	2082	2225	2196	2283	2305	2253
合计	1941	3009	4357	5984	7436	7947	7841	8154	8232	8046

1. 亲友护理

对于中国这样的传统国家来说，家庭护理仍是主要的护理方式。上述测算结果也表明，92%的不能自理人口是通过亲友护理完成或亲友参与护理完成的。但是，20世纪70年代采取独生子女的政策以来，我国目前已开始出现"四二一"、"四二二"甚至"八四二一"的家庭结构，即一对夫妇要照顾两名子女、四位父母，甚至数量翻倍的祖父、祖母，由于还要外出工作，对护理老人往往力不从心。因而，当前的实际情况越来越不利于亲友护理的奏效。中国传统观念的变化以及生活方式的改变，这种曾经完全承载着中国老年护理供给的模式所发挥的作用正在受到削弱。

表 5 - 16　2007 年各地区平均家庭户规模　　　　　　单位：人/户

北京	2.65	上海	2.65	湖北	3.09	云南	3.65
天津	3.00	江苏	2.99	湖南	3.17	西藏	4.70
河北	3.30	浙江	2.84	广东	3.39	陕西	3.22
山西	3.36	安徽	3.04	广西	3.58	甘肃	3.69
内蒙古	2.96	福建	3.10	海南	3.85	青海	3.65
辽宁	2.91	江西	3.42	重庆	2.91	宁夏	3.64
吉林	3.04	山东	2.94	四川	3.03	新疆	3.54
黑龙江	2.92	河南	3.40	贵州	3.54	全国	3.17

资料来源：根据《2008 年中国人口和就业统计年鉴》中表 2-11 得到。

从表 5 - 16 中我们可以看出，家庭小型化越来越成为一种趋势。因而，亲友护理的需求越来越不能得到满足。

另外，可以根据人口工作状态来得到亲友护理供给的预测。2000 年全国第五次人口普查中给出了分年龄、性别的未工作人口数，其中将未工作人口分为在校学生、料理家务、离退休、丧失工作能力、从未工作正在找工作、失去工作正在找工作、其他七类。料理家务和离退休人员可以是亲友护理的主要提供者。在退休制度没有改变的前提下，离退休人员的比例在未来 40 年将不会出现大的变化，在家料理家务的比例会随着社会文化观念的转变和经济发展而改变，其变化较难预测，出于保守的考虑，也假设这个比例保持不变。因而，通过这些假设，我们可以预测出各年度亲友护理的供给。数据显示我国近几年亲友护理的供给是基本充足的。进一步地，结合人口模型结果、人口不能自理的需求模型结果，测算出 2010～2100 年亲友护理的需求和供给情况如表 5 - 17 所示。

表 5 - 17　亲友护理供求预测　　　　　　单位：万人

年份	2010	2020	2030	2040	2050	2060	2070	2080	2090	2100
亲友护理需求	1786	2768	4008	5505	6841	7311	7214	7502	7574	7403
亲友护理供给	2019	2099	2129	2102	2068	2001	1925	1877	1836	1779
供给需求比例	1.13	0.76	0.53	0.38	0.30	0.27	0.27	0.25	0.24	0.24

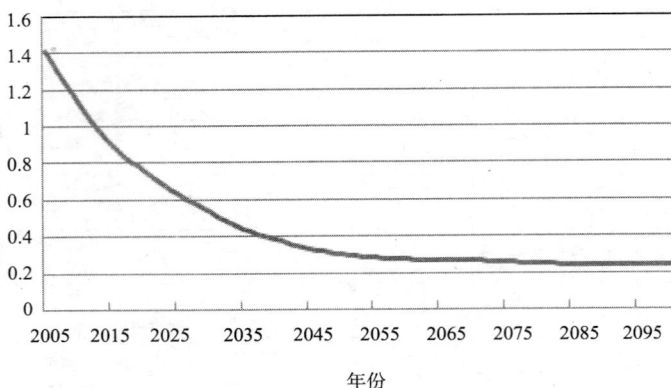

图 5-8 亲友护理供给需求比例

从图 5-8 中我们可以得出，2013 年之后亲友护理的供给数将会首次小于需求数，并且这个差距还会不断地扩大。最终亲友护理的供给和需求的比例将稳定在 0.24 的水平，可见多数人亲友护理的需求是得不到满足的，这一部分不能自理的老年人将转化为付费护理。

2. 付费护理

对于付费护理，一部分老人或家属经济条件好，可以负担商业的护理费用，但我国相当部分老人面临经济困难。因此，无力承担付费护理成本，需要政府的解决医疗护理。为此，我们对有护理需求的经济困难老年人口进行估计：

根据 2008 年中国人口和就业统计年鉴得到 2007 年全国 60 岁以上分年龄、性别和主要生活来源的人口数据如表 5-18 所示。

表 5-18 2007 年全国 60 岁及以上分年龄、性别、生活主要来源人口

	合计	劳动收入	退休金	低保	家庭其他成员供给	其他
人口数	158581	57062	34880	3214	60177	3248
比例（%）	100	36	22	2	38	2

资料来源：根据《中国人口和就业统计年鉴 2008》中表 2-56 得到。

得到 60 岁以上老年人口收入来源的比例之后，结合人口模型与人口不能自理的比例，假定依靠最低生活保障金的 100%，依靠退休金、养老金的 20%，依靠家庭其他成员供养的 50% 为采取付费护理有困难的群体，即可得到 2010~2100 年采取付费护理方式存在困难的人口数。

表5-19 有困难的付费护理需求人口数

年份	2010	2020	2030	2040	2050	2060	2070	2080	2090	2100
有困难的付费护理人数（万人）	178	275	398	547	680	727	717	746	753	736

从表 5-19 中我们可以得出，支付困难的需要付费护理的老年人口在 2010~2060 年会不断上升，2060 年之后，稳定在 700 万以上的水平。

同时，考虑到随着时间的推移，越来越多的需要亲友护理的老年人的护理需求得不到满足。这些生活不能自理的老年人将会从亲友护理中溢出，转移到付费护理需求中。他们中也会有一部分存在付费困难的问题，因而，我们需要在预测有困难的付费护理需求人口的基础上，加上从亲友护理中溢出的那部分存在付费困难的老人（见表5-20）。

表5-20 有困难的付费护理需求总人口

年份	2010	2020	2030	2040	2050	2060	2070	2080	2090	2100
有困难的付费护理人数（万人）	178	275	398	547	680	727	717	746	753	736
存在付费困难的亲友护理的溢出	26	259	567	953	1300	1433	1425	1508	1535	1504
总和	204	534	966	1500	1980	2160	2142	2254	2288	2239

对于付费护理，请保姆和送养老院是中国的两大方式。目前，我国对老年长期护理服务的收费标准没有统一的规定，各省市养老机构的收费标准也很不一致，因此我们很难从养老机构的收费标准中获得合适作为我国老年长期护理需求的年均费用支出标准。但是我们可以根据护理费用补贴的标准文件来确定人均护理费用。1989 年民政部下发的《革命伤残军人评定伤残等级的条件》、1992 年的《劳动部、财政部、中华全国总工会关于调整企业工伤全残职工护理费标准的通知》都把全残的护理费标准定位社会平均工资的 50%、40% 和 30%。因此，我们在这里可以把不能自理的老年人人均长期护理的费用设定为当年当地人均平均工资的 50%、40% 和 30%，分别做出有关老年人长期护理费用的高标准、中标准和低标准的测算。随着经济的发展和通货膨胀等因素的影响，未来的护理费用肯定会有一定比例的增长，同时，社会平均工资也会随这些因素的变化而变化。在这里，我们假设护理费用的增长速度和社会平均工资的增长速度是相同的。因而，护理费用始终为人均平均工资的固定比例。在这里，我

们假定 2005～2025 年的工资增长率由 10% 递减到 6%，之后保持 6% 不变。通过测算，我们可以得到各年度有付费困难的生活不能自理老年人的付费护理费用缺口的高、中、低估计如表 5－21 和图 5－9 所示。

表 5－21　老年付费护理费用缺口的估计　　　　单位：亿元

年份	2010	2020	2030	2040	2050	2060	2070	2080	2090	2100
高估计	239	883	2145	4479	7943	11646	15519	21947	29942	39388
中估计	191	706	1716	3583	6355	9317	12415	17557	23954	31510
低估计	143	530	1287	2688	4766	6988	9311	13168	17965	23633

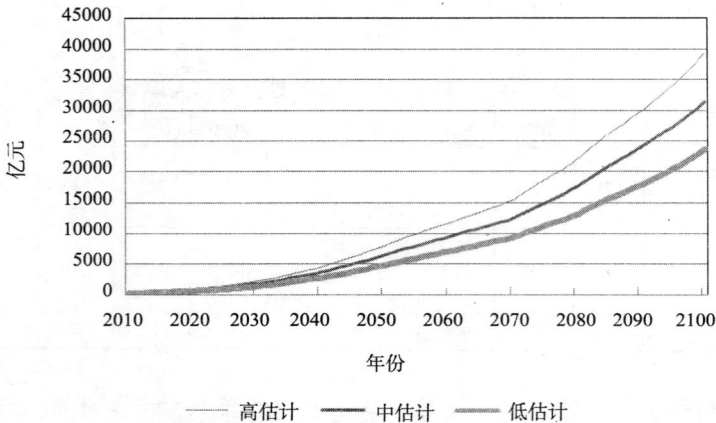

图 5－9　我国老年护理费用缺口的估计（现值）

通过数据测算，我们可以得出，2050 年的付费护理费用缺口约为 2010 年的 33.3 倍，而 2100 年的付费护理费用缺口的高、中、低三种估计分别为 39388 亿元、31510 亿元、23633 亿元，中估计约为 2010 年的 165 倍，是一个相当惊人的数字。我们应当采取一定的措施，满足付费困难的生活不能自理的老年人的护理需求。

三、国外公共长期护理保障计划的介绍

德国 1994 年开始推行覆盖全国的强制性长期护理保险制度，通过法律规定了"长期护理保险跟随医疗保险的原则"，及所有医疗保险的投保人都要参加长期护理保险。政策提供的现有保障包括为家庭护理者提供现金保障和偿还专业家庭护理服务及养老院的开支。德国联邦卫生部数据表明，平均每个月有超过216万人口享受保险带来的各项服务，其中包括将近145万人的访问护理和将近71万人口的住院护理。但是，由于保障水平不足支付实际的护理费用且该计划支出连续几年已经超过收入。德国政府在2008年进行护理保险改革（Pflegereform 2008）。确定了德国长期护理保险制度国家、雇员与雇主三方互助，收支盈亏为定价杠杆，公法社团为运营主体和社会公平为基本原则四大特点。

日本政府于1997年12月制定了"护理保险法"，决定建立护理保险制度，并于2000年4月开始实施（Ministry of Health，Labor and Welfare，Japan，Long-term Care Insurance in Japan，http：//www.mhlw.go.jp/english/topics/elderly/care/index.html.）。根据护理保险制度，40岁以上的人都将加入护理保险，缴纳一定的保险费。该计划向65岁以上的人提供护理保障，40~65岁的人只有患上与老化有关的疾病（脑血管中风或早期的痴呆症病发）才可以获得长期护理保障。特别地，日本的护理制度只有实际开支的赔偿保障，没有现金保障，政府将社会保障系统的支付确定在90%左右。筹资方面由市町村具体运营，保费的缴纳按如下比例进行：一半由国家、都道府县、市町村三级政府按照2：1：1的比例提供补贴；另一半由个人缴纳。被保险人中，65岁以上的公民被归为一类被保险人，他们要负担17%的总额保险费，从养老金中直接扣除，特别困难者由地方政府缴纳；40~64岁的公民被归为二类被保险人，他们要负担33%的保险费，在缴纳医疗保险费的同时缴纳，如图5-10所示。

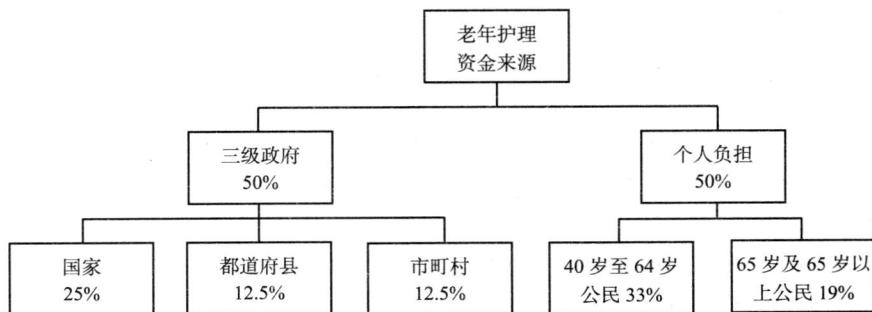

图5-10　日本老年护理项目资金来源示意

资料来源：根据金婧，芳野原. 从日本社会人口老龄化看日本社会医疗保险体系和老年保险制度的完善.2006年中相关数据列表整理而得.

美国国会1965年通过了医疗照顾（medicare）和医疗援助（medicaid）两大公共医疗保障计划，现在的美国健康保障计划就是在此基础上发展起来的。

医疗照顾计划的对象是 65 岁及 65 岁以上的老人，不包括长期护理保障的内容。医疗援助计划包括长期护理保障，但只是特定人群的一项权利，受益人没有缴费的义务，它主要是用于支付低收入者的医疗费和护理费，具体而言包括穷人、盲人、残疾人和低收入家庭的小孩和孕妇。也就是说美国只有老人和特定低收入者有社会保障，发达的商业医疗保险体系支撑起其他年龄群体的医疗保险需要。因而商业长期护理险种最早在美国出现，并得到迅速发展，现已成为美国健康保险市场上最为重要的产品之一，有些地区甚至已占领了约30%的人身保险市场份额。

新加坡老年社会保障主要是"三 E"架构，指的是老年保健储蓄（Eldersave）、乐龄健保计划（Eldershield）及老年基金（Elderfund）。其中，乐龄健保是新加坡在 2002 年 9 月建立的社会保障长期护理险系统（ElderShield, Basic Protection for Severe Disabilities，http：//www.eldershield.com）。乐龄健保是由新加坡卫生部设计及监管，并由三家私人保险公司代为管理和经营。乐龄健保不是强制性的长期护理制度，公民有退出的权利。乐龄健保每月支付 300 元的生活费（最长期限为 60 个月）给那些无法自理 6 种日常起居活动中至少 3 种的人士。这 6 种活动是洗澡、穿衣、进食、如厕、行动和移动。所有年满 40 岁的新加坡公民和永久居民都将自动受保。缴费方式也方便简易，乐龄健保的保费可以从公民及其配偶、父母、子女或孙子的保健储蓄户口中扣除。从 2002 年 9 月 30 日开始，介于 40 ~ 69 岁，并且拥有公积金户口的新加坡公民和永久居民形成了自动受保障的群体。他们从 2002 年 6 月开始接受到一份自动受保的邮件，他们的乐龄健保计划保单从 2002 年 9 月 30 日开始，除非他们在 2002 年 9 月 30 日之前选择退出或"残疾"。乐龄健保计划推出 5 年以来，索赔比当初的预算来得低。因此，新加坡对在 2002 ~ 2007 年期间投保乐龄健保，而且保单截至 2007 年 9 月 29 日还有效的为保障人提供一次性保费回扣。2007 年 9 月乐龄健保根据社会经济条件的变化对该计划改革，基本保险配套的赔偿额有所增加，每月赔偿额从 300 元提高到 400 元，赔偿期从 5 年延长到 6 年。这意味着赔偿限额从 18000 元增加至 28800 元，相等于 60% 或 10800 元的增长。

韩国在 2008 年 7 月开始推行公共长期护理保险制度，该计划与日本的公共长期护理保障计划类似，保障成本由政府负担 30%，社会补助金负担 50%，实际开支占 20%，并根据限额及预设的选择服务范围来调整。特别地，韩国为了 2008 年的公共长期护理保险制度做了长足的准备。[1] 从 2005 年 7 月开始到 2006 年 3 月止，通过第一次试点工作考察日常生活动作等评价判定体系的可行性。第二次试点（2006 年 4 月 ~ 2007 年 6 月）工作，主要开发民间能够参加的报酬

---

[1] 田兰香，炎基郁（韩）. 日韩老年人护理保障制度比较与借鉴. 东北亚论坛，2009（3）. pp. 54 ~ 60.

体系，研究其可行性。第三次试点（2007 年 7 月～2008 年 6 月），以自愿参加的地方自治团体为试点对象实行老年人护理保障制度。与此同时，韩国政府制定了"老年人护理设施综合投资计划"（2006～2008 年），为 2008 年正式实施老年人护理保障制度，新建能满足 36000 人需要的护理设施。

四、国外公共长期护理制度对我国的借鉴

在公共长期护理保障制度模式上，体现为以美国为代表的商业模式、以新加坡为代表的个人平衡模式和以德日为代表的社会保险模式。我国没有类似新加坡的高城市化率，也不具备美国那样的发达、成熟的商业保险市场，因而类似于我国的养老、医疗保障制度，长期护理制度比较适合采用德、日的国家保障模式。

在公共长期护理保障制度的保障对象上，体现为美国为代表的对低收入实施救助，以日本为代表的对 65 岁以上老人提供长期护理保障，和以德国为代表的对全体缴费人员提供长期护理保障。同样地，由于我国还是发展中国家，由于面临"未富先老"的老龄化窘境，因而美国的救助性护理保障制度不失为一种过渡性的长期护理保障的范例。不同的是，Medicaid 是美国用以补充商业长期护理保险的制度，而我国可以利用该模式作为向全民公共长期护理保障制度的过渡性护理制度。而后期，全民的公共长期护理保障制度是面对老人还是全体缴费人群，则可以根据我国该制度与其他社会保障制度的衔接来确定。

各国长期护理制度实施中遇到的问题体现为：长期护理需求的膨胀，这是由人口结构、生活状态、经济水平决定的，在医学没有重大突破的假设下，我国的这一问题也相当严峻；护理服务供给不足，这是由劳动力的结构、应对老年护理基础设施建设决定的，面对这一问题，我国也要重视培养护理人才，建设护理机构，避免出现日本那样的"有保险，没服务"的困境；面对护理市场将来出现的供需不平衡，护理费用飙升则需要依靠政府控制，否则护理难题将更为棘手；公平性、可及性与制度的设计相关，我国经济发展不平衡和城乡二元化的现实决定了我国社会保障制度在公平性、可及性上实施上的难度，而要在将来的护理保障上实现"公共服务均等化"，关键是要以服务来衡量，而不是以货币价值来衡量。

综上所述，根据对发达国家的长期护理政策和相关数据的研究表明，大多数经济发达国家对政府应提供一般性的、广覆盖的长期护理服务达成了共识，在已经建立起来的公共长期护理保障制度中也存在着类似的问题，如护理需求膨胀、护理服务供给不足、护理费用飙升、公平性与可及性等问题，这些国家也正在探索公共长期护理保障的实践和改革。在具体的制度和基础设施构建上，他们有着相似的长期护理政策导向。具体包括政府、雇主、个人共同承担长期

护理成本；鼓励家庭和社区提供长期护理服务；在全国范围内分摊、统筹长期护理风险，政府有责任帮助低收入者应对老年护理风险；建立基金和专门的管理机构筹备、应对老龄化高峰的风险，搭建好护理服务基础设施，满足多层次护理需求。具体来说，我国应该做好以下几点工作：

1. 加快长期护理保险立法

目前，以色列、奥地利、德国、日本等国家相继建立了长期护理的法律法规。我国也应尽早出台了《长期护理保险法》，对护理保险的范围、标准、支付办法等审核程序做出明确规定，以规范长期护理保险市场的发展。政府应在法制框架下，通过诸如税收优惠等政策，鼓励商业寿险公司积极探索长期护理保险的实施途径。

2. 规范长期护理服务水平

长期护理保险能否成功发展关键在于护理服务的专业水平和质量，但目前我国的长期护理服务产业还没有发展起来，存在制度和管理缺失。因此，政府应制定长期护理服务的具体管理办法，并鼓励各地充分发挥社区资源优势，建立起适应不同服务层次、满足不同经济水平需求的护理服务机构。

3. 重视家庭护理

我们应当建立"家庭护理为主，社会服务为辅"的原则。家庭护理"投入少，见效快"的特点使其成为护理的主要场所。有家人的关怀、亲人的照顾，更有利于老年人的健康。在护理工作尚不完善的地方，家庭护理更是首选。

4. 发展我国的护理银行制度

护理银行被认为是能很好地解决老年问题的一种方式。在护理银行中，每个自愿参加护理服务交换的人，可以将自己对护理银行指定对象付出的劳务储存起来，而在未来自己需要时提取。这种护理服务一般不以货币为计量单位，而以时间为单位。护理银行能很好地吸引低龄离、退休老人和身体状况良好的老人加入护理银行，他们有充足的时间和精力提供劳务，并为日后得到别人的护理做准备。这种劳务、时间储蓄最早是由哥伦比亚特区法律学校的埃德加卡恩教授提出来的。一经推出，就得到了许多人的欢迎，尤其是老年人，因为它能帮助老年人解决后顾之忧。1999年成立的"上海老年生活护理互助会"就是这一类的机构。

第四节　老年医疗保障的公共财政负担

本节测算老年医疗保障的公共财政负担大小以及可行性。结果显示，未来政府需要承担越来越大的老年医疗保障财政负担，以至于超出承受能力范围，这将威胁到医疗保障体系的持续运行。而这些负担几乎都源于对现行医疗保险制度庞大收支缺口的补贴，因此对其现收现付制筹资模式的改革势在必行。

一、老年医保的公共财政负担

将以上医疗保险体系的收支赤字、老年医疗救助和长期护理成本进行加总，即可得到老年医疗保障的公共财政负担。未来政府对老年医疗保障体系的财政负担同样呈现持续快速增长趋势。在一般情形下，2010 年为 0.135 万亿元，2050 年达到 3.887 万亿元，2100 年达到 41.70 万亿元，年均增长率为 6.6%。在较差情况下，2100 年负担达到 76.32 万亿元，年均增长率为 7.3%。而这一增长的过程恰好发生在"人口红利期"消失、经济增长速度下降时期，对于我国经济发展而言，更是雪上加霜（见图 5 – 11）。

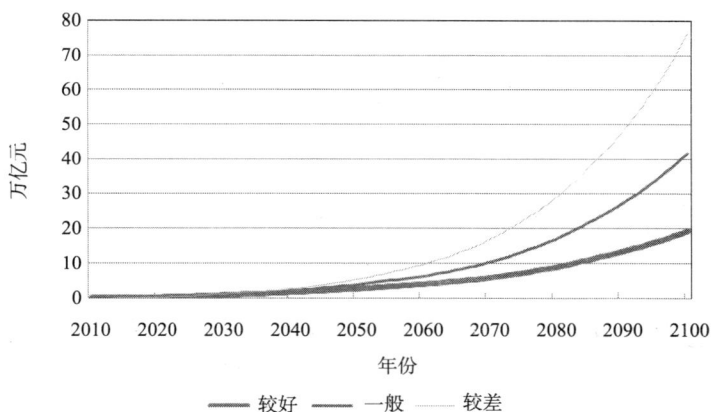

图 5 – 11　老年医疗保障的财政支出

表 5 – 22　老年医疗保障财政支出及各体系的占比

年份	2010	2020	2030	2040	2050	2060	2070	2080	2090	2100
财政支出（万亿元）	0.135	0.336	1.088	2.116	3.887	6.362	10.32	17.00	27.07	41.70
医疗保险（%）	82.01	73.41	80.23	79.75	81.00	83.06	86.01	87.84	89.47	90.92
老年医疗救助（%）	3.86	5.57	3.99	3.31	2.65	2.29	1.96	1.83	1.69	1.52
长期护理（%）	14.14	21.02	15.78	16.94	16.35	14.65	12.03	10.33	8.85	7.56

如此大的财政负担几乎都是来自于医疗保险基金的收支赤字的补贴。表 5-22 中给出的是在一般情形下老年医保的缺口（代表公共财政的负担）。其中，医疗保险收支赤字占总财政负担的比例在 70%～90%，且随着年份增加有

变大趋势。其次是长期护理成本，占比在 7%~20%；老年医疗救助成本的占比最小，低于 5%。在现收现付制下，由于人口老龄化的急剧加速以及医疗费用的快速增长，医疗保险体系中参保人的缴费远远不能满足当期参保人尤其是广大老人群体的医疗需求支出，必然导致庞大的医保收支缺口。

二、可行性分析

假设我国未来 GDP 实际增长率为：2009~2030 年，从 8% 逐步降到 4%；2030~2050 年，从 4% 逐步降到 3%；2050 年后保持 3% 不变。并假设财政预算支出占当年 GDP 的 20%，从而测算出每年医疗保障财政负担占 GDP 和财政预算支出的比例。当前老年医疗保障的财政负担占 GDP 和财政预算支出的比重还很低，然而未来却持续上涨。一般情形下，2050 年占 GDP 和财政预算支出的比重分别为 2.65% 和 13.25%，2100 年将达到 10.87% 和 54.36%（见图 5 - 12）。其中，医疗保险体系收支赤字占财政预算支出的比重最大（见表 5 - 23），2010 年为 1.53%，2050 年为 10.73%，2100 年将达到 49.42%。

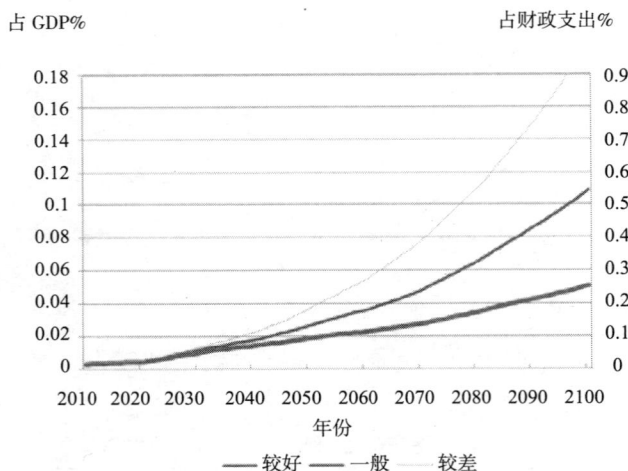

图 5 - 12　老年医疗保障支出占 GDP 和财政预算支出的比重

表 5 - 23　各医疗保障项目缺口占财政预算支出的比重　　　　单位：%

年份	2010	2020	2030	2040	2050	2060	2070	2080	2090	2100
医疗保险	1.53	1.96	4.78	7.12	10.73	14.86	20.60	28.58	38.25	49.42
老年医疗救助	0.07	0.15	0.24	0.30	0.35	0.41	0.47	0.60	0.72	0.82
长期护理	0.26	0.56	0.94	1.51	2.17	2.62	2.88	3.36	3.78	4.11
总计	1.86	2.67	5.96	8.93	13.25	17.89	23.952	32.54	42.76	54.36

作为世界上医疗成本最高的国家，2007 年美国的 Medicare 和 Medicaid 的联邦财政开支占据预算支出的 20.5%，2050 年将达到 43%。[①]相比较，虽然从数值上看我国医保债务的财政负担低于美国，但考虑到两国的财政支出结构，我国的财政支出压力仍将很严重。

由于中美两国政治体制和经济发展程度的不同，财政支出结构因而也存在很大的差异。美国是成熟的市场经济国家，政府预算的性质一般为公共服务的社会管理型财政，财政支出大体集中在国防、卫生保健、老年医疗、社会保障上，而不是过多地承担经济建设和行政管理的任务。而我国是社会主义国家，且尚处于经济转轨时期，经济发展程度起码得比美国落后 100 年。[②]我国的财政需求是多方面的，随着人口老龄化，政府除了需要承担越来越多的养老和医疗保障支出外，同时还需满足相当大的经济建设和行政费用的支出（见图 5-13）。除非政府能找到新的大规模收入并削减支出，否则，未来庞大的医疗保险赤字和长期债务将严重伤害经济的发展。

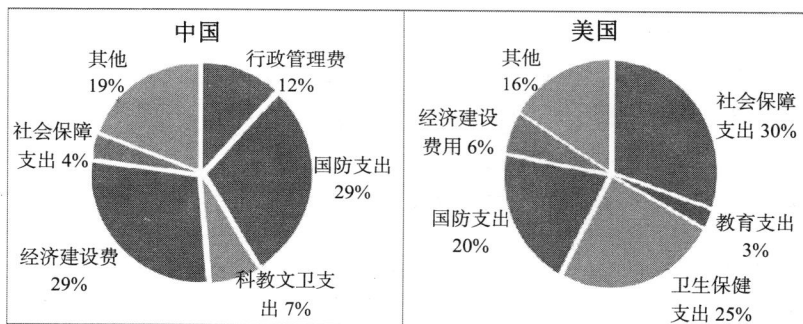

图 5-13　中国、美国 2006 年中央财政支出结构对比

资料来源：根据国际货币基金组织《政府财政年鉴》（2007）及《中国统计年鉴》（2007）中央财政支出项目计算得出。

我国人口老龄化的急剧加速和医疗费用上涨将导致巨大的老年医疗服务需求和成本。由于现行医疗保险体系的缴费能力严重不足，未来将出现支付危机。我国医保体系的债务风险并不比美国轻，庞大的医保收支赤字可能会给整个国家制造出未来几代人都偿还不清的债务，使政府财政不堪重负。现收现付筹资

[①] Senator Max Baucus (D-Mont.), Chairman, Senate Finance Committee. Call to action health reform 2009, November 12, 2008, U.S.

[②] 研究者发现，根据人均 GDP、农业劳动力比重等指标计算的经济水平综合年代差，2001 年中国与美国等 7 个国家的差距超过 100 年。

模式仅仅是一个当年的收支平衡，并没有考虑到未来风险的变化，不存在基金积累，因而将无力应对医疗费用增长和人口老龄化带来的双重压力。该种医疗筹资方式是相当不合理的，必须对其进行改革。

第六章　构建可持续性的老年保障体系

从发达国家的经验来看，在人口老龄化进入高峰期的前 20～30 年，必须建立起一套相应的社会保障制度，并进行足够的基金储备，以应对人口老龄化给经济发展和社会稳定所带来的压力。因此，我们要以国家经济发展实力为基础，抓住目前劳动力资源丰富、人口抚养系数相对较低等有利的人口条件，在人口红利期及早研究和制定相应的政策，完善老年社会保障体系。从前面分析可知，在现行体制下，由于人口老龄化的作用，我国老年人的养老医疗财政支出占总财政预算支出的比重将由 2010 年的 6.55% 增至 2050 年的 27.79%。这些开支主要由养老保险（尤其是机关事业单位养老保险）、医疗保险体系收不抵支的缺口造成。我国是"未富先老"的国家，在老年人养老和医疗服务方面承受着巨大的财政支出压力，这就要求我们必须合理利用当前有利的条件，树立科学发展观，建立可持续的养老和医疗保险体系。

本章研究可持续性的老年社会保障体系的改革，包括延长退休年龄政策对养老保险基金收支的影响、机关事业单位养老保险体系改革和通过征收社会保障税的统一老年医疗保障体系及其影响政府对老年社会保障的体系的责任。

第一节　延长退休年龄改善养老保险
基金收支状况的评估

从人口预期寿命的角度来看，退休年龄应该随人均寿命的增长而提高。20世纪 50 年代国家将男女职工的退休年龄法定限制在 60 岁和 50 岁（对特殊工种女职工放宽 5 年期限）是符合当时的国民生理条件的。但半个世纪以来，我国的人均寿命已经由 50 年代的 50 岁左右上升到 2005 年的 72 岁，预计到 2015年达到 75 岁，[1] 且受教育年限也已延长，今天仍沿用以前的退休年龄标准则显

---

① 陈竺. 2015 年中国人均寿命要达到 75 岁. 广州日报，2010 年 3 月 4 日。

得不合适。因此，未来延长退休年龄是必然的，只是考虑到当前社会就业压力，退休年龄延长的时机还未成熟而已。根据我们的预测，我国在 2020 年左右劳动人口规模将开始下降，人口红利将逐渐消失，为延长劳力资源的优势，延长退休则成为必行之策。

延长退休年龄可以缓解社会保障体系的基金支出压力。发达国家在人口老龄化及与日俱增的财政支出的逼迫下，纷纷采取了推迟退休年龄的政策。人口老龄化进程的加快以及人口预期寿命的延长，使得我国社会保障体系的基金收支赤字越来越大，低龄退休也是造成养老保险基金负担过重的主要原因之一。本节将依据我国人口发展规律来设定未来延长退休年龄的政策，并以此测算其对企业职工养老保险体系基金收支状况的影响。

一、精算假设

根据相关文献研究，本书延长退休年龄的假设是先男女一致，再同步延长。

第一步：2020 年之前，我国处于人口红利期，劳动力丰富，正常就业对社会更加有益，而延长退休年龄将会加大就业压力。因此这一阶段的主要任务是抑制提前退休，规范退休制度。我国可以利用这段时间整治提前退休、违规内退等现象，并将男、女性职工退休年龄统一为 60 岁、55 岁，原女职工可以在 50～55 岁实行弹性退休年龄，到 2020 年后延长为 55 岁退休。

第二步：2020 年后，人口红利逐渐消失。假设 2020~2030 年女性退休年龄从 55 岁延长到 60 岁，每一年延长半个月。实现男女退休年龄一致，一方面，考虑到女性平均寿命大于男性平均寿命，男女退休年龄一致是应该的，这也是发达国家普遍采取的退休政策；另一方面，教育制度的完善和重男轻女现象的减少使得男、女性接受教育以及职业培训的投入是一样的，若女性比男性少工作 5 年，则意味着他们虽然付出了相同的人力资本，产出价值却少了 5 年。男女退休年龄一致可提高女性的劳动参与率，并使男女退休待遇拉平。

第三步：随着人口寿命的不断增加，延长退休年龄的空间越来越大。假设 2030~2040 年男女退休年龄从 60 岁逐步延长到 65 岁，之后保持不变。

延长退休年龄后，缴费年限随之增加，职工养老金的替代率也应相应提高。这里假设每延长一年替代率则增加 1 个百分点。

二、延长退休年龄对企业职工养老保险基金的影响

我国企业职工养老保险制度在制度转轨过程中产生了一系列的隐性债务，本书的测算结果显示，隐性债务规模达 90 万亿元。这些隐性债务主要由新参保人的缴费承担，但是人口老龄化日益严重将导致基金当期的收入不能满足当期

的养老支付，并不断消耗原有的积累，使"金库"全部耗尽。据测算，企业职工养老保险基金将在 2027 年出现当年的基金收支失衡，2039 年出现累积基金赤字。基金收不抵支部分将由国家财政负担，到 2100 年赤字积累达 55 万亿元（2010 年现值）。延长退休年龄则意味着降低了职工供养比，不仅通过增加缴费人数和缴费年限来增加养老金收入，而且通过推迟领取养老金的支付时间来减少养老金给付，从而降低基金平衡缴费率，并有效增加基金积累、改善基金收支失衡状况。

（一）降低职工抚养比

延长退休年龄后，如表 6-1 所示，抚养比将显著下降。到 2030 年抚养比下降了 0.076，2040 年下降了 0.23，之后抚养比降低水平大概为 0.25。抚养比下降将能够有效缓解养老给付压力。

表 6-1　延长退休年龄前后的企业职工抚养比对比

年份	2010	2020	2030	2040	2050	2060	2070	2080	2090	2100
延长前	0.293	0.336	0.514	0.651	0.774	0.805	0.784	0.783	0.797	0.816
延长后	0.293	0.336	0.438	0.437	0.473	0.580	0.533	0.538	0.543	0.541

（二）降低基金平衡缴费率

延长退休年龄后，缴费人数增加，同时领取养老金人数减少。虽然养老金的替代率、养老金给付水平与以前相比较有所提高，但是缴费收入增加大于养老金支出增加，因此基金收支平衡的缴费率将下降。

表 6-2　中速情况下，延长退休年龄前后的企业职工平衡缴费率对比

年份	2010	2020	2030	2040	2050	2060	2070	2080	2090	2100
延长前	0.141	0.144	0.179	0.197	0.215	0.212	0.205	0.205	0.210	0.208
延长后	0.141	0.144	0.154	0.140	0.157	0.203	0.190	0.197	0.201	0.199

（三）改善基金收支状况

延长退休年龄可以改善企业职工养老保险基金收支状况。如表 6-3 所示，

延长退休年龄后，工资增长速度为中速情况下，基金年收支赤字出现时间将推迟 27 年，累积赤字出现时间将推迟 34 年。2010~2100 年，养老保险体系的基金累积债务减少了 29 万亿元，且工资增长速度越快，减少力度越大。延长退休年龄降低了基金债务规模，从而可以缓解老年养老的公共财政负担。

表 6-3　延长退休年龄前后未来 90 年的基金债务对比　　　单位：万亿元

	慢速	中速	快速
延长前	−44.57	−55.48	−61.83
延长后	−25.29	−26.42	−14.48
改善情况	19.28	29.06	47.36

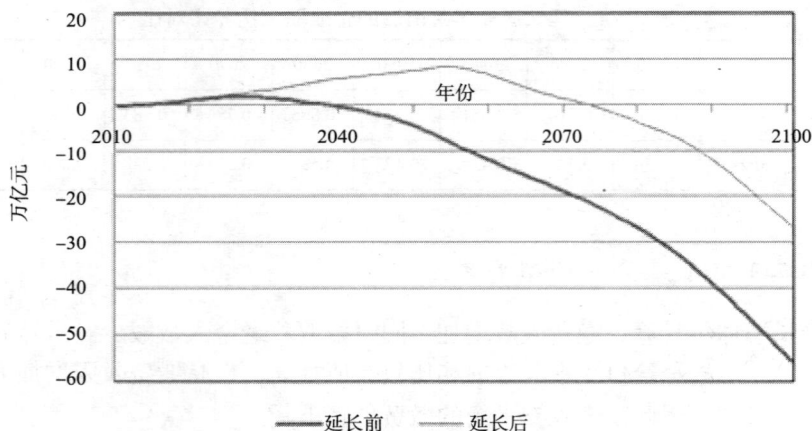

图 6-1　中速情况下，延长退休年龄前后的基金债务状况对比

表 6-4　中速情况下，延长退休年龄前后基金赤字出现时间对比

	年收支赤字	累积基金赤字
延长前	2027	2039
延长后	2054	2073
推迟年数	27	34

第二节　机关事业单位养老保险体系改革及可持续性研究

一、全国机关事业单位退休体系的公平性与可持续性

（一）机关事业单位退休体系的公平性

社会养老保险的本质是为全体劳动者年老时提供经济支持，以保障其晚年基本生活的一种制度安排，应当相对公平。

由于"退休金双轨制"的实行，机关事业单位工作人员与企业人员的退休金制度走上完全不同的轨道：企业人员采取的是单位和职工本人按一定标准共同缴纳养老保险费的办法，以本人缴费工资基数和个人账户资金为计发依据；机关事业单位退休费用则由财政或单位统一筹资，待遇计发标准和工作年限挂钩，以退休时的工资为基数，按一定比例计发。长期以来，机关事业单位的养老金标准远高于企业退休人员。

图6－2是2000~2007年企业单位和机关事业单位退休人员人均离退休费用走势图。由图可见，机关事业单位人均离退休费用曲线一直处于企业的上方。2000年，企业和机关事业单位的人均离退休费分别为6531元和9478元。到了2007年，该费用分别增长至11342元和19802元。机关事业单位人均离退休费用远远高于企业单位，2000年机关事业单位人均离退休费是企业的1.45倍，2007年更是增长为企业的1.75倍。且机关事业单位人均离退休费用的增长率亦高于企业的水平：2000~2007年，企业人均离退休费年均增长率为8.2%，而机关事业单位约为11.1%。

对比机关和事业单位，机关工作人员退休待遇又要高于事业单位工作人员。南京大学院长陈骏称，[①] 部属高校退休教职工的年退休金比当地同级别的公务员退休金最多要低2万元；与此同时，中国社会科学院也向有关部门反映，在中国社会科学院，无论是在职的还是离退休的，退休工资比同级别公务员均低了近一半。

---

① 资料来源：中国经济周刊，2009年5月19日.

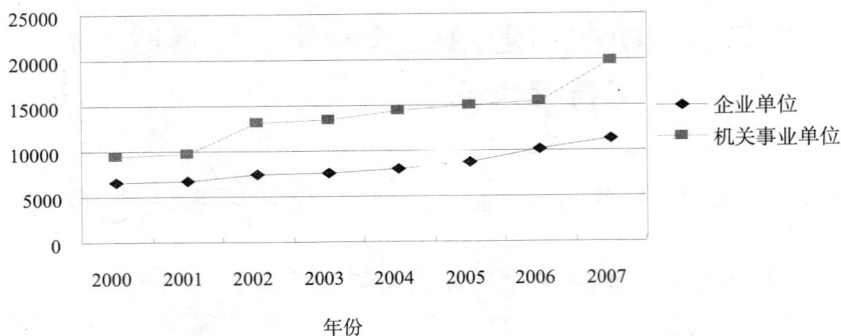

图6-2　人均离退休费用

资料来源：《中国劳动统计年鉴》（2008）。

　　制度设计上的不合理导致企业退休人员和机关事业单位退休人员退休待遇上的巨大差别，待遇的不公平造成企业在职职工及退休人员心理上的不平衡，从而形成潜在的社会不稳定因素。另外，日益沉重的养老负担使得财政支出不堪重负，未来的养老金成本必然要转嫁给在职人员，造成下一代人的沉重负担。从代际的角度看，这也是一种不公平，其可能引发的代际矛盾不容忽视。

　　2009年1月28日，国务院正式发放《事业单位工作人员养老保险制度改革试点方案》，旨在改革事业单位工作人员养老保险制度，实现与企业养老保险制度的并轨。但如果仅是改革事业单位养老保险制度而维持现有机关养老保险模式，这又将造成机关、事业单位、企业退休待遇的新差别，引发新的社会矛盾。企业和事业单位职工是社会物质财富及精神财富的创造者，也是政府财政收入的主要供给者，如果将机关置于这两大群体的对立面，无疑不是明智之举。因此，笔者认为，机关和事业单位养老保险应实现同步改革，以建立公平统一的社会养老保险体系。

（二）机关事业单位退休体系的可持续性

　　无论哪个国家，政府财政支出和财政支出结构在社会保障和社会福利方面都起到重要的作用。任何国家养老保险制度的建立都离不开财政的支持，因此一国的财政支出总量及财政支出结构的状况，往往对养老保险体制的可持续发展产生重大的影响。

　　过高的社会保障支出会使得国家在财政支出的分配上出现失调和混乱，同时严重影响到财政的经济效率和财政的社会效率。政府应合理地运用财政手段调节经济运行，使得经济活动中各生产要素能够通过合理配置达到最佳经济效果，保证经济发展的速度和社会物质财富的积累程度。

自改革开放以来，中国财政支出总量一直都保持着快速稳定的增长势头，但由于我国公共财政体系尚未建立起来，特别是多年来我国社会保障一直是单位保障，虽然经过 10 多年的改革现已逐步实现了社会化，但自 1998 年以来中国的社会保障支出增长速度明显超过财政总支出的增长速度，在财政支出中所占比重也迅速增加。

表 6－5　1998～2007 年全国财政社会保障支出金额　　单位：亿元

项目 年份	财政总支出	社会保障总支出	行政事业单位离退休
1998	11549.48	595.63	274.36
1999	13805.87	1197.44	393.92
2000	15886.50	1517.57	478.57
2001	18902.58	1987.40	624.72
2002	22053.15	2636.22	788.83
2003	24649.95	2655.91	894.97
2004	28486.89	3116.06	1028.11
2005	33930.28	3698.86	1164.83
2006	40422.73	4361.78	1330.20
2007	49781.35	5447.16	1566.90
年均递增（%）	17.60	27.90	21.4

资料来源：《中国财政年鉴》（2007）。

与此同时，机关事业单位离退休费不仅在金额上逐年递增，而且占财政支出的比例也逐年增加。我们可以看到，行政事业单位离退休费用的财政支出占到了我国财政支出中社会保障支出的 1/3 左右，长此运行下去，必将影响到社会保障的公平和效率。显然，机关事业单位养老保险制度造成了沉重的财政负担，不具有可持续性。

我国 1990 年机关事业单位离退休总费用是 81.8 亿元，到 2005 年增加到 1827.7 亿元，16 年增加了 21 倍，年平均增长率为 23.6%，1994 年增长率则高达 62.5%。

表6-6 1998～2007年全国财政社会保障支出比例 单位：%

项目 年份	社会保障总支出占财政支出的比例	行政事业单位离退休占财政支出的比例
1998	5.16	2.38
1999	8.67	2.85
2000	9.55	3.01
2001	10.51	3.3
2002	11.95	3.58
2003	10.77	3.63
2004	10.94	3.61
2005	10.9	3.43
2006	10.79	3.29
2007	10.94	3.15

资料来源：《中国财政年鉴》（2007）。

表6-7 机关事业单位养老金负担占我国财政支出的比例的预测

年份	2010	2020	2030	2040	2050
比例（%）	4.3889	4.4484	5.1613	5.4738	6.3059
年份	2060	2070	2080	2090	2100
比例（%）	7.7097	8.3445	8.9702	9.7836	10.0379

依据本书对 GDP 以及财政支出占 GDP 的比例的合理假设，可预测出未来90 年机关事业单位养老金负担占我国财政支出的比例。2010～2100 年该比例呈上升趋势，由 4.3889%增至 10.0379%。

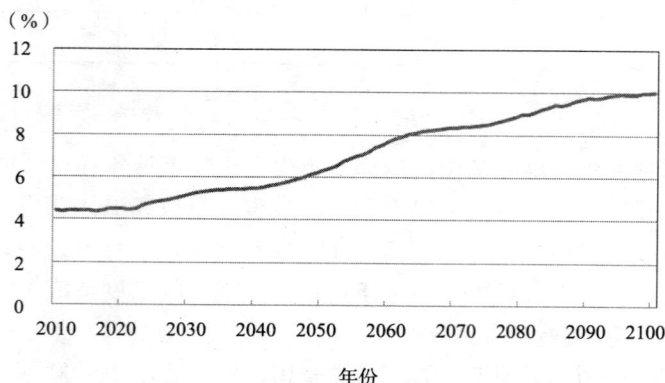

图6-3 现行制度下机关事业单位养老金负担占我国财政支出的比例的预测

2008 年，社会保障和就业占中央财政支出的 7%，而机关事业单位的离退休费用占 3.5%左右。国家仅为 3000 万机关事业单位人员的养老保障的支出就占全国社会保障支出的一半，这显然不合理。如按现行制度延续下去，未来的机关事业单位离退休费将高攀至财政支出 10%以上的水平，不符合我国的国情和发展需要，将严重影响到制度的可持续性。

二、国外公务员养老保险制度探析与借鉴

国外公务员养老保险制度可分为三种模式：

一是选择型养老保险模式，指公务员既可选择参加与其他劳动者一样的养老保险制度，又可选择参加独立的公务员养老保险制度，该模式以美国为代表。美国联邦政府人事局主管两种基本的退休制度：一种是 1920 年建立的公务员退休制度（CSRS），第二种是 1986 年建立的纳入全国养老社会保险范围的联邦雇员退休制度（FERS）。1983 年 12 月 31 日以后受雇的公务员可自动执行新的退休制度，而此前受雇的公务员，对于实行旧的退休制度还是实行新退休制度，可自由选择。

二是专门型的养老保险制度，指公务员只能参加独立的公务员退休制度，该模式以法国和德国为代表。法国公务员的养老保险，所实行的不是以公务员在职期间缴纳的保险费多寡为前提的储金积累制度，而是将养老保险金作为一种国民收入再分配体制，采取现收现付模式。其资金来源于在职公务员的缴费和国家的预算（占大部分）。在职公务员要按收入的 7.9%缴纳养老保险费，其余部分则由国家预算支付，政府充当托底的角色。为优待公务员，法国还规定政府公务员的薪金收入中有 11%不计入社会保险税征收范围之内。

三是交叉型养老保险模式，指公务员既可参加覆盖全体国民的养老保险制度，又可参加独立的公务员养老保险制度，该模式以欧洲福利国家和英联邦国家为代表。英国公务员（和国民一样）参加覆盖全体国民的养老保险制度，养老金具体分为缴费养老金和非缴费养老金。前者受益人要相应缴纳保险费的养老金，后者无须缴费；前者可以是不论交费多寡的一笔固定金额（统一式养老金），或者按收入比例给予的养老金，后者可以无条件或有条件地给予。养老金的金额每年按工资或物价的变动进行调整。

20 世纪 70 年代以来，发达国家经济发展先后进入"滞胀期"，加之人口老龄化危机愈演愈烈，各国养老保险制度纷纷陷入困境。作为养老保险制度的组成部分，公务员养老保险制度概莫能外。综观各国国情，公务员养老保险制度面临的主要问题在于过高的支出增长导致的财政赤字增加和个人缴费激增，由此引发的一系列社会矛盾使得各国公务员养老保险制度面临严峻挑战。以法

国为例，据有关资料显示，在法国国民收入中，税收占 23%，向企业摊派款项占 25%，两者合计达 48%。这样高的比例，影响了法国在国际上的经济竞争力，也影响了社会保障与福利的后劲。法国公务员退休待遇比较优厚，但公务员养老金支出过快，财政负担过重，养老保险基金难以平衡。

为积极应对人口老龄化的冲击，保证社会养老保险制度的可持续性和公平性，各国政府正积极探索包括公务员在内的社会养老保险制度改革方案，从而消除影响社会稳定的不利因素。综观当今世界各国公务员养老保险制度的改革，其趋势及主要做法如下：

（1）调整待遇领取办法及待遇标准，养老保险制度比较健全且待遇优厚的国家纷纷降低公务员待遇计发标准，或是延长计算养老金所采用的收入年限，以降低待遇支付水平。

（2）调整退休金指数化调节方式，按工资及物价指数进行指数化调整，以应对通货膨胀。

（3）改进养老保险基金管理，增大基金管理权限，扩大基金投资范围，以确保基金保值增值。

（4）建立个人账户，实施基金管理。

（5）筹集方式由现收现付制转为完全积累制或者部分积累制，公务员个人未来养老待遇取决于个人目前的储蓄积累及其保值增值情况。

总体而言，公务员养老保险制度的改革因国而异，但较为一致的看法是：公务员养老保险制度的改革和调整应在结合国情的基础上重建制度、调整待遇、减轻政府财政负担、加强公务员自身的养老责任，而政府在其中扮演的是最后兜底者的角色。

三、机关事业单位养老体系改革方案

按照新旧制度的合理衔接、平稳过渡，在遵循权利与义务相对应、公平与效率相结合、保障水平与经济发展水平及各方面承受能力相适应等原则下，笔者认为，我国的机关事业单位主要承担公共服务，在性质上相似，参照国际通行的做法，适宜采用相同的养老保障体系。因此，本书归纳的改革思路是机关事业单位建立一体的养老保险体系，实现市级或省级统筹并逐步过渡到全国统筹。

（一）改革方案设计

按照企业职工基本养老保险制度中的"老人"、"中人"、"新人"的概念，本书将全国机关事业单位人口以 2010 年 1 月 1 日为时间点，划分为"老人"、"中人"和"新人"三部分，下面给出三种养老改革方案：

方案一：2010 年前已退休和在岗的参保人（即老人和中人）依旧按原退休制度计发退休金；2010 年后入职的参保人（即新人）与企业职工养老保险体系并轨。

方案二：2010 年前已退休的参保人（即老人）依旧按原制度计发退休金；2010 年在岗职工（即中人）按照过渡性算法计发养老金；2010 年后入职的参保人（即新人）按企业职工养老金制度发放养老金。由于制度改革时已在岗的中人积累了部分养老权益，因此其退休时的养老权益应由两部分构成，即制度改革前积累的养老权益与制度改革后积累的养老权益。其退休时的替代率水平也应由改革前的工作年限与改革后的工作年限共同决定。据此，我们以工作年限为权重，对新旧制度下的替代率水平进行加权。以 h_{x_0} 表示加权算法的加权替代率，则"中人"的加权替代率即为 $h_{x_0} = \dfrac{n}{m} \cdot f_{x_0} + (1 - \dfrac{n}{m}) \cdot g_{x_0}$（其中，n 表示某人在改革前已工作年限，m 表示总工作年限，f_{x_0} 表示原体制下替代率水平，其权数为 $\dfrac{n}{m}$；g_{x_0} 表示新体制下替代率水平，其权数为 $1 - \dfrac{n}{m}$）。

方案三：2010 年前已退休的参保人（即老人）依旧按原制度计发退休金；对 2010 年在岗和入职的参保人（即中人和新人），通过改革退休金的计发办法，逐步降低退休金替代率水平，实现目标替代率 70%，并且依照职工养老保险的个人账户规定，个人需要按工资的 8% 承担养老保险缴费。

具体替代率设定如表 6-8 所示。

表 6-8　机关事业单位养老保险改革方案设定

	人口	替代率	
		男性	女性
原制度	老人	2005~2050：80% —递增→ 85% 2050~2090：85% —递增→ 90%	2005~2050：75% —递增→ 80% 2050~2090：80% —递增→ 85%
	中人	2005~2050：80% —递增→ 85% 2050~2090：85% —递增→ 90%	2005~2050：75% —递增→ 80% 2050~2090：80% —递增→ 85%
	新人	2005~2050：80% —递增→ 85% 2050~2090：85% —递增→ 90%	2005~2050：75% —递增→ 80% 2050~2090：80% —递增→ 85%

续表

人口	替代率	
	男性	女性
改革方案一 老人	2005~2050：80% 递增→85% 2050~2090：85% 递增→90%	2005~2050：75% 递增→80% 2050~2090：80% 递增→85%
中人	2005~2050：80% 递增→85% 2050~2090：85% 递增→90%	2005~2050：75% 递增→80% 2050~2090：80% 递增→85%
新人	2005~2090：30%保持不变	2005~2090：30%保持不变
改革方案二 老人	2005~2050：80% 递增→85% 2050~2090：85% 递增→90%	2005~2050：75% 递增→80% 2050~2090：80% 递增→85%
中人	$h_{x_0} = \frac{n}{35} \cdot f_{x_0} + (1 - \frac{n}{35}) \cdot 35\%$ ①	$h_{x_0} = \frac{n}{30} \cdot f_{x_0} + (1 - \frac{n}{30}) \cdot 30\%$ ②
新人	2005~2090：30%保持不变	2005~2090：30%保持不变
改革方案三 老人	2005~2050：80% 递增→85% 2050~2090：85% 递增→90%	2005~2050：75% 递增→80% 2050~2090：80% 递增→85%
中人	2005~2090：65%保持不变 个人账户：8%	2005~2090：60%保持不变 个人账户：8%
新人	2005~2090：73%保持不变 现收现付，个人每年缴费8%	2005~2090：68%保持不变 现收现付，个人每年缴费8%

（二）改革方案的退休金成本测算

如表6-9所示，在采用改革方案后，我国机关事业单位退休金累积负担明显得以改善。在改革方案一下，未来80年（2010~2090）机关事业单位退休金负担在工资增长率为中速情形下减少了85.0万亿元；而在改革方案二下达到了99.6万亿元；在改革方案三下则为67.3万亿元。三种改革方案的累积成本规模约为原制度下的一半，国家和社会负担得以明显减轻，获得了较好的改革效果。

表6-9　原制度与三种改革方案的未来80年累积负担比较　　单位：万亿元

工资增长率	原制度	方案一	方案二	方案三
慢速	119.6	68.6	56.8	72.6
中速	181.6	96.9	82.0	114.3
快速	283.4	141.6	122.5	176.2

（三）三种方案在现收现付制下的缴费率测算

我们考虑按照现收现付的方式进行机关事业单位养老保险统筹。根据各年度的退休金负担水平和在职人员的收入，可以测算出年度的养老保险统筹的缴费率。图6－4是在假设工资增长率为中速的情形下，三种改革方案以及原制度在现收现付制下所算得的全国机关事业单位平衡缴费率。原制度下算得的退休金负担占在职人员工资总额的比重，为方便对比，此处也称为缴费率。对比图中各缴费率，我们可以发现，在工资增长率为中速的情况下，改革方案的缴费率水平有明显的下降。原制度下缴费率最终将高达44%，而改革方案一、二的最终平衡缴费率均只有15%左右的水平。方案三的设计能够较好地保障退休人员的退休生活，且最高缴费率约为28%，明显低于原制度下的相应缴费率。因此，从成本负担来看，三种方案都具有较强的可持续性。

制度改革之初，我国正进入老龄化快速发展时期，由于存在大量已退休老人及已工作了较长年限的中人，在短期内机关事业单位的养老负担不会立即下降，甚至还有加重的趋势。如图6－4所示，为实现收支平衡，方案一的缴费率在2040年左右将攀升至31%的峰值，方案二下的平衡缴费率在30年内也将处在略高于20%的水平。但经历过渡阶段以后，前两个方案的平衡缴费率水平都将维持在国家和单位可承受的范围之内。方案三的设计在推进改革的同时可以较好地保障机关事业单位退休金替代率水平，其可行性较好，且缴费率基本处于15%～28%，虽略高于方案一、二，但负担明显低于原制度。

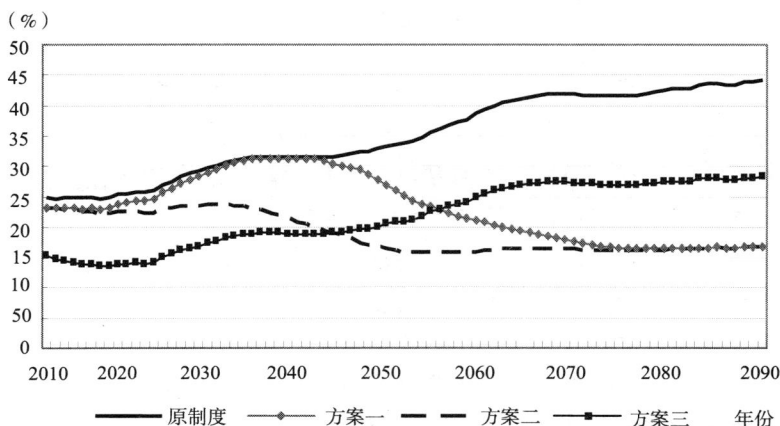

图6－4　方案一、二、三以及原制度下工资增长率中速情形下的缴费率

需要说明的是，在制度改革时已退休的"老人"，国家依旧对其承担一定的养老责任，其养老负担并非完全由单位承担。因此，改革方案一、二在2055年前（2010年人口结构中55岁女性存活至100岁的年份）的缴费率，其实包含一部分国家应有的负担，单位实际缴费率略低于如图6-4所示的缴费率水平。

对比方案一和方案二，方案一采取的是"一刀切"的方式，改革前即2010年之前已在岗和退休的参保人仍按旧制度计发退休金，而2010年以后入职的参保人则参照企业职工养老金制度发放养老金。与方案二复杂的加权替代率算法相比，方案一的改革方法更为简易和具有可操作性。且方案一承诺在岗的"中人"保持原有的养老金水平，从而可起到安抚人心、维持社会稳定的作用。而方案二则按照参保人群的类别将其分为老人、中人和新人，不同的群体按照不同的替代率计发养老金，以参保人在制度改革前后的工作年限为权重，加权计算其替代率水平。与方案二比较，方案一兼顾了机关事业单位工作人员在改革前的养老权益，在遵循平稳过渡的原则下，合理衔接新旧制度，因而能减少改革的阻力，是较为可行的方案。

方案三将原先制度下偏高的替代率水平降至在可以保障退休生活的前提下的合理水平；同时，根据职工养老保险的做法，由个人负担部分缴费，体现了个人权利和义务及社会的公平性，并一定程度上减轻了国家和单位的负担，且制度设计上并无大的变化，因而具有较强的可操作性。

四、改革建议

现行机关事业单位的退休制度已经暴露出了很多深层次的问题。机关事业单位与企业实行不同的养老金制度，造成不同群体保障的起点不同和制度内人员保障水平的悬殊。根据本书的测算结果，在现行制度下，我国机关事业单位养老成本非常高昂，按2010年的测算时点算，未来80年为119.6万亿～283.4万亿元的规模。

机关事业单位养老保险制度改革已是大势所趋，关键问题在于如何实现新旧制度的合理衔接、平稳过渡。本书在遵循权利与义务相对应、公平与效率相结合、保障水平与经济发展水平及各方面承受能力相适应的原则下，归纳了三种可持续性强且可操作性较好的改革方案。

由本书的测算结果可以看出，我们设计的三种方案确实起到了降低机关事业单位养老保险负担的作用：三种方案在工资增长率为中速的情形下，累积负担分别为原制度的53.36%、45.15%、62.94%。

基于现行机关事业单位养老保障制度和改革方案的分析测算，笔者提出以下几点建议：

（一）事业单位养老保险制度应当继续与机关事业单位保持一致

在我国，公务员是指依法履行公职、纳入国家行政编制、由国家财政负担工资福利的工作人员。事业单位一般指以增进社会福利，满足社会文化、教育、科学、卫生等方面需要，提供各种社会服务为直接目的的社会组织。事业单位不以营利（或积累资本）为直接目的，其工作成果与价值不直接表现或主要不表现为可以估量的物质形态或货币形态。事业单位是相对于企业单位而言的，包括一些有公务员工作的单位，它们不是以营利为目的的，是一些国家机构的分支。

非营利社会组织是英文 Non-Profit Organization（NPO）的中文译名，是指那些不以营利为目的、主要开展各种公益性或互益性社会服务活动的民间组织。其性质类似于我国的事业单位。非营利社会组织的主要功能为提供公共物品、代行政府职能、推动社会发展、促进社会适应、有效配置资源等。

在国外，非营利社会组织的行业分布基本与我国基业单位类似。

英国和日本的非营利社会组织主要以教育服务为主。经过比较研究发现，英国和日本的教育在非营利社会组织中的支出占主要份额，分别为42%和40%。在英国，非营利社会组织既涉足中小学教育，也涉及高等教育。在英国，居第二位的非营利社会组织是文化娱乐机构，包括社团俱乐部、体育俱乐部、博物馆和剧院等。此外，英国非营利社会组织在环境保护和国际救助方面也比其他国家更加活跃，但在医疗卫生和社会服务领域的作用较弱。日本的第二大非营利领域是医疗卫生，约占非营利性支出的28%。事实上，大量的卫生保健服务是由大型综合性的非营利"医疗法人"提供的。日本有7000多家这样的医疗法人经营着医院、诊所、培训机构或研究中心。

美国和德国的非营利社会组织主要以医疗卫生服务为主。医疗卫生服务是美、德非营利活动的主体。美国有一半以上（53%）的非营利支出用于医疗卫生领域，美国医院中有一半多属于非营利社会组织。德国非营利支出中医疗卫生所占的比例较美国小，约为35%，但却是德国非营利支出中份额最大的一个领域，大部分用于医院的运营及管理。

法国和意大利的非营利社会组织主要以社会服务为主。在法国和意大利的各种非营利社会组织中，社会服务占主导地位。法国约30%的非营利支出和意大利约25%的非营利支出用于社会服务领域。

综观国内外的情况，可见事业单位一般都是非营利性的机构或者组织，其主要职能是从事教育医疗以及政府辅助工作。自新中国成立以来，事业单位工作人员的薪资待遇主要是参照机关工作人员执行的。机关事业单位同样都是为社会提供公共服务的机构或者组织，因此，养老保险体制保持一致性也是无可厚非的。

（二）企、事业单位养老保险制度不宜并轨

企业是从事生产、流通、服务等经济活动，以生产或服务满足社会需要，实行自主经营、独立核算、依法设立的一种营利性的经济组织。其营利性以及服务对象、服务性质与机关事业单位大不相同。

正因为如此，1997 年，国务院正式颁布《关于建立统一的企业职工基本养老保险制度的决定》，标志着我国社会养老保险制度由社会统筹与个人账户相结合的企业养老保险制度和机关试点单位养老保险制度构成。

企业职工基本养老保险制度从建立至今已十多年，已经基本形成一套独特的体系。此时，若将事业单位工作人员的养老保障制度并轨进去，会造成对事业单位工作人员退休待遇新的不公平现象。

我们需要注意的是，从事机关事业单位的工作所需要的前期教育和技能培训相对于企业而言较多；而同时，机关事业单位的工作性质和工资水平也都较为固定和透明。特别地，事业单位的工作人员多为教师和医生类职业，在进入这个职业领域之前，需要接受高等教育以及从事该职业所需要的培养和培训。这些前期投入无论是在金钱上还是精力上都是远高于进入企业从事一般性工作所需要的。而在进入该行业后，教师和医生的工作大都比较稳定，但是，待遇却也不一定特别得好。针对前期高投入、后期低回报的情形，合理保证机关事业单位工作人员的退休养老生活是必要的，也是促进社会发展所必需的。

虽然将机关事业单位和企业的养老保险统一可以减少我国养老保险制度的"碎片化"，但是，从公平性的角度看，机关事业单位的收入较透明，平均缴费工资远高于企业职工平均缴费工资，在缴费率一定的情况下，机关事业单位工作人员的实际缴费要高于企业职工缴费，但却只能得到较低的养老待遇。因此，统一制度会加重机关事业单位的缴费负担，形成逆向激励，不利于体系的可持续发展。

（三）构建基础养老金制度与退休金制度相结合的新型机关事业单位养老保障制度

由上文分析可知，机关事业单位的养老保障制度应当重构，其结构可以与企业养老保险制度相似，建立基础养老金与退休金相结合的新型体系。

事业单位的基础养老金制度是指形如企业基础养老金制度，以事业单位工作人员退休前一年的基础工资（而非社会平均工资）为计算基础，乘以原有的机关事业单位退休金替代率水平，计算而得的基础养老金。

笔者认为，该基础养老金应当在建立初期做到省级统筹。因为事业单位工

作人员人数不多，如果仅仅以小区域作为统筹，很难做到风险分担。省级统筹便于控制和管理，同时易于规范化。

单位退休金制度是作为有经济基础和经济条件的机关事业单位给予员工的一种福利，现阶段则是对历史形成的退休权益补偿，用于弥补基础养老金改革后的差距。员工在职期间可以一定的缴费率进行缴费，单位同时按一定比例为员工缴费。每年形成的缴费进行集体投资并实现部分积累。基金在职工退休后再一次性或者分次发放给员工。该制度类似于企业年金（也即职业年金）制度。

该退休金制度在作为职工福利的同时也可以作为一种奖罚机制。事业单位不仅需要考核员工的绩效，也需要考量员工的廉政。对于有条件的事业单位，在为职工建立此"职业年金"后，如若发现该员工有廉政问题，则可以考虑在此人退休后不予发放年金；若该员工符合廉政考核，则按数发放年金。

同时，"职业年金"的建立在一定程度上也起到补充的作用，也可以缓解通货膨胀给养老金带来的影响。因为职业年金实现部分积累，在投资过程中可以减轻通货膨胀带来的人民币贬值。

第三节　征收社会保障税，建立统一的老年医疗保障体系

前面章节讲述了我国老年人养老保障的问题，现行我国养老保障体系需要进一步完善，老年人的养老权益需要国家政府予以保证。与此同时，我们需要认识到老龄问题不仅仅是养老问题，还包括医疗保障问题、老年照料服务问题等。老年人随着年龄的增大，其身体素质越来越差，医疗需求越来越大，而老年人的医疗费用是人均医疗费用的 2~3 倍，高额的医疗费用支出势必成为影响老年人生活水平的重要制约因素。因此，有必要针对老年人这一特殊群体建立独立统一的医疗保障计划，来应对老年人较高的医疗需求。

本节将会详细讨论老年医疗保障计划的制度设置及其基金运行状况，再与现收现付制下的医疗保障制度进行比较。

一、建立征收社会保障税的老年医疗保障制度的背景

（一）我国老年人的医疗现状

我国现行医疗保障制度主要包括城镇职工基本医疗保险、城镇居民基本医疗保险和新型农村合作医疗制度，简称"新农合"。至 2006 年年底，城镇

参保老年人口有 4152 万，占城镇老年人口的 66%，还有 34% 的老年人没有被纳入医疗保障范围。2009 年参加新农合人口达 8.33 亿人，参保率达 94.0%，尽管参加人数多，但新农合的保障水平非常低，老年人的医疗问题实际上未得到根本解决。

因此，根据我国老年人具体的医疗情况，我们建议将老年人从现有的医保体系中分离出来，建立独立的老年医疗保障计划，实行较高的医疗补偿水平。中国劳动和社会保障部社会保险研究室主任关志强提到："将高龄老人从各个基金中分离出来，统一管理是个多赢的制度创新，值得借鉴。"

（二）通过征收社会保障税建立独立老年医保体系的优势[1]

征收社会保障税来建立老年医疗保障体系，能更好地体现公平性、便于医保转移、明确政府责任等。

（1）实现老有所医，体现公平性。我国现行医保系统包括城镇职工、城镇居民基本医疗保险制度和新农合，秉承"低水平，广覆盖"的原则。由于城镇职工医保制度发展比较成熟，参保率比较高，职工的医疗费用补偿比较高，退休职工能够享受较好的医疗保障。城镇居民医保和新农合的补偿水平就远远低于职工，很多农民根本无法负担高额的自付费用，这一部分人才是真正需要政府给予帮助的对象。

因此，建立独立的老年医保制度，大大提高了城镇居民医保和新农合这两个医保子系统中老年人的医疗补偿比水平，推广了覆盖面，使这一部分老人能够老有所医，不用再担心"看病贵、看病难"的问题，真正实现老有所医，体现了所有公民都享有平等医疗的权益。

（2）实现全国统筹，便于医保转移。现行医保制度很多都实行地方统筹，统筹层次低，且不同制度间内容不一致，建立统一的老年医保后，全国所有老年人，不管是城镇居民或是农村居民，都属于同一医保制度，消除了不同制度之间医保转移的障碍。

随着我国社会经济的发展，城乡差别不断缩小，城乡的界限逐渐模糊，许多老人会跟随儿女到另一城市定居，而在现行医保制度中，参保人往往只能转移个人账户的资金，既不方便，也大大打击了参保人的积极性。统一老年医保的建立，很好地消除了地域转移的难题，既保护了老年人的利益，又方便管理。

（3）明确了社会医疗保险和政府的公共责任。20～65 岁的人群有一定的经济能力，能够保证足额的税收缴纳，身体素质较好，医疗需求不高。相对而

---

① 宋世斌. 我国医疗保障体系的债务风险及可持续性评估. 北京：经济管理出版社，2009.

言，65 岁及以上老年人的经济能力减弱，医疗费用却是人均医疗费用的 2~3 倍，必定无法支付高额的医疗费用。因此，医保系统的基金债务实际上大部分是由老年人产生的，中年医保系统能够做到自我收支平衡。由于人口老龄化，我国未来老年人的比例将会快速上升，医保系统将会产生巨大的基金缺口。

将老年医保系统独立出来，有利于明确老年人的这一部分债务，增强社会的危机感，同时明确政府的公共责任，促使相关部门预先做好应对措施，提前做好基金积累，以应对老龄化高峰期的到来。

（4）构成"老有所养"的重要部分，坚实全民健康计划的基础。由前面章节所述可知，实现全民"老有所养"不仅指社会养老保障体系，还包括社会医保体系、老年人护理制度等各方面，因而老年医保是实现"老有所养"不可缺少的一部分，同时也是我国建立老年人长期护理制度的过渡阶段。

集医疗、护理、预防保健等为一身的全民医疗保障制度是我国医保制度发展的必然趋势，更是我国构建社会主义和谐社会的主要目标之一。建立独立的老年医保制度将为全民健康计划打下坚实的基础，为其实现全国统筹提供便利。

综上分析，建立社会保障税形式的老年医保体系符合现有国情，缓解了医保系统的基金压力，不仅扩大了覆盖范围，更提高了老年人的医疗保障水平，体现了政府的公共责任和医保的公平性。

（三）国外医疗保障经验——社会保障税

在西方发达国家中，美国、德国、法国等都是实行社会保障税形式的社会保障制度，社会保障税已为多数国家和地区所接受，其优点在于以税收的形式明确规定了参保人的缴费责任，充分利用国家政府的行政资源，提高了参保人缴费的积极性，有利于医保基金的稳定。

我国现行的社会保障制度是以社会保障费的形式向参保人征收费用，存在诸如征收力度弱、统筹层次低和基金管理制度不健全等问题。随着社会经济的发展和经济体制改革的日益深入，现行社保制度自身存在的缺陷和不足日益突出，社保制度需要进一步改革完善。

其中，社会保障费改税的争论由来已久，早在 1996 年，《国民经济和社会发展"九五"计划和 2010 年远景目标纲要》就提出要逐步开征"社会保障税"。就在 2010 年 4 月份，国家财政部部长谢旭人在《坚定不移深化财税体制改革》一文中再次提出："完善社会保障筹资形式与提高统筹级次相结合，研究开征社会保障税。"同时，在 4 月 9~11 日的博鳌亚洲论坛 2010 年年会上，全国社保基金理事会理事长戴相龙表示："社会保障税早晚要征收，宜早不宜迟。"

国家政府部门对未来是否开征社会保障税这个问题十分重视，相应地，学术理论界对开征社会保障税问题的讨论也非常激烈，且大多数学者都持肯定态度。社会保障税与社会保障费相比较，更具有法律意义上的强制性和规范性，明确规定了参保人的义务，有利于提高社保基金的收缴率、降低筹资成本，且"税收"的形式也容易为广大参保人所接受。

综合政府部门和相关学者的研究讨论，我们认为社会保障费改税是趋势所在，在不久的将来必将实行。但同时也须认识到，费改税不是一朝一夕就可以完成的，须做好包括立法、思想原则、意识宣传、制度设置等各方面的准备。在实行过程中，可以针对社会保障系统内部分制度采取试点的形式展开，等试点工作成熟后，再逐步全面展开，最终实现费改税的目标，实行全国统筹。

在我国的社会保险项目中，失业保险、工伤保险、生育保险面向的是特定对象，不适合采用社会保障税形式征收。同样的养老保险则由于制度体系的复杂性，短期内没有实行征税形式的可能。而独立后的老年医保体系，则最好实行社会保障税的保障项目，这是由于老年医保体系公平统一、较符合我国国情。

（四）老年医保制度征收社会保障税的可行性分析

由前文分析可知，未来我国社会保障系统必会实行征收社会保障税的形式。特别地，对老年医保制度来讲，以税收的形式征收老年医保费用具有可行性，主要有以下几个原因：第一，老年医保制度中，缴费对象大部分是工薪阶层，由于缴费是为其老年阶段积累医疗权益，参保人在心理上较容易接受社会保障税的征收，且税收更具有强制性和公平性，参保人信任程度会较高。第二，考虑到老年人巨大的医疗需求会产生沉重的医保债务，现行制度由其他参保人缴费负担，但各地的老龄化不同，因而负担也不相同，同时权益也不清晰。采用整齐划一的社保税形式，则大家负担公平，权益也清楚，同时，政府对老年医保进行补贴也更合情合理。第三，老年医保制度实行全国统筹，统筹层次高，基金管理效率高、透明度高。第四，对老年医保项目征收社会保障税，符合国民的利益，极大地方便了老年就医，容易得到批准，从而可能在近期实行。

二、社会保障税形式的老年医疗保障体系的建立

如前所述，中国特色老年医保体系的建立、社会保障税的开征，需要做好各方面的准备。那么在我国目前的具体国情下，如何构建以社会保障税为收费形式的老年医保体系呢？它有何特点呢？下面将从保障对象、保障水平与共担要求、筹资模式与管理等方面详细论述。

（一）保障对象及保障水平

建立独立的老年医保，就是要把全国高龄老人从现有医疗保障制度中剥离出来，使之成为有别于现有医保制度的特殊医保体系，这样我国社会医疗保障系统就分为两个子系统，一个为老年医保系统，另一个为剥离老年人之后的现有医保系统，主要包括城镇职工基本医疗保险、城镇居民基本医疗保险和新农合。根据我国具体国情，两个子系统的年龄分界线不妨定为 65 岁，这样可知，老年医疗保障系统的保障对象为全国 65 岁及以上的老年人，所有老年人均实行统一标准。

由于老年人身体素质较差、医疗需求大，导致老年医疗成本高，但老年的负担能力较弱，因此医疗费用补偿比例水平应该更高。

（二）保障范围及费用共担要求

老年医保的保障对象为 65 岁及以上老年人，保障范围包括门诊费用和住院费用（包括半私人病房的床位费、医院服务和指定药品的费用），职工或居民医保体系的保障范围则是 65 岁以下参保人的门诊、住院等医疗费用。具体的负担比例应由医疗开支、基金收支和政府的财政支持能力来定。

（三）筹资模式与管理

老年医保社会保障税征缴的对象是有收入的国民。税收用于建立老年医保基金，用于老年人当年的医疗支出和未来的医疗积累。当参保人处于老年医保系统时，也需要缴纳占其养老金较低比例的社会保障税，以支付其高额的医疗费用。征缴比例可根据不同时间的医保系统基金状况进行调节。

公共财政根据老年医保体系的需要提供一定的财政补贴，且所有老年人采用统一的标准，这充分体现了政府的责任。而其他医保体系的参保人有经济能力，实行现收现付，保持收支平衡，除对弱势群体进行缴费补贴和医疗救助外，政府一般不给予财政补贴。

三、建立老年医保后的医保基金运行状况

征收社会保障税的老年医保体系是否能可持续发展，是否优于现行医保体系，则要看其医保基金的运行状况如何。下面则对建立老年医保后的全国医保基金运行状况进行分析。

（一）模型假设

1. 总体假设

考虑到建立老年医保需要有一定的过渡期，假设老年医保制度从 2020 年开始实施。随着社会经济和医疗技术的发展，人均寿命必将延长，因此和前面章节一样，采用人均寿命逐渐延长的人口生存模型。由于我国人口多、就业压力大，目前普遍存在着退休年龄低于国际平均水平的特点。随着人口老龄化的快速发展，人口红利将慢慢消失，未来反而会出现劳力不足的现象，因而延长退休年龄是一个必然趋势。同时，如前所述，面对人口老龄化的巨大压力，在未来老年人也要缴纳一定比例的社会保障税。在这里，我们假定延长退休年龄和老年人缴税都在 2040 年开始实施：从 2040 年开始，男、女性的退休起始年龄均为 65 岁，退休老年人养老金替代率为 50%。

为了将老年医保基金运行状况与现行医保基金运行状况进行比较，我们规定测算周期为 2020～2100 年，且将 2010 年定为贴现点，将所有收支数据贴现为在 2010 年的现值。之所以假设从 2020 年才开始，是因为税收的征收基础是参保人的工资收入，只有当社会经济发展比较成熟、人们收入都能够透明化的时候，才有条件开征社会保障税。结合我国现状，人们收入并不十分透明，仍需要经过一段时间的发展，因此假设在十年后才开始实行征收社会保障税。

2. 养老金假设

老年人缴纳社会保障税的基数是基本养老金，其包括基础养老金和个人账户养老金。在前面章节讲述养老保险系统债务时，主要是指基础养老金，因为个人账户实行自我完全积累，因此本节所指养老金与"养老债务"章节所用的养老金数据不同。在这里，我们假设如下：在城镇职工医保系统中，将职工人均工资乘以 50% 的替代率作为起始退休年龄 65 岁老年人的养老金，66 岁及以上老年人的养老金则按养老金增长率增长，其中养老金增长率设为工资增长率的 60%；城镇居民医保系统和新农合的养老金计算方法与城镇职工医保系统类似，相应地采用不同的人均收入。

3. 缴费假设

社会保障税占参保人收入的比例并不是长期固定不变的，会根据经济水平和医保基金状况进行调节，主要原则为：保证老年医保系统基金收支，提前做好一定数量基金的积累。征缴率比现行的医保缴费略高，由单位和个人按比例负担。假设如下：在职人员的社会保障税比例为占其工资收入的 7%，单位和个人各负担 3.5%，从 2020 年开始缴税；退休老年人缴纳比例为其养老金的 3.5%，从 2040 年开始缴税。

按以上假设比例征收的税收主要用于老年医保系统的基金支出，包括老年人的住院补偿费用和门诊补偿费用。随着我国经济的发展，医疗保障制度将趋于成熟，基本药物价格也能够控制下来，全国将建立完善的社区卫生中心，老年人的一般疾病都是到社区卫生中心就诊。因此，门诊费用负担通过社区卫生服务的途径会大大减轻，基金支出主要为住院补偿费用，故我们假设：将征收比例分为两个部分，其中6%用于支付住院补偿费用，1%用于支付门诊补偿费用；老年人缴纳的3%用于支付住院补偿费用，其余用于门诊补偿费用。如前所述，未来门诊费用得到控制后不会造成过重的负担，我们假定设置这样的比例分配后，这一部分的税收收入能与门诊补偿费用达到收支平衡。而老年人身体素质偏差，住院概率大大增加，住院费用必然造成老年人巨大的负担。

4. 补偿比假设

为了体贴照顾高龄老人、体现医保系统的公平性，老年医保系统的补偿比要高于中年医保系统的补偿比。在此，假定老年医保系统的补偿比为80%，城镇职工医保系统的补偿比为60%，城镇居民医保系统与新农合的补偿比均为50%。

其他的关于人口模型和医疗收支模型的假设与现收现付制下医疗保险系统的假设相同。

（二）老年医保系统的基金债务

1. 老年医保系统的基金运行状况

图6-5为三种假设情形下老年医保系统基金运行状况，和前面章节一样，三种假设情形是按医疗费用增长率所设定的。由图6-5可看出，在前期有基金积累，运行状况都比较好，但随着医疗费用的快速增长和人口老龄化，中后期每年收支缺口不断扩大，基金债务快速增长。在一般情形下，基金债务达到了429.48万亿元。

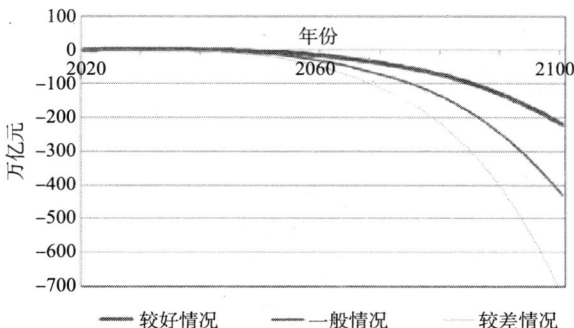

图6-5 不同情形下老年医保系统的基金运行状况

为了应对老龄化高峰期的到来，我们从老年医保一开始实施就注重基金的积累，由图6-5可看出，从2020～2040年，系统基金都是有结余的，在这段期间，我国人口老龄化还未达到高峰状态，尤其是前期还处于人口红利期，社会保障税收入比较多，老年人医疗支出还在可承担的范围内，因此有一定的基金积累，虽结余基金不多，但延长了基金负债出现的时间。以较好情形为例，在2031年左右达到基金积累的最高峰，之后基金不断消耗，从2043年开始出现基金赤字。

2. 老年医保系统的基金债务

表6-10为不同情形下的老年医保系统的基金债务。我们应注意到，债务出现的时间较晚，为政府做好相关方面的准备争取了时间，并且老年人的医疗补偿高达80%，极好地保障了老年人的医疗权益，这也正体现了我国以民为本、承担公共责任的理念。

表6-10　不同情形下老年医保系统的基金债务　　　　单位：万亿元

	较好情形	一般情形	较差情形
基金债务	219.98	429.48	729.49

（三）全国医保系统的基金债务

1. 全国医保系统的基金运行状况

全国医保系统由老年医保系统和中年医保系统组成，在中年医保系统中，基本原则是收支平衡，通过调整社会保障税的征收比例或调整医疗费用补偿比等措施实现基金收支平衡，因此中年医保系统不会产生基金债务，政府不需要为其作过多的财政投入。因此，全国医保系统的基金运行状况实际上就是老年医保系统的基金运行状况。

我们将实行老年医保后的全国医保基金运行状况与现行现收现付制的医保系统进行比较，图6-6和图6-7是在一般情形下两种制度的比较结果。由上图可看出，建立老年医保后，全国医保系统基金运行状况明显改善，包括城镇职工、居民医疗保险制度和新农合的现行医保系统从2020年开始就一直存在基金缺口，且债务快速增加，而将老年医保独立后的医保系统直到2038年才出现基金赤字。2020～2033年，老年医保系统基金有结余，且在2029年达到最大值2.53万亿元。虽然在测算的中后期建立老年医保的全国医保系统基金收支出现缺口，但增速较缓，债务也变小。

而且老年医保制度中老年人的补偿比是80%，远高于现行医保系统的补偿比。因此，实行老年医保后，老年人的医疗权益得到了更充分的保障，系统基金赤字出现的时间延迟，基金债务也有所改善，由此可见，其基金运行状况要优于现行医保制度的基金运行状况。

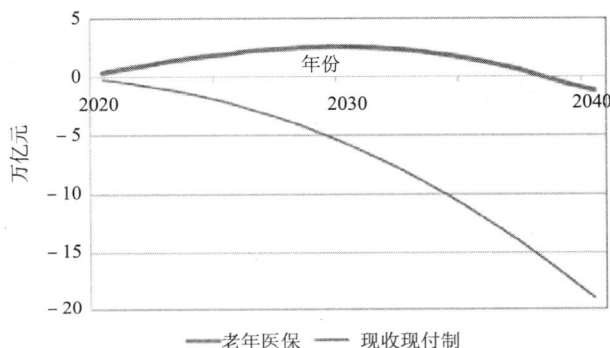

图6-6 老年医保体系与现收现行体系基金运行情况对比（2020～2040年）

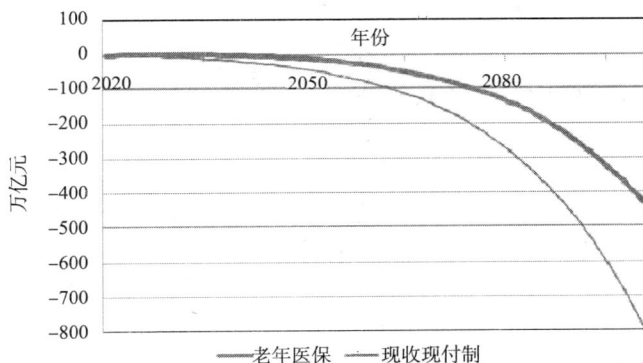

图6-7 老年医保体系与现行体系的基金运行情况对比（2020～2100年）

2. 全国医保体系的基金债务

表6-11为建立老年医保后的全国医保系统与现行医保系统基金债务的比较。在各种情形下，建立老年医保的全国医保系统基金债务都要比现行医保系统的小。因此，建立开征社会保障税的老年医保系统可以在一定程度上增强我国医保系统的可持续性。

表6-11 两种制度下的基金债务对比   单位：万亿元

全国基金债务	较好情形	一般情形	较差情形
老年医保体系	219.98	429.48	729.49
现行体系	400.44	788.47	1375.03

第四节 实现可持续性老年社会保障体系的公共财政责任

一、老年社会保障的公共财政负担

（一）公共财政负担

前面两章已经预测了现行体系下老年养老和医疗服务方面的财政负担：工资增长速度为中速，医疗费用增长速度为一般情况下，2010 年为 4760.9 亿元，2030 年为 28662.9 亿元，2050 年为 81513.5 亿元，2090 年达到 397377.9 亿元；其中养老上的负担分别为 3409.5 亿元，17784.9 亿元，42647.9 亿元，126717.1 亿元。由于现行体系存在机关事业单位负担过大，医疗保险体系的医疗费用、成本过高以及老年就医不公平性等问题，本章针对这些问题对体系进行了相应的方案设计及改革测算，这里则基于改革后的保障体系预测未来的财政负担。

人口老龄化使政府用于老年人的财政支出越来越大，如图 6-8 所示。改革后，养老保险体系（尤其是机关事业单位）的债务大大减少；同时，建立征收社会保障税的统一老年医保体系后，由于前期有基金积累，且医疗费用得到了控制，财政负担较小。总的财政负担与改革前相比降低很多：2010 年为 4582.7 亿元，2030 年为 19767.6 亿元，2050 年为 52010.8 亿元，2090 年达到 256453.3 亿元。

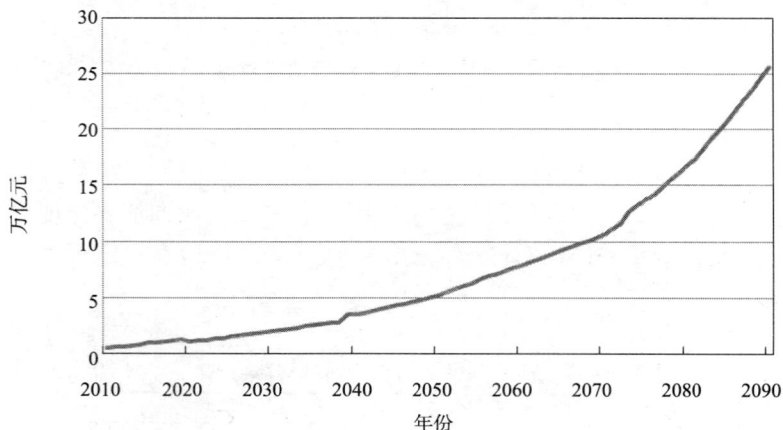

图 6-8 工资增长速度为中速时，未来老年养老和医疗保障的每年财政负担

表6-12 各个体系在不同阶段的财政负担比较 单位：亿元

	年份	2010~2019	2020~2034	2035~2049	2050~2069	2070~2090	未来80年累计负担
养老保障	企业职工养老保险①	0	0	0	0	136818.3	136818.3
	机关事业单位养老保险（方案一）	35980.8	112541.4	185510.1	267136.0	367845.1	969013.4
	城镇居民养老保险	10341.2	55361.8	110490.1	241354.9	430917.6	848465.6
	农村养老保险	11502.4	46633.6	69374.4	148959.6	258998.7	535468.6
	老人高龄津贴	2399.1	9670.0	27852.8	82939.1	170190.0	293051.0
老年医疗保障	老年医保②	20929.7	0	92445.2	593612.4	1831852.3	2533839.6
	老年医疗救助	1057.2	5403.4	11812.5	29641.5	67175.3	115051.6
	老年长期护理	4075.2	21364.4	63061.5	184840.3	376388.7	649730.0
	总负担	82058.5	250974.6	560546.6	1548483.7	3640186.0	6082211.1

注：①延长退休年龄后，企业职工养老保险体系到2073年才出现累积基金赤字，所以2073年之前的负担为0。

②老年医保体系2020年才开始建立，2010~2019年的负担为现行体系下的医疗保险负担；由于老年医保体系有基金积累，2038年才开始出现累积基金赤字，所以2020~2034年负担为0。

2035年前，机关事业单位养老保险的负担最大；老年医保在体系建立之初有基金积累，负担较小；企业职工养老保险的负担最小，存在基金盈余，负担为0。2035年后，老年医保体系逐渐出现基金赤字，财政负担也逐渐变大，成为政府最主要的承担部分；机关事业单位、城镇居民养老保险的负担次之；企业职工养老保险的负担仍然最小。由此可看出，企业职工养老保险体系在延长退休年龄后基本上能够维持基金收支平衡，机关事业单位养老保险和老年医保体系的负担与现行体制相比也大大降低，因此改革后老年保障体系的可持续性大大增强。

（二）可行性

随着人口老龄化和医疗费用的上涨，未来老年人养老金和医疗服务的财政负担会越来越重，占GDP和财政支出的比重也不断提高，但总体而言，老年养老和医疗保障的财政负担较改革前体系下的财政负担已经大大减轻。GDP增长和财政预算支出的假设同前面一样，预测出未来财政负担占GDP和财政预算支出的比例。占 GDP 比例 2010 年为 1.26%，2030 年为 2.17%，2050 年为 3.55%，2090 年为 8.1%；占财政支出比例 2010 年为 6.31%，2030 年为 10.84%，2050 年为 17.73%，2090 年上升为 40.51%。其中，老年医疗保障体系财政负担前期占 GDP 和财政支出的比例很小，之后逐渐变大并超过养老保障的财政负担。为承担越来越重的老年人养老医疗需求支出，政府可以调整财政支出结构并开辟新的税源来筹集资金，扩大对老年保障体系的支持。

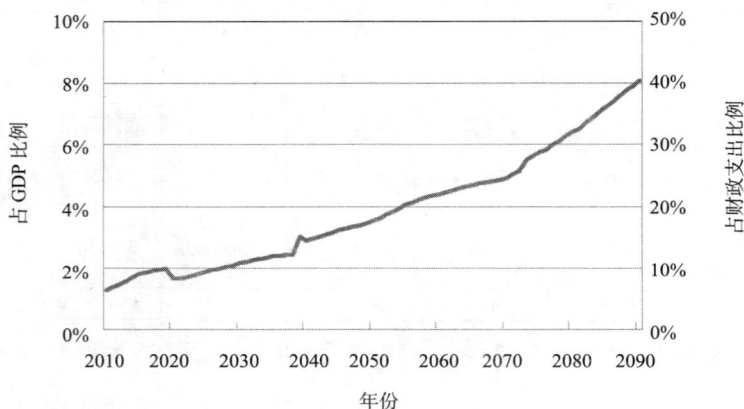

图 6-9 每年财政负担占 GDP、财政支出的比例

表 6-13 各个体系每年财政负担占 GDP、财政支出的比例　　　　单位：%

	年份	2010	2020	2030	2040	2050	2060	2070	2080	2090
养老保障	占 GDP	0.89	1.50	1.93	2.12	2.15	2.09	2.02	2.50	2.77
	占财政支出	4.45	7.50	9.66	10.62	10.75	10.45	10.12	12.48	13.84
老年医疗保障	占 GDP	0.37	0.14	0.24	0.78	1.40	2.32	2.90	3.94	5.33
	占财政支出	1.86	0.71	1.18	3.88	6.98	11.62	14.50	19.71	26.67

二、老年社会保障的政府责任

人口老龄化是全球人口发展趋势的客观存在，也是我国社会发展面临的基本国情之一。老年保障是整个社会为老年人的生存和发展提供的各种保障措施的总和。如何妥善解决老年人的生存和发展问题，既关系到老年人这一群体的晚年生活质量，也关系到中国"和谐社会"的构建。近年来，我国老年人的经济供养与社会保障已得到较大改善，但老龄事业总体上仍滞后于人口老龄化的要求和社会经济的发展。

（一）我国老年保障体系存在的问题

近年来，我国老年人的经济供养与社会保障已得到较大改善，但老龄事业总体上仍滞后于人口老龄化的要求和社会经济的发展。目前，中国老年社会保障体系存在的一些问题包括：

1．农村社会养老保险和医疗保险覆盖面狭窄，直接影响老年社会保障体系的建立基础

到目前为止，社会统筹和个人账户相结合的养老保险制度改革仅在城镇企业职工中开展，机关事业单位的改革还没有全面展开，基本上沿袭了传统制度模式，农村保险覆盖进展缓慢。农村养老保险于 1987 年试点后，1991 年民政部在国家试点推行"以个人缴费为主，集体补助为辅和国家政策扶持相结合为原则"的农村养老保险。根据 2009 年度人力资源和社会保障事业发展统计公报，截至 2009 年年末，全国参加农村社会养老保险的人数为 8691 万人。2009 年年末中国乡村人口为 71288 万人，按照 2008 年全国人口年龄结构的划分，20 岁以上的人口占比保守估计为 63.8%，即农村适宜参加养老保险的人口约为 45481.74 万人。就总体情况而言，全国仅有 19.11% 的农村适龄人口被覆盖进农村养老保险范围内。农民工参加养老保险的人数在增长，据公报，2009 年年末参加基本养老保险的农民工人数为 2647 万人，比 2008 年年末增加 231 万人。但是 2009 年度全国农民工总量为 22978 万人，其中外出农民工数量为 14533 万人，和庞大的总量比起来，参加养老保险的农民工仅为 11.52%。

2009 年年底，全国绝大部分地级以上统筹地区组织实施了基本医疗保险。据 2009 年度人力资源和社会保障事业发展统计公报数据显示：2009 年年末全国参加城镇基本医疗保险人数为 40147 万人，比 2008 年年末增加 8325 万人。其中，参加城镇职工基本医疗保险的人数为 21937 万人，参加城镇居民基本医疗保险的人数为 18210 万人，年末参加医疗保险的农民工人数为 4335 万人。2009 年城镇就业人员为 31120 万人，城镇职工基本医疗保险覆盖率为 70.49%；城镇居民 31066 万人，城镇居民基本医疗保险覆盖率为 58.62%；全国农民工总量为 22978 万人，故 2009 年农民工医疗保险覆盖率为 18.87%。

以上数据说明，我国农村基本社会保障覆盖面还比较狭窄，在这个基础之上建立起来的老年社会保障体系就像沙砾上堆砌起来的城堡一样根基不牢。

2．城乡低保制度保障力度不够，老年收养救助水平有待提高

近几年来，我国逐步建立和完善了一系列的社会救助体系，切实保障了城市和农村贫困居民的基本生活。国务院出台了《城市居民最低生活保障条例》，地方政府也相继出台了城镇和农村的相关救助条例和实施意见，对缓解城乡居民中弱势群体生活困难、促进社会稳定和谐起到了很大的作用。表6-14为我国近些年来国家对城乡老年群体的收养救助情况。以养老机构收留抚养和低额经济救助的形式为主，收养救助老年人数在逐年上升。

表 6-14　2003~2008 年我国老年收养救助情况

年份	床位数（万张）		收养救助人数（万人）	
	城镇老年福利机构	农村五保供养福利	城镇老年福利机构	农村五保供养福利
2003	32.621	67.5906	23.8033	50.3506
2004	37.8997	77.5466	27.9588	59.4417
2005	41.9	89.5	31.2	67.9
2006	39.9	113.6	28.4	92
2007	33	179.8	22.6	149.3
2008	41.5	193	29	160.6

注：数据来自于各年的《中国统计年鉴》。

政府继续规范城乡居民最低生活保障制度。大幅度增加资金投入，积极采取措施应对物价波动。初步建立与经济发展、物价波动相协调的低保标准动态调整机制，救助水平显著提高。然而现行的城乡低保制度仍存在着不少问题。以农村低保制度为例，由于资金主要由国家和省级财政拨款补助，由上级确定的农村补助人数与各地区的实际绝对贫困人口存在差异，使得个别地区难以做到应保尽保，违反了农村低保的实施初衷。截至2008年年底，全国农村五保老人得到五保救济的人数为548.6万人、521.9万户。而在城镇，比较突出的问题是老年救济水平不高，老年贫困人口已构成城市贫困人口的主要组成部分，老年特困人群生活难以保障。根据《中国老年贫困问题研究》课题组关于"中国老年贫困人口：数量、成因与政策"这一问题的调查数据显示：农村老年贫困人口数量占农村绝对贫困人口数量的 25%~31%，城镇老年贫困数量占城镇绝对贫困人口数量的 10%~14%，全国老年贫困发生率在 8%左右。根据"2008年民政事业发展统计报告"显示：截至2008年年底，全国共有316.7万城镇老年居民得到最低生活保障，占城镇获低保贫困人口的13.6%。

3. 老年社会福利发展滞后

老年社会福利制度不同于社会保险、社会救济，它的内容相对灵活、形式多样。随着社会老龄化程度的加深，社会经济文化发展水平提高，社会对老年群体的关注度加大，老年社会福利会不断地增多。城市社区养老服务体系、社区老年医疗服务体系已在中国初步建立起来。但同我国社会保障体系建立的目标相比，社区老年服务发展相对严重滞后。现阶段，根据中央的老龄工作精神，采取以居家养老为基础、社区照料为依托、机构养老为补充。各种类型的社区老年医疗门诊服务、社会老年医疗护理服务质量不高，服务人员专业素质较低，服务意识不高，政府重视不够，导致老年社会福利发展落后于其他保障方式。

（二）政府责任分析

中共中央、国务院在《关于加强老龄工作的决定》中明确指出："在城镇，要建立起以基本养老保险、基本医疗保险、商业保险、社会救济、社会福利和社会互助为主要内容的比较完善的养老保障体系。在农村，要坚持以家庭养老为主，进一步完善社会救济和以保吃、保穿、保住、保医、保葬为内容的五保供养制度，倡导村民互助。按照全面建设小康社会的要求，到2020年，中国应建立起一个内容比较全面、对象差异不大、保障水平适度的比较完善的老年社会保障体系。在老年人口基数增大、人口老龄化加快而且发展不平衡的条件下，为满足日益增长的养老服务需求，政府在老年保障问题上应当扮演更加积极的角色。

1. 构建多层次的老年社会保障体系[①]

人类寿命延长及人口老龄化带来了养老负担的持续加重与家庭保障功能的持续弱化，这不仅促使社会养老保障制度成为必然，而且也促进了多元化老年保障体系的形成。多元化老年保障体系要发挥各方的积极性并让各方共同承担养老保障的责任，实现经济保障与服务保障乃至精神保障相结合。郑功成2004年在全国老龄委系统干部培训班上的报告中提出，我国应当建立一个多元化、多层次的综合或混合型老年保障体系，按照责任的承担主体和承担方式，分为五个层次：

（1）家庭或自我保障层次，构成了整个老年保障体系的基础或第一层次，是自己对自己养老问题直接负责的方式，其经费来源于家庭或个人的储蓄。家庭或自我保障符合中国数千年来的历史文化传统，是值得肯定并继续发挥的老年保障机制。在这一层次上，政府并非无所作为，而是可以通过相关福利政策的实施来维护甚至放大家庭保障的功能，社会化的老年保障制度的建立与推进应当有利于巩固这个基础。

（2）政府负责层次，即普惠式的国民养老保险。政府是这一层次的直接责任主体，面向所有老年人提供最基本的收入保障，经费来源于税收，待遇标准和工资脱钩但与物价水平挂钩，并随着整个社会平均收入的提高而提高。同时，

---

① 郑功成. 建构多层次的老年保障体系. 全国老龄委系统干培班上的报告，2004；http://www.gotoread.com/mag/12036/sarticle_18889.html.

政府负责的贫困救济制度亦覆盖着老年贫困人口。

（3）政府主导、责任分担层次，主要是指差别性职业养老保险，由政府主导，由雇主和劳动者分担缴费责任，待遇标准与劳动就业及缴费相关而存在差异，从而是兼顾公平与效率的制度安排。

（4）单位负责层次，补充养老保险作为职业福利的重要组成部分，在这个层次上，政府会鼓励单位提供补充养老保险，但不会干预企业及其他单位建立补充养老保险的自主权，其经费可以全部由雇主提供，也可以由雇主和雇员分担。此外，单位提供的其他职业福利，例如住房福利，也可以为老年人的生活保障起到一定的作用。

（5）市场提供层次，商业性人寿保险以及其他通过市场获得的老年保障。

政府的责任主要体现在基本养老保险制度上，其他由政府负责的救济穷人的政策和老年福利政策同样可以覆盖所有有需要的老年人口；但对于其他层次的老年保障，政府亦可以给予明确的信号，但不宜承担直接的责任尤其是直接的财政责任。

2. 整合社会资源，加快构建养老服务体系

我国约有 3250 万位老年人需要不同形式的长期护理，[1]我国养老服务市场供给缺口很大。养老服务业作为新兴行业，具有广泛的社会需求和广阔的发展前景。不仅可以满足庞大的老年群体日益增长的物质文化需求、提高老年人生活质量，而且可以促进社会消费、拉动经济增长，有利于国民经济良性发展。

我们要进一步整合社会资源，充分发动、鼓励和资助企业、个人、外资、社团等社会力量以独资、合资、合作、联营、股份制等多种形式参与养老服务体系的建设。逐步构建起能够为老年人提供生活照料、长期护理、医疗康复、精神慰藉、文化娱乐、法律援助、金融理财以及家政、购物、餐饮、维修等多方面服务的养老社会服务体系。

3. 推动社区养老服务体系建设

人口老龄化压力的增大以及传统家庭养老服务功能的日益弱化使得老年人生活照料服务更多地依赖于社会。然而，目前社会化养老机构数量较少，以上海为例，各种养老服务机构所拥有的养老床位总数也只有 49529 张，仅占 60 岁以上老年人口的 1.9%，[2]不能适应不断增长的养老需求。因此，构建社区养老服务体系势在必行。社区包含组织服务、人际情感交流以及邻里互助等功能，是老年人晚年生活最主要、最理想的活动场所和交流空间。社区养老是家庭养老

---

① 李本公. 关于《中国老龄事业发展"十一五"规划》的说明.中国老年大学网: http://www.chinau3a.org/lndx/html/? 125.html.

② 资料来源：2005 年上海民政发展报告书.

和机构养老的最佳结合点，作为一种新型养老方式，能够避免机构养老成本过高的弊端，也是实现居家养老的重要保证。近年来，我国部分地区已建立了一批社区养老服务设施，为一部分老年人在家庭和社区安度晚年创造了有利条件，但是社区养老服务的水平和质量还不能适应人口老龄化的需要，有待进一步发展。

实行社区养老，不仅要考虑到老年人衣食住行方面的基本生活需求，还要考虑他们的医疗服务和精神生活需求，从而形成比较健全的"养、医、乐、学、为"的社区服务内容。医疗服务方面，通过建立社区医疗服务中心，改变医疗服务机构集中于市中心的局面，实现"小病到社区、大病去医院"。这样不但能够实现医疗服务的便利性，而且能够控制医疗成本，逐步降低门诊医疗费用。另外，还需对老年人开设专门的保健站和康复中心，并开展各种形式的健康教育以普及老年保健知识、增强老年人的自我保健意识。精神生活方面，为丰富老年人的精神生活，保障身心健康，可以通过兴建一些老年人社区活动场所，积极开展适合老年人的群众性文体活动，如棋类、球类、书法、健身等，有条件的地区还可以开设老年大学培养老年人的学习兴趣和业余爱好。

4. 继续健全老年社会保障制度的法制建设

法制保障是实现老年社会保障建设的重要手段和保证。发达国家无不是在建立社会保障制度之前或同时着手立法，如英、美、法、德等国均有专门的养老社会保险法、社区服务法、职工退休收入保证法等。根据老年人的特殊需求，日本还制定有《老年人保健法》、美国制定有《老年补助法》等。目前我国的社会保障体系建设缺乏相应的国家立法，而由国务院颁发的一些行政法规，如《城市居民最低生活保障条例》、《社会保险暂行征缴条例》等，远不及人大立法规范和严格，因而执法效力就显得不足。应加快社会保障制度的法制建设，特别是老年社会保障制度的法制建设，以确保政策的权威性、实施的保障性、落实的有效性，推进老年社会保障事业向前发展。

5. 加大教育投入力度，提高人口素质，延长二次人口红利期

制定科学的长远人口发展规划，把人口老龄化问题与社会经济发展的中长期计划结合起来考虑，在控制人口数量增长的过程中，要注意合理调整人口结构。要尽可能保持比例合理的人口年龄结构，避免老年人口的比例上升过快，使人口老龄化与社会经济发展相适应，扭转"未富先老"的局面。政府通过制度安排来实现人口二次红利，充分安排就业，为将来出现的劳动力低谷准备雄厚的经济基础。

6. 促进基本社会保障的均等化

中共十七大把实现基本公共服务均等化放在了重要位置，政府要为社会公众提供基本的、在不同阶段具有不同标准的、最终大致均等的公共物品和公共

服务。而基本社会保障均等化作为公共服务均等化的一个方面，首先要确保包括低收入群体在内的各类社会群体，不分城乡、不分地区都享有对基本医疗保险、基本养老保险和社会救助的权利。政府应当从财力和老年人的基本需求出发，通过法律和财政援助等保障各类老年群体的基本医疗保健和基本生活。其次要确保地区间、城乡之间的老年人在公共医疗、养老保障等社会保障方面的差距逐步缩小，实现公平公正。

7. 调整、优化财政支出结构，增加社会保障投入

随着社会养老保障覆盖面的逐渐扩大、保障水平的日益提高，以及人口老龄化的客观因素的影响，社会保障投入要求必须保持一定的增长幅度才能满足日益增长的养老保障需求。各级政府必须加大对养老事业的资金投入，弥补基本养老基金和医保基金的缺口，并建立对贫困老人、高龄老人的津贴制度，明确其在财政预算中所占的比例，并形成长效增长机制。

综观世界主要的发达国家，社会保障支出日益成为财政支出中的核心项目，其占比也呈不断上升之势。例如，① 国家社会保障支出占财政支出的比重，1946年仅为 15%，1975 年上升到 20%，而到 1987 年，该比重则升至 30%，以后基本稳定在 30%左右，2006 年为 34.9%。② 美国 2009 年联邦财政预算中，社会保障费用支出为 6780 亿美元，Medicare 和 Medicaid 支出合计为 6760 亿美元，占当年联邦财政总支出的 35.58%。尽管近年来我国财政确实加大了对社会保障制度的支持，社会保障支出的增长速度明显高于同期财政预算支出增长速度，社会保障支出占财政支出的比例已经由 1998 年的 5.16%上升到 2006 年的10.79%。但与西方发达国家相比，目前我国财政支出大部分用于国防和经济建设，社会保障、科教文卫等公共服务部门的支出只占据很小的比例。公共财政的首要任务是负担起向社会提供基本公共服务的责任，因此，非常有必要继续扩大对社会保障的支持力度，调整、优化财政支出结构，将过多的财政收入用于社会保障等公共服务部分的支出，实现财政体系从经济建设型向公共服务型转变。

8. 解决老年保障体系的债务问题

（1）积极推进社会保障体系下各分支制度的改革，尽早解决基金赤字问题。首先，政府要积极推进社会保障体系下各分支制度的改革，尽早解决遗留的债务问题，并为未来可能出现的基金赤字问题提早做好制度安排。在医疗保障体系方面，需要控制医疗费用过快和不合理的增长，并改变其现收现付制的筹资

---

① 朱青. 发达国家"福利型"财政支出结构的形成. 中国社会科学院网：http://www.cass.cn/file/20100511 267973.html.

② Source：U.S. Office of Management and Budget.

模式，提前实现基金积累以应对人口老龄化带来的问题。养老保障方面，延长退休年龄的政策可以有效实现养老金的收支平衡，另外，政府还需要改革现行的机关事业单位养老保险制度，降低养老财政负担。

（2）开辟新的税收渠道，扩大财政收入。努力争取财政多收超收，整合政府彩票发行，并适时开辟新的税收渠道，例如财产税、遗产税、捐赠税和高收入者的个人所得税等新的税种来解决老年保障体系的债务问题。对继承或被赠与的遗产进行征税，是当今世界许多国家征收的一个税种。开征遗产税可以调节社会成员的财富分配，并有利于增加政府财政收入。从世界各国和地区的情况看，遗产税在税收收入中占一定比例，如日本的遗产税收入占税收收入的3.5%，美国占1.1%，中国台湾地区占1.6%，新加坡占0.4%。[①]可见，遗产税是国家税收收入中不可缺少的资源。目前我国的财富越来越集中在少数高收入阶层手里，"百万富翁"乃至"千万富翁"的数量也越来越多，在2004年中国财富管理论坛上，据当时全球最大投资银行之一的美林集团发布的报告显示，中国大陆的千万富翁接近24万人。我国一旦开征遗产税，假如按照遗产税在全部税收中所占比例的1%、税收收入占财政收入的95%计算，遗产税数额在2010年将在600亿元以上，2050年将达到2500亿元以上。

（3）开展社会保障基金的多元化投资运营，实现保值增值。全国社会保障基金是养老保险等各项社会保障得以实施的重要财力储备，其设立目的就是要用于弥补我国15～20年后人口老龄化高峰时期的社会保障基金收支缺口，应对老龄化问题。一直以来，社会保险基金的保值增值面临困难。社会保险基金特别是养老保险基金的积累部分需要保值增值，是应对未来支付日益增长的支付需要的要求。通货膨胀的存在，再加上社保资金的投资渠道狭窄及投资结构不合理，致使全国社保基金投资运营较为滞后。

如表6-15所示，2000～2005年，基金投资收益率都较低，略高于通货膨胀率；2006年、2007年有较高的投资收益率；但2008年受金融危机的影响，经济形势较差，收益率为负；2000～2009年期间累计投资收益率为9.75%。由于社保基金的负债期限较长，中短期支付压力较小，因此应当奉行长期投资和价值投资的理念，无论是2007年高达43.19%，还是2008年低至-6.79%的投资收益率，都不如基金成立以来的年均投资收益率9.75%这一数字更为重要，只有年均投资收益率战胜了同期为2.01%的通货膨胀率，成立全国社保基金的意义才能得到真正的体现。

---

① 刘引玲. 遗产税离我们还有多远？[J]. 学习月刊，2005（2）.

表6-15　历年来全国社保基金投资收益情况　　　单位：亿元人民币

年度 \ 项目	投资收益额	投资收益率（%）	通货膨胀率（%）
2000	0.17	—	—
2001	7.42	1.73	0.70
2002	19.76	2.59	-0.80
2003	44.71	3.56	1.20
2004	36.72	2.61	3.90
2005	71.22	4.16	1.80
2006	619.79	29.01	1.50
2007	1453.50	43.19	4.80
准则转换调整①	-261.45	—	—
2008	-393.72	-6.79	5.90
2009	850.49	16.12	-0.70
累计投资收益	2448.59	（平均）② 9.75	（平均）③ 2.01

注：①由于新会计准则计量方法的改变，部分资产的公允价值变动额不再计入投资收益，因此，2008年年初对以前年度已计入投资收益（以前年度称"经营业绩"）的该公允价值变动额进行一次性调整；

②年度收益率为自成立以来各年度收益率的几何平均；

③年度通货膨胀率为自成立以来各年度通货膨胀率的几何平均。

资料来源：全国社会保障基金理事会。

截至2009年年底，我国社保基金会管理的基金资产总额已达7766.22亿元，其中基金负债余额为398.90亿元，基金权益总额为7367.32亿元[①]。未来10～20年内，社会保障基金权益和资产总额将会继续扩大。据国家劳动和社会保障部预测，到2020年，中国基本养老保险基金的当年收支规模将超过1万亿元人民币。据世界银行预测，到2030年，中国累积的养老金余额将达13万亿元人民币，每年资金流入量将达5000亿元人民币，成为全球第三大养老金保险基金市场。随着社保基金的壮大，社保基金进入股票市场的趋势将是不可阻挡的。建立健全的国有金融资产监督和管理体制，并按照国际惯例开展全国社会保障基金的多元化投资运营，扩大和充实全国社会保障基金，实现社会保障基金资产的保值增值，为全国社会保障体系的可持续发展建立真正的后备基金。

总之，日益严峻的人口老龄化将导致越来越严重的老年养老负担。政府需要合理预测未来老年养老到底需要多少钱，并采取积极的应对措施，避免因养老负担过重而威胁到社会稳定、经济的健康发展以及社会保障体系的可持续性。

---

① 资料来源：全国社会保障基金理事会基金年度报告（2009年）．

研究结论

人口老龄化将是 21 世纪全球最突出的社会现象,是每一个国家已经面临或即将面临的问题,在中国尤为突出,全社会应当尽早地给予足够的关注。老年保障体系的建设宜早不宜迟,已没有时间可以浪费了。我国人口出生率的下降使得中国的劳动年龄人口数量可能在 2013 年从增长变为稳定,然后逐渐下降,这意味着中国的"人口红利"将逐步减少,并最终变成"人口负利"。

当前政府和民众都开始担心未来的养老问题,有学者认为我国未来养老成本很高,一线城市将要花 1000 万元养老,这显然超出了大家的想象,但我们不应该以未来的价格来评估养老支出,必须贴现后来比较;同时,利用社会保险和商业保险的共济作用,我们并不需要准备最长的寿命资金,即平均剩余寿命并没有二十几年;随着劳动生产率的提高,我国将来的老年供养能力将会大大提高,从而能提供良好的社会养老保障。

人口老龄化快速发展已是我国面临的现实,而我国"贫富分化"以及"未富先老"的状况意味着大部分人并没有做好经济上的准备。因此,政府负有极大的责任来保障老年人的生活。同时,也要求我国居民要更加注重理财和风险规避,适当地为自己积累老年生活资金。

本书在老龄化背景下关注老年保障体系的建设,主要关注了"未富先老"的中国人口老龄化状况及其对中国社会保障体系的可持续运行产生的挑战和冲击。运用精算的方法分别对我国养老保障和医疗保障体系的隐性债务和基金债务进行了测算。

通过对全国养老保险体系债务风险进行测算评估,本书得出以下几个方面的结果:

第一,在人口老龄化的压力下,我国未来养老保险体系会出现巨大的基金赤字,财政负担严重。2020 年后,加速人口老龄化使得债务和财政负担迅速扩大。又由于机关事业单位、城镇居民和农村养老保险体系没有缴费收入,企业职工养老保险体系也因人口老龄化严重而出现收不抵支。因此,工资增长率越快,养老金支出越大,基金债务也越严重。未来政府是否具有充足的承担能力成为政府和公众最为担心的问题。

第二，机关事业单位的债务尤其严重，应当改革其退休金制度。机关事业单位的退休金水平明显高于企业职工，而机关事业单位和个人又不存在缴费责任，其庞大的养老金完全由国家财政负担，不利于养老保险体系的稳定健康发展以及社会的公平，因此有必要对其进行改革，以减少养老负担。我国 2009年正式开始了事业单位的养老保险改革试点，公务员养老保险体系也必将进行一系列的改革。

第三，延长退休年龄以降低抚养比，从而改善基金收支状况。我国未来将面临劳动力紧缺的情况，延长退休年龄是世界的趋势。而职工未来抚养比达到80%以上，加重了在岗职工的养老负担并使基金出现了收支缺口。延长退休年龄可以降低职工抚养比，在增加养老基金的积累年限的同时又减少了领取养老金的时间，因而有利于养老保险基金的收支平衡。

通过对全国医疗保障体系债务进行的测算研究，本书得到以下主要结果：

第一，人口老龄化和医疗费用膨胀的双重冲击使得现收现付的医保体系产生庞大的收支缺口，政府需要承受沉重的财政负担。按现有筹资模式和水平，医疗保障基金面临严重的收支失衡风险，在未来产生庞大的赤字，使得医保基金不可持续。现有医保体系的赤字是由参保人的缴费不足以弥补其一生的医疗费用补偿所造成的，表现为中老年的隐性债务及新参保人缴费费率过低产生的新债务。而在现收现付模式下，医疗保险机构根据当年的医疗费用预测下年的医疗费用并设定参保人的缴费水平，收入与支出基本达到动态平衡。而这种动态平衡仅仅是一个当年的平衡，并没有考虑未来风险的变化。事实上，随着老龄化的加剧，医疗费用不断上涨，基金当年平衡所确定的缴费率有不断向上调高的压力，但调高总有一个上限，未来的医疗保障基金面临着严重的收支压力。

第二，随着年龄的增加，老年人的健康状况发生改变，具有抵抗力下降、患病率高、日常生活能力逐步丧失等特点。由于慢性病患病率增加等影响，虽然老年人的平均预期寿命延长了，但带病存活期较长，健康预期寿命的水平相对较低，老人除了有住院需要以外，还存在着护理需要，以帮助老年人应付实际或潜在的健康问题。全国几次较大规模调查的数据表明，我国约有 3250 万位老年人需要不同形式的长期护理，越是经济发达地区，护理需求越高。同时，随着我国人口结构的变化，空巢老人的数量将不断增加，家庭护理功能也进一步弱化，因而老年人对专业的护理有很大的需求。由于我国老年人生活自理能力的状况不容乐观，并且国家没有完善的老年护理制度，因而需要我们更多地关注老年人对于长期护理的需求。

为了解决以上问题，政府应当全面建设老年保障的公共服务体系，为全体国民提供基本的保障。特别地，本书建议做好以下几点：

一、充分挖掘人口红利，促进经济可持续性发展

充分挖掘人口红利的潜在贡献，不仅是中国经济崛起的重要手段，也是迎接老龄化社会到来的当务之急。未来 10 年是利用和开发人口红利的最后机会，也是挖掘替代经济增长源泉的战略机遇期。

1. 提高人力资本积累水平

如果说人口红利更多地体现在劳动力数量上的优势，并且作为增长源泉终究要消失的话，人力资本存量的提高意味着形成一个更具报酬递增性质、更加可持续的经济增长源泉。人力资本的积累和改善包括全民教育素质和健康素质的提高两个方面。教育是最主要的人力资本培养形式，有效率的教育体制也是人力资本积累与劳动力市场有效连接的渠道。通过重新配置教育资源、扩展教育领域和受教育时间、建立终身学习型社会，可以把有限的资源加以更有效率地使用。从健康角度，寻找并抓住最有利于提高全民健康素质的关键领域，如青少年健康素质、妇女生殖健康和劳动者健康和工伤保险等，也可以提高人力资本形成效率。此外，加快发育劳动力市场，通过形成一个机制完善的劳动力市场，给予人力资本以合理的回报，鼓励和加快人力资本的形成与积累，并且形成准确的劳动力价格。对于向市场经济体制转轨并且寻求人口红利替代增长源泉的中国经济来说，这是经济增长保持可持续性的必要制度条件。

2. 提高劳动参与率

通过提高劳动参与率来开发尚存的人口红利。长期经济增长模型一般假定劳动年龄人口都处于充分就业状态，将失业问题归为短期的商业循环和经济波动问题。也就是说，我们计算的模型中是假定所有劳动年龄人口都处于充分就业状态。如果失业问题长期化，总抚养比就不能真实地反映人口的经济负担，对经济增长的贡献就打了折扣。20 世纪 90 年代后期以来，严峻的就业形势导致数千万城镇职工下岗，其中一些人或处于失业状态，或退出了劳动力市场。城镇就业人口和经济活动人口的增长速度赶不上劳动年龄人口的增长，导致失业率的提高和劳动参与率的下降。这种状况意味着未能把尚存的人口红利加以充分利用。由于农村剩余劳动力的存在，中国仍然会在相当长的时间内保持劳动力的充分供给，但这要以城市化速度的加快为前提，否则可能会过早地遇到劳动力短缺的制约。这就要求推动相关领域的一系列政策调整和制度建设，包括消除农村劳动力向城镇转移的制度性障碍等。

3. 促进劳动力流动，提高劳动力配置效率

我国依然存在着限制城乡劳动力流动的诸多制度性障碍，只有逐步废除这

些制度性障碍、促进劳动力流动，才能进一步提高劳动力配置效率，进而最大化我国的"人口红利"效应。同时，在引导部分相应城市劳动力向农村流动时，政府应该建立、健全相关的政策法规并加以规范和引导。由于劳动力市场在城市和农村存在着分割现象，所以当城市劳动力到农村、乡镇企业就业时，会受到当地市场的排挤，所以政府的相应政策必须配套，这样才会使城市劳动力在农村得到公平的工作空间。在推行制度改革、消除劳动力流动过程中的制度壁垒方面，政府还应建立相应的鼓励措施，大力提倡和鼓励城市劳动力向农村的流动，给予这部分劳动力适当的优厚条件，使他们为农村经济发展和城乡收入缩小作出相应的贡献。只有实现这种双向的劳动力流动，才能更加有效地提高劳动力配置效率，更好、更充分地利用广大的农村劳动力来挖掘广大农村的人口红利，也更好地为经济发展服务。

4. 积极发展对外经济关系，增加消费资料储备

当期老年人口用于消费的货币资金只要与当期劳动者储备起来的养老金不相等，社会再生产的顺利实现就会受到一定程度的影响。在不相等的情况下，需要依靠对外贸易来解决社会再生产实现时出现的困境。

由于我国当前处于人口红利期，人口老龄化水平小于一定比例，当期老年人口用于消费的货币资金就小于当期劳动者储备起来的养老基金，为了使社会再生产顺利实现，就需要加大消费资料产品的出口。当人口老龄化程度大于一定比例时，老年人口用于消费的货币资金就大于当期劳动者储备起来的养老基金，社会再生产的顺利实现就需要借助于对外贸易进口消费资料产品以弥补国内消费资料产品的供给不足。

二、延长退休年龄

从人口学的角度来看，随着人们预期寿命的增加，提高退休年龄是理所当然的事。波斯纳在《衰老与老龄》一书中提到："随着寿命的延长，退休年龄也可以相应地提高。"我国目前的人口平均寿命已经超过 70 岁，但退休年龄仍然是按照解放初期的标准来执行的。因此，中国在未来延长退休年龄是可以肯定的，只是考虑到目前的社会就业压力，才迟迟没有做出修改。

根据相关的研究，由于计划生育政策的影响及人口老龄化的加剧，我国在2015 年左右劳动人口规模将开始下降，"人口红利"开始逐步消失，就业压力将得到一定程度的缓解。因此，通过推迟退休年龄，可以缓解社会保障体系的基金支出压力。人口老龄化进程的加快以及人口预期寿命的延长，使得我国社会保障体系的基金收支赤字越来越大，低龄退休也是造成养老保险基金负担过重的主要原因之一。世界老年福利国家在人口老龄化及与日俱增的财政支出的逼迫下纷纷采取了推迟退休年龄的政策。我国可以借鉴它们的方法。

三、提高统筹层次，建立统一的养老医疗保障制度

我们必须注意到，在实现"全民养老"之后的几十年会缓慢实现城镇居民与农村养老保险制度的并轨，届时，城乡养老制度将统一，再无城镇居民与农民之别。例如，北京市从 2009 年 1 月起正式实施城乡统一的居民养老保险制度；从 2010 年开始，长沙市正式实行取消城乡户口差别的试点工作，破除城乡二元结构，积极创造条件推动城乡养老保险制度的并轨；江苏省泰州市于 2010 年 3 月出台了《泰州市城乡居民社会基本养老保险办法》，并力争在 2010 年内实现城乡居民养老保险全面覆盖。

当前，我国医疗保障制度一般以参保人员的职业、户籍为界定，为县市级统筹。这种分职业、户籍的医保体系，造成了城乡及不同地区间居民享受不同医疗待遇的矛盾，不利于实现人员社会流动的灵活性及促进社会的融合，也不利于医疗基金在全国范围内的调剂和发挥更大的互助互济作用以进一步分散风险。因此，为实现城乡之间医疗保障制度的公平公正，以及整合医疗保障资源、增强医疗保障基金的抗风险能力，有必要打破城乡二元结构，实现医保体系的城乡并轨。统筹层次逐步由县市级向省级过渡，最终实现国家级统筹，打破职业、城乡、身份界限的束缚，建立一个统一的社会医疗保障体系，统一管理服务平台、统一缴费标准、统一待遇水平、统一待遇管理。

目前，全国部分省市积极探索城乡统筹、覆盖全民的统一医疗卫生保障体系，并取得了新的突破。东莞已在全市范围内建立了城乡统一的医保制度，把原有的职工基本医疗保险和城乡居民基本医疗保险并轨，所有的参保人都将按照相同的标准缴纳医保费和享受医保待遇，建立真正意义上的城乡一体的医保体系。2007 年 12 月，珠海市也发布了《关于建立全民医疗保障制度推进健康城市工程的实施意见》，正式启动"大病统筹救助，中病医疗保险，小病治疗免费"的城乡一体化全民医疗保障制度，成为解决民生问题的一项重大举措。然而，珠海市全民医保体系尚需完善，外来务工人员还不能在珠海市参加城乡基本医保，也不能享受"小病免费治疗"这样的基本医疗服务。

四、重视家庭护理，支持家庭养老

我们应当建立"家庭护理为主、社会服务为辅"的护理原则。家庭护理"投入少，见效快"的特点使其成为护理的主要场所。有家人的关怀、亲人的照顾，更有利于老年人的健康。在护理工作尚不完善的地方，家庭护理更是首选。

要想充分发挥家庭养老的优势，需要做到以下几点：

（1）提高年青一代创造财富的能力，克服财富匮乏风险。在家庭养老中，老年人生活费用的获取局限于家庭内部，存在家庭财富匮乏的风险，即家庭中年青一代没有能力赡养老人的情况是存在的。为了克服这一负面效应，应该大力发展经济、提高年青一代创造财富的能力。

（2）弘扬孝道传统，克服道德风险效应。"富而不养"者并不是缺少供养的能力而是缺少供养的意愿。为了改变这一状况，我们应当弘扬尊老、敬老的传统美德，加大宣传的力度。

（3）推动家庭养老的法制化和规范化。当前，我国关于保护老年人权益的法律工作已经取得了一定的成效，国家还专门制定了《老年人权益保障法》，规定子女有赡养老年人的义务。但是，对子女的具体责任以及不承担责任的处罚措施并没有做出相应的规定。因而，这部法律缺乏实际可操作性。我们需要一部可操作性强的法律。

（4）建立和完善社区助老服务体系。该体系是对家庭养老的重要补充，既可以减轻子女养老的压力，也可以节省人力、物力，同时还可以在一定程度上消除老年人的孤独感。

五、落实政府责任，强调政府在整个体系中的作用

政府在整个社会保障的体系中应该发挥重要的作用。推动包括养老在内的各项社会福利事业的发展是政府应尽的职责。政府必须加大对养老事业的资金投入，弥补基本养老基金和医保基金的缺口，并建立对贫困老人、高龄老人的养老服务补贴制度，明确其在财政预算中所占的比例，并形成长效增长机制。政府还应当进一步完善相关政策。首先，要通过立法规定社会各方面的法律责任和法定职责，使养老事业有法可依，以确保政策的权威性、实施的保障性与落实的有效性。其次，要制定优惠政策，进一步扩大优惠范围和幅度，并注重政策的可操作性。例如，福利机构兴建养老设施前期投入很大，政府可以进一步在贷款和还贷方面出台优惠政策。除此之外，政府还要进一步整合社会资源，充分发动、鼓励和资助企业、个人、外资、社团等社会力量以独资、合资、合作、联营、股份制等多种形式参与养老服务体系的建设。逐步构建起能够为老年人提供生活照料、长期护理、医疗康复、精神慰藉、文化娱乐、法律援助、金融理财以及家政、购物、餐饮、维修等多方面服务的养老社会服务体系。政府还要努力打造养老服务品牌，以战略性眼光看待养老事业，将其作为一项产业来办，走出一条良性循环的产业化发展道路。要积极引入多元化的资金和上规模的品牌，建设高品质的养老机构，进而不断提高老年人的生活质量，实现老有所养、老有所乐。

综上所述，人口老龄化的加剧已经使得我国的养老保障和医疗保障体系的可持续发展遭遇了严峻的挑战。有关"老有所养"的问题是关系到国计民生的基本问题，应当得到社会各界的关注。

附　录

年龄	生育率	年龄	生育率
15	0.106462	33	32.12726
16	0.66085	34	24.8693
17	2.999118	35	18.2564
18	8.93892	36	13.84087
19	25.14712	37	10.10527
20	67.72179	38	7.029555
21	108.292	39	4.947975
22	123.2557	40	3.367495
23	132.8679	41	2.132268
24	133.9164	42	1.598703
25	119.6856	43	1.214631
26	105.1892	44	1.25081
27	90.79642	45	0.873408
28	78.32551	46	0.870388
29	67.10363	47	0.607271
30	57.22867	48	0.775446
31	51.14791	49	0.757486
32	40.3081		

附表2　全国农村分年龄妇女生育率　　　　单位：‰

年龄	生育率	年龄	生育率
15	0.15	33	40.91
16	0.94	34	30.60
17	4.36	35	22.62
18	13.58	36	17.01
19	36.48	37	12.18
20	95.01	38	8.53
21	150.83	39	6.11
22	164.57	40	3.73
23	167.17	41	2.54
24	157.27	42	1.90
25	136.95	43	1.36
26	117.29	44	1.66
27	100.39	45	0.94
28	89.04	46	0.97
29	80.43	47	0.69
30	69.18	48	0.84
31	65.47	49	0.80
32	51.15		

附表3　分年龄迁移比率

年龄	百分比（男）	百分比（女）	年龄	百分比（男）	百分比（女）
0	0	0	14	0.005885	0.0062037
1	0.001719	0.0017487	15	0.00381	0.0028929
2	0.002362	0.0023788	16	0.006637	0.0053562
3	0.002783	0.0027565	17	0.009265	0.0078103
4	0.003135	0.003116	18	0.012749	0.0106133
5	0.004298	0.0042798	19	0.011538	0.0093273
6	0.003924	0.0039495	20	0.013118	0.0075646
7	0.004009	0.0040068	21	0.013159	0.0080289
8	0.003873	0.003876	22	0.011824	0.0079428
9	0.003895	0.0038879	23	0.010439	0.0076718
10	0.006406	0.0061907	24	0.011459	0.0087919
11	0.005971	0.0058387	25	0.017038	0.013102
12	0.005788	0.0057399	26	0.017558	0.0128882
13	0.005949	0.0060269	27	0.01706	0.011515

年龄	百分比（男）	百分比（女）	年龄	百分比（男）	百分比（女）
28	0.016632	0.0100092	65	0.001	0.001
29	0.015712	0.0084856	66	0.001	0.001
30	0.019107	0.0141172	67	0.001	0.001
31	0.016262	0.0111811	68	0.001	0.001
32	0.017036	0.0109752	69	0.001	0.001
33	0.012098	0.0075873	70	0.001	0.001
34	0.013497	0.0081392	71	0.001	0.001
35	0.014477	0.011805	72	0.001	0.001
36	0.013756	0.0113705	73	0.001	0.001
37	0.015393	0.0126723	74	0.001	0.001
38	0.01099	0.0087393	75	0.001	0.001
39	0.005885	0.0049129	76	0.001	0.001
40	0.009958	0.0081734	77	0.001	0.001
41	0.008441	0.0068481	78	0.001	0.001
42	0.010752	0.0085988	79	0.001	0.001
43	0.010897	0.0089654	80	0	0
44	0.009453	0.0079144	81	0	0
45	0.010561	0.0082597	82	0	0
46	0.009969	0.0080717	83	0	0
47	0.008442	0.0070003	84	0	0
48	0.008295	0.0069041	85	0	0
49	0.006732	0.0057643	86	0	0
50	0.007163	0.0071938	87	0	0
51	0.006736	0.0068591	88	0	0
52	0.005578	0.0056146	89	0	0
53	0.00554	0.0054426	90	0	0
54	0.004984	0.0048899	91	0	0
55	0.004503	0.0044051	92	0	0
56	0.004291	0.0042233	93	0	0
57	0.00377	0.003786	94	0	0
58	0.003763	0.0038426	95	0	0
59	0.003673	0.0037429	96	0	0
60	0.002325	0.0023443	97	0	0
61	0.001878	0.0018706	98	0	0
62	0.002089	0.0020494	99	0	0
63	0.001885	0.0018643	100	0	0
64	0.001824	0.0018714	100~110	0	0

附表 4　新的迁移率表

年龄	百分比（男）	百分比（女）	年龄	百分比（男）	百分比（女）
0	0	0	36	0.0113682	0.011485
1	0.0017191	0.001749	37	0.0127215	0.0128
2	0.0023623	0.002379	38	0.0090823	0.008828
3	0.0027832	0.002756	39	0.0048638	0.004963
4	0.0031355	0.003116	40	0.0090526	0.009082
5	0.0053726	0.00535	41	0.0076737	0.007609
6	0.0049054	0.004937	42	0.0097742	0.009554
7	0.0050117	0.005009	43	0.0099063	0.009962
8	0.0048414	0.004845	44	0.0085933	0.008794
9	0.0048688	0.00486	45	0.0096013	0.009177
10	0.0085416	0.008254	46	0.0090629	0.008969
11	0.0079615	0.007785	47	0.0076747	0.007778
12	0.0077178	0.007653	48	0.0075411	0.007671
13	0.0079322	0.008036	49	0.0061199	0.006405
14	0.0078469	0.008272	50	0.007163	0.007194
15	0.0043301	0.004018	51	0.0067357	0.006859
16	0.0075425	0.007439	52	0.0055776	0.005615
17	0.0105286	0.010848	53	0.0055398	0.005443
18	0.0144875	0.014741	54	0.004984	0.00489
19	0.0131113	0.012955	55	0.004503	0.004405
20	0.010932	0.009456	56	0.0042915	0.004223
21	0.0109659	0.010036	57	0.0037698	0.003786
22	0.0098535	0.009928	58	0.0037625	0.003843
23	0.0086994	0.00959	59	0.0036733	0.003743
24	0.0095491	0.01099	60	0.0034874	0.003516
25	0.0133869	0.012634	61	0.0028163	0.002806
26	0.0137957	0.012428	62	0.0031333	0.003074
27	0.0134045	0.011104	63	0.0028277	0.002796
28	0.0130681	0.009652	64	0.0027353	0.002807
29	0.0123449	0.008183	65	0.001	0.001
30	0.0134726	0.012217	66	0.001	0.001
31	0.0114667	0.009676	67	0.001	0.001
32	0.0120127	0.009498	68	0.001	0.001
33	0.0085307	0.006566	69	0.001	0.001
34	0.0095173	0.007044	70	0.001	0.001
35	0.0119642	0.011924	71	0.001	0.001

年龄	百分比（男）	百分比（女）	年龄	百分比（男）	百分比（女）
72	0.001	0.001	87	0	0
73	0.001	0.001	88	0	0
74	0.001	0.001	89	0	0
75	0.001	0.001	90	0	0
76	0.001	0.001	91	0	0
77	0.001	0.001	92	0	0
78	0.001	0.001	93	0	0
79	0.001	0.001	94	0	0
80	0	0	95	0	0
81	0	0	96	0	0
82	0	0	97	0	0
83	0	0	98	0	0
84	0	0	99	0	0
85	0	0	100	0	0
86	0	0	100~110	0	0

参考文献

［1］2009 annual report of the boards of trustees of the federal hospital insurance and federal supplementary medical insurance trust funds. http：//www.cms.hhs.gov/ Reports Trust Funds/01_Overview.asp#TopOfPage.

［2］CBO. Financing long-term care for the elderly. Washington，DC：Congressional Budget Office.2004. http：//www.cbo.gov/ftpdocs/54xx/doc5400/04-26-LongTermCare.pdf.

［3］David M. Cutler & Louise Sheiner，1999. "Demographics and medical care spending：standard and non-standard effects，" Finance and Economics Discussion Series 1999（20），Board of Governors of the Federal Reserve System (U.S.).

［4］ElderShield. Basic Protection for Severe Disabilities. http：//www.eldershield.com.

［5］Grossman，M. The Demand for Health：A Theoretical and Empirical Investigation. National Bureau of Economic Research.1972.

［6］Hideki Ariizumi. Effect of public long-term care insurance on consumption，medical care demand，and welfare［J］. Journal of Health Economics，2008(27)：1423-1435.

［7］HSBC，Oxford Institute. Long-term care for older people. The brief to Ageing Horizons. 2007.

［8］Jeffrey R.Brown，Amy Finkelstein. Why is the market for long-term care insurance so small？［J］. Journal of Public Economics. 2007(91)：1967-1991.

［9］K.Liu，K.G. Manton，and C. Aragon. Changes in Home Care Use by Disabled Elderly Persons：1982-1994［J］. Journal of Gerontology，Vol. 55B，No.4. 2000：S245-S253.

［10］Martin Karlsson，Les Mayhew，et.al. Future costs for long-term care：Cost projection for long-term care for older people in the united Kingdom［J］. Health Policy. 2006(75)：187-213.

［11］Mikiya Sato，Hideki Hashimoto，Nanako Tamiya，Eiji Yano. The effect of a subsidy policy on the utilization of community care services under a public long-term care insurance program in rural Japan［J］. Health Policy. 2006(77)：42–50.

［12］Ministry of Health，Labor and welfare，Japan. Long-term Care Insurance in Japan. http：//www.mhlw.go.jp/english/topics/elderly/care/index. Html.

［13］Northam，RM. Urban Geography. 2nd edn. New York：John Wiley & Sons，1979. 65–67.

［14］PSSRU，LSE Health and Social Care. European Study of Long-Term Care Expenditure：Long-Term Care Expenditure in an Ageing Society. 2003. http：// ec.europa.eu/employment_social/social_situation/docs/european_study_long_term_care_en.pdf.

［15］Sean Keehan，Andrea Sisko，Christopher Truffer，Sheila Smith，Cathy Cowan，John Poisal，M. Kent Clemens. Health Spending Projections Through 2017：The Baby-Boom Generation Is Coming to Medicare［J］. Health Affairs，2008，27(2)：145–155.

［16］Secret of long life：be born in Japan or San Marino：This article was published on guardian.co.uk at 19.10 BST on Thursday 21 May 2009. A version appeared on p. 25 of the Main section of the Guardian on Friday 22 May 2009.

［17］Senator Max Baucus (D-Mont.)，Chairman，Senate Finance Committee. Call to action health reform 2009，November 12，2008，U.S.

［18］The world factbook. 美国中情局出版. https：//www.cia.gov/library/publications/the-world-factbook/geos/ja.html.

［19］UN，Department of Economic Affairs，Population Division. Living Arrangements of Older Persons around the World. http：//www.un.org/esa/population/publications/livingarrangement/report.htm.

［20］United Nations Department of Economic and Social Affairs，Population Division. World Population Ageing 2007.

［21］Westand Kinsella (1998). The Economics of an Aging Society. 2004.

［22］World Population Prospects：The 2008 Revision Population Database. http：// esa.un.org/unpp/index.asp？panel=2.

［23］蔡昉，都阳，王美艳. 中国劳动力市场转型与发育［M］. 北京：商务印书馆，2005.

［24］陈飞，高飞. 我国商业长期护理保险开发问题研究［J］. 特区经济，2006（3）.

［25］陈星. 美国养老金制度的改革与创新［J］. 经济导刊，2005（10）.

［26］陈彦斌. 中国城乡财富分布的比较分析［J］. 金融研究，2008（12）.

［27］陈迎春，徐锡武，王蓉，张宏涛，吴妮娜. 新型农村合作医疗缓减"因病致贫"效果测量［J］. 中国卫生经济，2005（8）.

［28］崔少敏. 养老保险监测评估：警示未来［J］. 中国社会保障，2005（9）.

［29］大泉启一郎. 日刊称中国面临低收入阶段进入老龄化难题. 来自中国网，2009年6月29日.

［30］丹晓萍. 我国长期护理保险市场调查与展望［J］. 内蒙古社会科学（汉文版），2000（7）.

［31］丁润萍. 全面小康社会中的老年社会保障体系建设［J］. 经济问题，2003（10）.

［32］丁向阳，李二曼，孙伟. 完善医疗保障制度，提高老年生命质量［J］. 现代经济（现代物业下半月刊），2007（5）.

［33］董朝晖. 我国医保改革中的隐性债务及解决途径探讨［J］. 中国卫生经济，2004（7）.

［34］付政新. 中国的医疗救助及其发展对策［J］. 国际医药卫生导报，2002（11）.

［35］傅新平，邹敏，周春华，高祝桥. 新政策下养老保险基金收支平衡影响因素分析［J］. 武汉理工大学学报(社会科学版)，2007（2）.

［36］高梦滔，顾昕. 城市医疗救助筹资与给付水平的地区不平等性［J］. 南京大学学报，2007（3）.

［37］高扬. 基于劳动力因素的"人口红利"效应分析［D］. 东北师范大学学报，2008.

［38］国家人口发展战略研究课题组. 国家人口发展战略研究报告. 2007.

［39］国家统计局人口和就业统计司. 中国人口统计年鉴 2005. 表 4-16 全国60岁及以上分年龄、性别、生活能否自理的人口（2004）. 北京：中国统计出版社.

［40］侯立平. 欧美养老保险改革及其启示［M］. 四川：西南财经大学出版社，2008.

［41］胡舒. 智利养老保险模式探析［D］. 武汉科技大学学报，2008.

［42］黄一民. 福建老年人口与养老保障问题研究［J］. 人口与计划生育，2007（12）.

［43］济南老龄办. 关于随省老龄办组团赴巴西、智利访问考察的情况汇

报，2010 年 1 月 15 日.

［44］蒋雅娜. 人口因素对房地产市场的影响分析及应用［D］. 中山大学学报，2010.

［45］蒋云赞. 养老保险改革对财政体系的影响：以机关和事业单位为例［J］. 改革，2008（4）.

［46］金婧，芳野原. 从日本社会人口老龄化看日本社会医疗保险体系和老年保险制度的完善［J］. 昆明医学院学报，2006（6）.

［47］荆涛. 长期护理保险——中国未来极富竞争力的险种［M］. 北京：对外经济贸易大学出版社，2005.

［48］景天魁. 收入差距与利益协调［M］. 哈尔滨：黑龙江人民出版社，2006.

［49］孔泾源. 中国劳动力市场发展与政策研究［M］. 北京：中国计划出版社，2006.

［50］李佳. 社会保障税的国际比较与借鉴［J］. 时代经贸(学术版)，2008（14）.

［51］李莎. 我国医疗救助现状述评［J］. 中国卫生事业管理，2003（10）.

［52］李小华，董军. 医疗救助的内涵、特点和实质［J］. 卫生经济研究，2005（7）.

［53］李晓林，孙佳美. 生命表基础［M］. 北京：中国财政经济出版社，2006.

［54］联合国经济及社会事务部人口司. 2300 年全球人口预测，2004.

［55］刘美霞，娄乃琳，李俊峰. 老年住宅开发和经营模式［M］. 北京：中国建筑工业出版社，2008.

［56］刘引玲. 遗产税离我们还有多远？［J］. 学习月刊，2005（2）.

［57］刘智勇，赵宁，李孜，金新政. 我国城市贫困人口医疗救助现状及政策建议［J］. 中国社会医学杂志，2009（2）.

［58］卢驰文. 机关事业单位养老保险制度转轨的财政压力分析［J］. 理论探索，2008（1）.

［59］吕学静. 可供借鉴的外国养老保险模式. 中国人口信息网：http：//www.cpirc.org.cn/yjwx/yjwx_detail.asp？id=2510.

［60］穆怀中等. 中国养老保险制度改革关键问题研究［M］. 北京：中国劳动与社会出版社，2006.

［61］欧盟报告. 养老金负担将使经济危机造成的赤字相形见绌. http：//www.tqfutures.com/Financial/show.php？grp=2&id=139745.

［62］彭浩然，申曙光，宋世斌.中国养老保险隐性债务问题研究——基于封闭与开放系统的测算［J］.统计研究，2009.

［63］邱晓华.加快我国城镇化发展需采取五大措施［J］.领导决策信息，2003（38）.

［64］全国老龄办国际部.国外农村社会养老保障制度变迁与模式比较.2009年5月.

［65］全国老龄委工作委员会办公室.中国人口老龄化发展趋势预测研究报告［J］.中国社会报，2006（6）.

［66］汝信，陆学艺，李培林.2006年：中国社会形势分析与预测［J］.中国工商，2005（12）.

［67］宋宝安，刘雪.城市老年人健康需求与医疗消费的社会学研究［J］.中共福建省委党校学报，2007（10）.

［68］宋世斌，申曙光.社会保险精算［M］.北京：中国劳动社会保障出版社，2007.

［69］宋世斌.我国医疗保障体系的债务风险及可持续性评估［M］.北京：经济管理出版社，2009.

［70］苏永莉.长期护理保险发展的需求分析［J］.保险职业学院学报（双月刊），2007（10）.

［71］孙建丽.社会转型期构建社区养老服务体系的探讨［J］.中国老年学杂志，2007（22）.

［72］谭湘渝，樊国昌.中国养老保险制度未来偿付能力的精算预测与评价［J］.人口与经济，2004.

［73］田兰香，炎基郁（韩）.日韩老年人护理保障制度比较与借鉴［J］.东北亚论坛，2009（3）.

［74］田雪原等.老龄化——从"人口赢利"到"人口亏损"［M］.北京：中国经济出版社，2006.

［75］庹国柱，王国军.中国农业保险和农业社会保障制度研究［M］.北京：首都经济贸易大学出版社，2002.

［76］王立新.社区养老服务体系的探讨.第三届全国社会福利理论与政策研讨会论文集，2008.

［77］王丽.对我国建立长期护理保险的探索与分析［J］.上海保险增刊，2004（11）.

［78］王树新，曾宪新.中国高龄老人自理能力的性别差异［J］.中国人口科学，2001增刊.

［79］王晓峰. 东北亚地区国际合作对缓解我国东北地区劳动力就业压力的影响［J］. 人口学刊，1997（1）.

［80］王延中等. 中国农村社会保障的现状与未来发展［J］. 社会保障研究，2009（1）.

［81］伍小兰. 中国老年人口收入差异研究［J］. 人口学刊，2008（1）.

［82］许娴等. 德国2008年护理保险改革的特征与内容［J］. 中华护理杂志，2009（8）.

［83］杨光辉. 中国人口老龄化与产业结构［M］. 沈阳：辽宁科学技术出版社，2008.

［84］杨燕绥. 社会保障定性与社会保险完善［J］. 中国社会保障，2008（1）.

［85］姚海明. 国外老年护理保险制度对我国的启示［J］. 现代经济探讨，2006（6）.

［86］叶剑平，谢经荣. 房地产业与社会经济协调发展研究［M］. 北京：中国人民大学出版社，2005.

［87］于学军. 中国人口老龄化与全面建设小康社会. 老龄网：http：//www.laoling.com/yanjiu/lunwen/llh/2006-11-09/1337.html，2003.

［88］袁友文. "人口红利期"养老保险筹资模式研究［D］. 武汉科技大学，2006.

［89］约瑟夫·夏米. 美国移民政策可能促进人口增长. 2009.

［90］曾毅. 21世纪中国人口与经济发展［M］. 北京：社会科学文献出版社，2006.

［91］张奇林. 美国的医疗援助制度及其启示［J］. 经济评论，2002（2）.

［92］张文彬. 日本老龄化应对措施及其对中国的启示［J］. 东南亚纵横，2008（7）.

［93］郑秉文. 公务员参加养老保险统一改革的思路——"混合型"统账结合制度下的测算［J］. 公共管理学报，2009（1）.

［94］郑功成. 中国社会保障改革与发展战略——理念、目标与行动方案［M］. 北京：人民出版社，2008.

［95］中国老龄科研中心. 中国城乡老年人口状况一次性抽样调查. 2000年12月.

［96］中国社科院. 欧洲应对老龄化社会的挑战——荷兰、挪威和匈牙利人口老龄化与养老体制改革考察分析. 2006.

［97］中华人民共和国国民经济和社会发展第十一个五年（2006—2010）

规划纲要.中央政府门户网站：http：//www.gov.cn/，2006（3）.

［98］钟超.人力资本、人口变动与经济增长［D］.中山大学学报，2010.

［99］钟晓青.我国人口增长的总和生育率模型及人口预警［J］.生态学报，2009（8）.

［100］周天勇.中美财税立法体制及支出结构比较［J］.财贸经济，2005（6）.

［101］周渭兵.社会养老保险精算理论、方法及其应用［M］.北京：经济管理出版社，2005.

［102］朱静，潘华峰，任金玲，邓乔丹.老年健康维护与社区中医医疗服务新模式的思考［J］.卫生软科学，2009（5）.

［103］朱铭来，贾清显.我国老年长期护理需求测算及保障模式选择［J］.中国卫生政策研究，2009（7）.

［104］朱楠.中国延长退休年龄与养老保险制度研究［D］.西北大学学报，2008.

［105］万春.我国混合制养老金制度的基金动态平衡研究［M］.北京：中国财政经济出版社，2009.

后 记

　　人口老龄化背景下的老年保障是笔者这些年的关注重点，本书则是近几年相关研究的阶段性总结。在此，特别感谢笔者近几年招收的研究生：李星欣、冯丽智、黄敏妹、薛晓君、曹黎雯、彭妹、吴运航、钟超、黄茜茜、蒋雅娜等，他们在课题研究、精算建模、编程测算及相关论文写作等方面做了很多工作。

　　同时，笔者感谢中山大学岭南学院为本人提供了良好的学术研究条件，使研究项目得以顺利完成。经济管理出版社的编辑为本书出版做了大量工作，在此表示衷心感谢。

　　本书部分内容是教育部人文社会科学研究项目《社会医疗保险的隐性债务问题研究》（基金号：08JA910005）和国家社科基金项目（基金号：09AZD039）的研究成果。同时，获得了中山大学岭南学院学术发展基金的资助，在此一并致谢！

宋世斌

2010 年 7 月于康乐园